中共河南省委党史和地方史志研究室 编

毛泽东

与河南

河南人民出版社

·郑州·

图书在版编目(CIP)数据

毛泽东与河南 / 中共河南省委党史和地方史志研究室编 . — 郑州 : 河南人民出版社, 2023. 12(2025. 5 重印)
ISBN 978-7-215-13434-8

Ⅰ. ①毛… Ⅱ. ①中… Ⅲ. ①毛泽东(1893-1976) -生平事迹 Ⅳ. ①A752

中国国家版本馆 CIP 数据核字(2023)第 234024 号

河南人民出版社 出版发行

(地址:郑州市郑东新区祥盛街 27 号 邮政编码:450016 电话:0371-65788053)

新华书店经销　　　　　　　　河南灏博印刷有限公司印刷
开本　710毫米×1000毫米　　　　1/16　　　　印张　23.5
字数　276 千字
2023 年 12 月第 1 版　　　　　　2025 年 5 月第 2 次印刷

定价:58.00 元

1952年10月30日，毛泽东在黄河水利委员会主任王化云（右）陪同下在开封北郊柳园口视察　（魏德忠／摄）

1958 年 8 月 6 日，毛泽东视察新乡七里营，同群众见面　（魏德忠／摄）

1958 年 8 月 7 日，毛泽东在襄城县喜看丰收在望的谷子　（魏德忠／摄）

1958 年 8 月 8 日，毛泽东在河南商丘视察，左二为吴芝圃，左三为史向生 （魏德忠／摄）

1958年11月，毛泽东在郑州接见河南省委书记处书记宋致和（左一）、赵文甫（左二）、史向生（左三）等　（魏德忠／摄）

1958年11月，中央政治局第一次扩大会议在河南省委第二招待所召开，左二为刘少奇，右二为邓小平　（魏德忠／摄）

1958年11月，毛泽东在河南省军区礼堂亲切接见省会机关干部 （魏德忠/摄）

1959 年 3 月，毛泽东在郑州主持召开中央政治局第二次扩大会议，右三为刘少奇，右四为李井泉，右六为王任重　（魏德忠／摄）

1959 年 3 月，毛泽东在河南省人民剧院接见河南省三级干部会议代表 （魏德忠 / 摄）

1960 年 5 月 11 日，毛泽东在郑州市燕庄与干部群众亲切交谈，前排左一为河南省委第一书记吴芝圃，右一为燕庄大队党支部书记吴玉山　（魏德忠／摄）

1960 年 5 月 11 日，毛泽东接见河南万余名省会机关干部，左二为赵文甫，左四为吴芝圃，左五为杨蔚屏，左六为毕占云 （魏德忠／摄）

1960 年 5 月 11 日，毛泽东接见河南省会新闻工作者，右一为吴芝圃，右二为杨尚昆 （魏德忠／摄）

1960年5月11日，毛泽东参观郑州国棉四厂无梭织布机，右二为史向生，右三为吴芝圃，右四为戴苏理 　（魏德忠／摄）

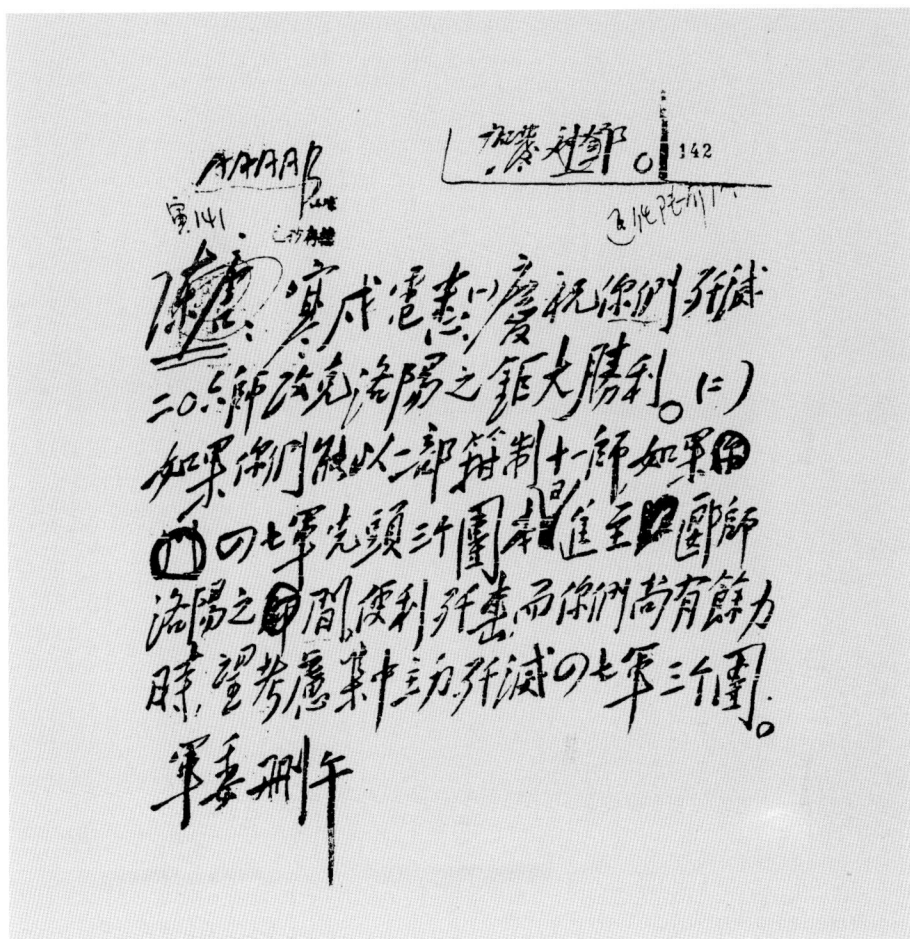

　　1948 年 3 月 15 日，毛泽东为中央军委起草攻克洛阳致陈士榘、唐亮的贺电

　　陈唐：寒戌电悉。（一）庆祝你们歼灭二〇六师攻克洛阳之巨大胜利。（二）如果你们能以二部箝制十一师，如果四七军先头三个团本日进至郾师洛阳之间，便利歼击，而你们尚有余力时，望考虑集中主力歼灭四七军三个团。军委　删午

毛泽东起草的中共中央为郑州解放致刘伯承、邓小平的贺电

（新华社陕北二十三日电）郑州解放，中共中央致电祝贺。电文如下：

刘伯承、邓小平诸同志及中原人民解放军全体同志们：济南、锦州、长春解放之后，郑州又告解放，陇海、平汉两大铁路的枢纽为我掌握，对于整个战局极为有利。特电祝贺。

中国共产党中央委员会
一九四八年十月二十三日

一定要把淮河修好

河南省治淮总指挥部

中国人民革命军事委员会

毛泽东

1950 年 10 月，毛泽东为河南省治淮总指挥部题词

毛泽东起草中共中央转发中共河南省委《关于农业合作化问题的报告》的批语

上海局、各省市委、自治区党委：

现将河南省委八月二十八日关于农业合作化问题的报告一件，发给你们参考。中央认为河南省委的方针是正确的。

中　央

一九五五年九月四日

阅后，即送刘、朱、陈、邓阅，尚昆用电报即发，另印如前示。

毛泽东

九月四日

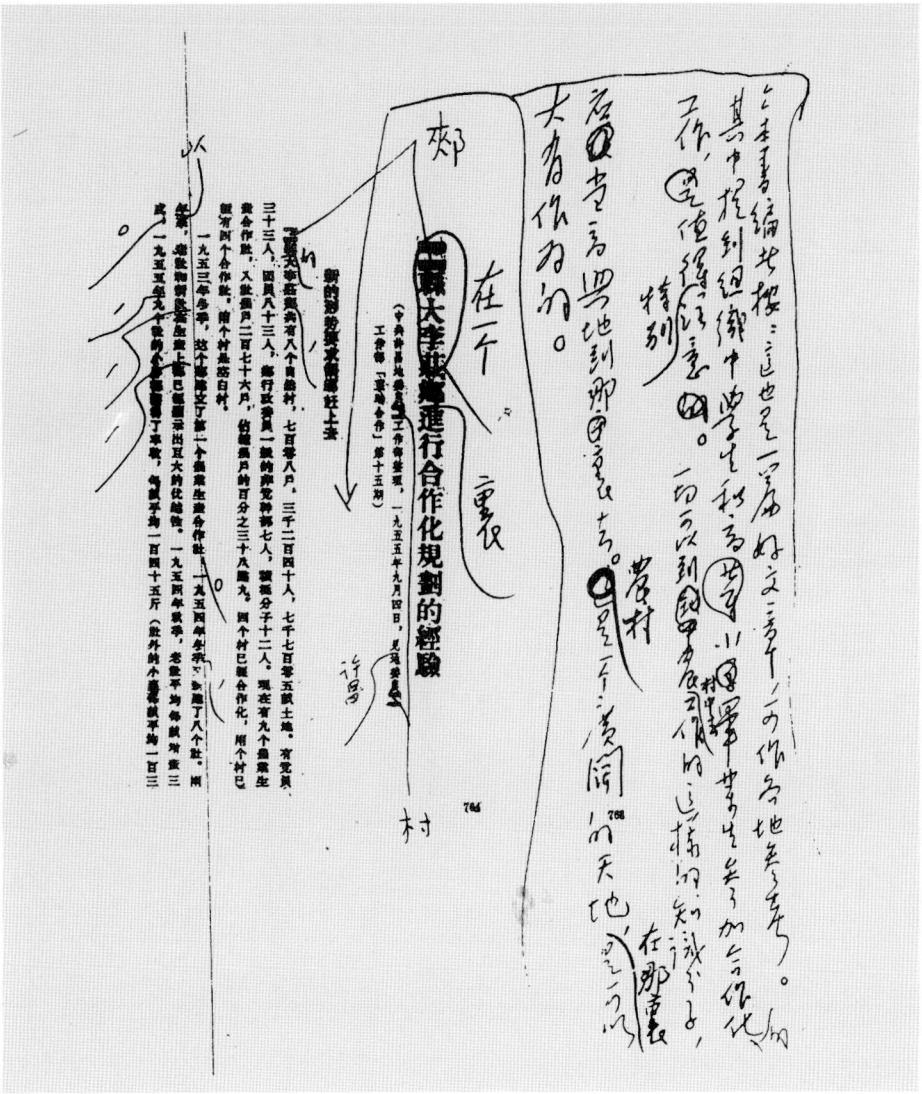

1955年12月，毛泽东为《在一个乡里进行合作化规划的经验》一文加编者按

本书编者按：这也是一篇好文章，可作各地参考。其中提到组织中学生和高小毕业生参加合作化的工作，值得特别注意。一切可以到农村中去工作的这样的知识分子，应当高兴地到那里去。农村是一个广阔的天地，在那里是可以大有作为的。

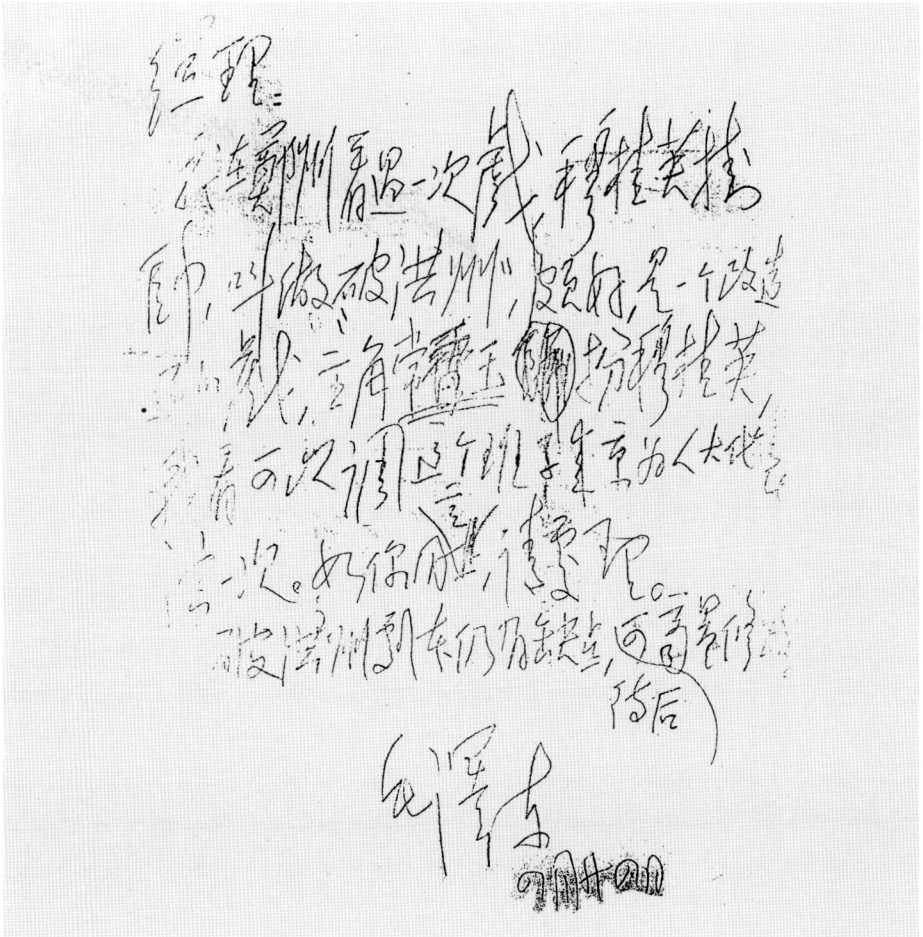

　　1959年4月24日，毛泽东关于调豫剧《破洪州》剧组来京为人大代表演出致周恩来函

总理：

　　我在郑州看过一次戏，穆桂英挂帅，叫做《破洪州》，颇好，是一个改造过的戏。主角常香玉扮穆桂英，我看可以调这个班子来京为人大代表演一次。如你同意，请处理。

　　《破洪州》剧本仍有缺点，待后可商量修改。

毛泽东
四月二十四日

编委会

主　任　刘汉征

副主任　高东海　张守四　李海民

主　编　张守四

副主编　宋　伦　牛珂珂

成　员　张艳慧　霍　荔　王　冠　刘　阳

目　　录

纪念文章

回忆文章

大事记

纪念文章

青年毛泽东在漯河

杨新红

　　五四运动前后,国内兴起了赴法勤工俭学的热潮。早在 1918 年 4 月 18 日,毛泽东与蔡和森等在长沙正式建立新民学会,之后,就把发起留法运动作为主要工作之一。6 月,毛泽东、蔡和森、何叔衡等 10 余人在长沙第一师范附属小学集会,专门讨论研究了留法勤工俭学问题。大家认为留法运动对于"向外发展"十分必要,应尽力进行。会后不久,蔡和森先行赴京,负责联络工作。经过蔡和森的事先联系安排和新民学会会员的积极准备,毛泽东等人决定进京。

　　1918 年 8 月 15 日,毛泽东等 20 余名新民学会会员启程进京,大家推选毛泽东为领队,负责交涉车辆,办理买票、伙食等事。他们先从长沙乘船到汉口,15 日晨从长沙乘船,16 日清晨抵汉口,在汉口未曾停留,即转乘火车北上,当天开至河南郾城(现漯河)车站。因车站北约 1 公里的沙河正值汛期涨水,大水把铁路冲断,火车便在郾城车站停下来,不能行进,车站布告通知水势很大,要旅客等候水退才能开车。根据这一情况,毛泽东决定把大家的行李集中起来,派几个人守着,轮流到漯河寨内去游览、考察。

　　郾城车站西行约 1 公里有一个寨子,为明朝末年所筑,取名源汇寨,俗称漯河寨内。毛泽东、陈绍休(陈赞周)、罗仲言(罗章龙)3个人一起吃饭后,毛泽东提议到寨子里去看看,于是他们3人就徒步进寨游览、考察。寨子土墙有五六尺宽,四面设有炮楼,寨子里冷冷清清,十分萧条,他们只转了半个多小时,便看完了寨子,然后又走到寨南偏东的一个小庙旁坐下休息。庙很奇特,只有桌子那么高,里面有个小神;庙的后面只有一棵大树。据罗仲言后来回忆说:"我们都没有出过湘土的人,什么都感到新鲜。我们看到北方农民不是用牛种田,而是用马和骡,庄稼都是旱粮。"

他们回到车站后,便守着行李,毛泽东让另一批人到寨子里去看看,当天晚上,他们又在火车站坐了一夜,次日又在郾城停留一天。8月18日,水退得很快,但路基的土被水泡松了,火车仍不能开行。于是,他们把行李整成两三担,找了几个当地人担着,步行到郾城车站北7公里处的孟庙车站,当天乘火车到大石桥,然后步行10多公里到许昌。由于大水把火车站路线冲乱了,车接不上来,他们又在许昌停了下来。毛泽东又与陈绍休、罗仲言一起东行一二十里至三国时的魏都考察。他们在魏都的遗址前徘徊许久,触景生情,慷慨激昂,不能自已,于是联句作了一首《过魏都》诗:"横槊赋诗意飞扬(罗仲言),《自明本志》好文章(毛泽东)。萧条异代西田墓(毛泽东),铜雀荒沦落夕阳(罗仲言)。"当天晚上,他们从许昌乘火车,于次日(8月19日)下午到达北京,开始进行准备赴法勤工俭学的新的革命活动。

(作者单位:中共漯河市委党史和地方志研究中心)

毛泽东与许昌

许尧坤

凭吊魏汉故都遗址

早在多年前，青年时代的毛泽东就曾涉足许昌这片热土。

那是在1918年8月，为了组织湖南青年赴法勤工俭学，探寻救国救民的真理，毛泽东偕同新民学会会员罗学瓒、李维汉、罗章龙等20余人，从长沙前往北京。他们行至漯河车站，因河水漫溢，火车停开，滞留一天。17日，车行至石桥车站，前面线路仍未修复，只得步行10多公里来到许昌。

一到许昌，深谙中国历史的毛泽东，很自然想起这座历史名城的辉煌时期：位于中华民族发祥地中原地区的许昌，有绵延数千年的经济文化发展史，特别是东汉末年，群雄割据，烽烟不息，战乱不已，社会动荡，民不聊生。曹操挟天子以令诸侯，定都许昌，许昌曾一度成为全国政治、经济、文化的中心。曹操凭借许昌这个历史舞台，为国家的统一，曾经导演出一幕幕威武雄壮的历史活剧。从毛泽东的诗文中，我们知道他对曹操的文治武功，特别是对首领建安文学风骚、才华横溢的曹操素来推崇有加。因此，他们一到许昌，毛泽东就不顾旅途劳顿,约罗章龙、陈绍林等步行约20公里,前去凭吊魏汉故都遗址(今许昌县张潘乡古城村附近)。

然而,昔日繁荣昌盛的都城,早已被历史的尘埃所掩埋。展现在他们面前的是一幅衰微破败的图景:荒芜的田园,没膝的荒草,哀鸣的乌鸦……

面对这种凄凉萧条的景象,联想他们沿途的所见所闻,毛泽东不禁热血上涌,百感交集。在帝国主义、封建主义双重压迫下,满目疮痍的祖国任人宰割,苦难深重的人民处在水深火热之中。毛泽东和其他几位热血青年更加迫切地感到自己救国救民责任的重大。

在依稀可辨的故都遗址上,他们时而停立,时而漫步。浮想联翩,谈古论今,高声吟诵曹操那脍炙人口的慷慨悲歌。怀古抚今,毛泽东遂和罗章龙等联《过魏都》诗一首:横槊赋诗意飞扬,《自明本志》好文章。萧条异代西田墓,铜雀荒沦落夕阳。①

这首诗抒发了青年时代的毛泽东对叱咤风云的历史人物曹操的凭吊之情,也含蓄地表达了他以救国救民为己任的伟大抱负和决心。

夕阳西下,彩云斑斓。流连忘返的毛泽东一行,才摸黑赶回许昌火车站附近的旅店,并于当天夜里乘火车赶赴北京。因为先期到达北京的先驱者蔡和森正在等待着他商讨此行的大计。

新中国成立后,毛泽东作为中共中央主席初次接见中共许昌地委负责人时说:许昌这个地方,他在30多年前就来过,住在什么地方,到过什么地方等。他讲得绘声绘色,就是指的上面所说的这回事。

---

① 中共河南省委党史工作委员会:《沙颍河怒涛》,河南人民出版社1990年版,第20页。

巨大的鼓舞

新中国成立后,许昌各级党组织带领广大干部和群众,努力把党中央的路线、方针、政策同许昌的实际情况相结合,在革命和建设事业中,取得了巨大的成绩,并创造出了一些对于全党、全国具有借鉴作用的新鲜经验,及时得到了党中央和毛主席的肯定和表扬,并在全党、全国推广。这是对许昌人民的极大鞭策和鼓舞。

1. 肯定许昌党的宣传工作

1951 年春节刚过,毛主席乘专列前往南方视察工作。途经许昌时,中共许昌地委副书记兼宣传部部长纪登奎,应召到车上向主席汇报许昌地区的宣传工作。这是纪登奎首次见到主席,心情难免有些紧张。但毛主席平易近人,谈笑风生,气氛十分轻松愉快,纪登奎的拘谨很快消散了,开始有条不紊地汇报。

新中国成立伊始,许昌地区百废待举,工作千头万绪,但许昌党组织遵照毛主席"掌握思想教育,是团结全党进行伟大政治斗争的中心环节"这一马克思主义思想,组织"千军万马"的宣传大军,大张旗鼓地开展对广大人民群众的宣传教育,用党的路线、方针、政策启发和调动他们建设新生活的积极性。在 1949 年和 1950 年的两年内,许昌地区迅速建起了宣传队、文工队、秧歌队等群众性宣传组织 3577 支,参加人数达 13.6 万多人,并于 1951 年年初在全区普遍建立了党的宣传网,宣传员发展到 1 万余人。各级党组织围绕党的每一项中心工作,用宣传工作鸣锣开道,首先解决人们的认识问题,并造成强大的舆论声势,使城乡谣言绝迹,人民觉悟不断提高,有力地推动了各项社会改革和建设事业的顺利进行。

纪登奎还引用大量的具体例子,生动地说明许昌党组织运用宣传工作推动各项工作的做法。毛主席听后不断点头,脸上露出了欣慰的微笑。因为许昌各级党组织在新的形势下继承和发扬了我党的光荣传统,并创造了一套新的行之有效的方法,毛主席指示随行的胡乔木同志,让他立即通知中共中央中南局,总结许昌地区党的宣传工作经验。

1951 年 3 月 12 日,《人民日报》发表《许昌专区开展抗美援朝运动的经验值得学习》一文,具体介绍许昌各级党组织运用宣传工作发动群众,推动抗美援朝运动的做法。

1951 年 4 月 29 日,《人民日报》发表社论《学习许昌地区经验做好党的宣传工作》,同时刊出中共中央中南局宣传处处长郭小川采写的长篇通讯《中共许昌地委的宣传工作》,在全党引起强烈的反响。

1951 年 5 月,党的第一次全国宣传工作会议在北京召开。中央安排纪登奎在这次会议上作了典型发言,引起了与会者的普遍注意。会后讨论纪登奎的发言时,十分踊跃,气氛热烈,并提出了一些疑难问题。应与会者的要求,中央又安排纪登奎作了一次"答记者问"式的发言。他有问必答,答得有理、有力、有趣。与会者为他的发言不时爆发出一阵阵笑声和掌声。毛主席听后高兴地说,党的宣传工作又有了新的发展。

2."这个经验很好,各地可以仿行"

1954 年冬季,许昌地区的农业合作化运动有了一个较大的发展:全区 15 个县和 3 个市郊区,农业社由原来的 2117 个增加到 7900 个;老社的户数也有所增加。随着农业合作化运动的迅猛发展,"社多干部少"和领导经验不足的问题,就显得十分突出。针对这种情况,地委决定,由地委、县委、区委分别举办"办社辅导团"。辅导团的组成人员均是政治思想觉悟较高,社办得较好,增产较多,有工作能力的社长和社员。通过他们的现身说法,具体生动地解释了党对农业合作化的方针政策,以及如何办社的具体经验,同时宣传了农业合作化的优越性,提高了人们的社会主义觉悟。

辅导团不仅讲,而且根据各地的不同情况,在帮助后进农业社制定生产计划、管理制度及建立正常的生产秩序等方面,发挥了巨大的作用。实践证明,办社辅导团是培养和锻炼办社骨干的学校,是发动群众自己教育自己、自己办社的有效措施。许昌地区农业合作化运动稳步而健康的发展,是与这种老社带新社,先进帮助后进的领导方法分不开的。

1955 年 10 月 30 日,《河南日报》发表了《许昌地区的办社辅导团》一文,并加了编者按。按语指出:"许昌地区的经验证明:组织办社辅导团,是大规模领导农业合作化运动的一个好方法。这个方法,不但可以用于建社,也可以用来巩固社的工作。我们希望各地研究推广这个方法……"

时隔不久,毛主席将这篇文章收入由他主编的《中国农村的社会主义高潮》一书,并加了按语:"这个经验很好,各地可以仿行。"[①]于是,这个方法在农业合作化高潮中,在全国得到推广。

---

① 中共中央办公厅:《中国农村的社会主义高潮》(中册),人民出版社 1956 年版,第 805 页。

3.“农村是一个广阔的天地,在那里是可以大有作为的”

农业合作化高潮中,不仅干部问题十分突出,农村缺乏文化的现象也十分严重。集体生产的管理和分配,离开文化是寸步难行的。不少农业社找不到会计和记工员,这个问题不时地困扰着党的各级组织。

1955 年冬,许昌地委的主要负责同志,带领地委农工部的同志到郏县大李庄乡蹲点,具体帮助该乡进行农业合作化的规划,并总结出《在一个乡里进行合作规划的经验》一文,以指导全区的工作。在规划中提到,安排 7 个中学生、25 个高小毕业生参加农业合作化的工作,解决了农业社缺少会计、记工员的困难。这个做法,是解决农业合作化高潮中燃眉之急的有效办法,在全国都有普遍性,因此引起毛主席的重视,他也把这篇文章收入《中国农村的社会主义高潮》一书,并写下了影响深远的光辉按语:“这也是一篇好文章,可作各地参考。其中提到组织中学生和高小毕业生参加合作化的工作,值得特别注意。一切可以到农村中去工作的这样的知识分子,应当高兴地到那里去。农村是一个广阔的天地,在那里是可以大有作为的。”①

毛主席这一批示,不仅适应了农业合作化运动的需要,而且指出了我国社会主义时期青年运动的方向。“农村是一个广阔的天地,在那里是可以大有作为的”,曾经作为时代的最强音,激励和召唤了一代又一代青年知识分子,投身到农村的社会主义建设中去,其历史功绩是不可磨灭的。尽管在一个特定的历史时期内,毛主席

---

① 中共中央办公厅:《中国农村的社会主义高潮》(中册),人民出版社 1956 年版,第 795 页。

这一批示受到了"左"的干扰,但批示所揭示的真理,却是颠扑不破的。

4."这是一大发明"

走上合作化道路的翻身农民,生产积极性空前高涨,千方百计地挖掘土地潜力,提高单位面积产量。

1954年,长葛县坡胡乡孟排村胜利一社的干部有一个偶然的发现:往年填平的井坑,种上庄稼长得格外好。他们从这一现象得到启发,大胆地提出了深翻土地争取增产的设想。当年他们深翻了1.2亩土地作试验,经过认真管理,结果玉米亩产达1073斤,比没有经过深翻的土地大幅度增产。事实最有说服力。深翻改土首先在这里推广,以后逐步扩展到全县、全地区,都得到了明显的增产效果。后来,在农业科研部门的帮助指导下,通过不断实验和改进,把深翻改土建立在科学基础之上成为许昌地区农业增产的重要措施之一。

1958年5月,在党的八大二次会议上,中共长葛县委第一书记吕炳光作了关于深翻改土的专题发言。毛主席给予了高度的评价:"感谢河南省长葛县第一书记的发言。这个发言很好,我又看了一遍。一年把112万亩土地全部深翻一遍,深翻一尺五寸,争取亩产几百斤。这就提出了一个新问题,各县是否都能做到?河南长葛县能做到,别的县难道不行吗?一年不行,二年不行,三年不行,四年、五年就可以了吧!五年总可以再翻一次吧!我看五年总可以!他们第二个五年计划把全县的地都翻一遍。没有工具就用长葛那样的工具,用他们那种办法。在第二个五年计划没有别的办法,就用他的办法,也许还有别的办法。他们的办法是:先把表层熟土翻一边,然后把肥料放在生土上,再用铁锨把第二层生土翻开,与肥料搅拌,打碎坷垃后仍放在下层不动,挨着翻第二行,把第二行熟土放在第一行生土上,依次翻下去,表层土不变。这是一大发明。深翻一遍增产一倍,至少增产百分之几十。增产的措施土壤应放在前边。"①

作为政治家的毛主席,在这里却俨然以一个农学家的姿态,探讨农业增产的奥秘,因为农业是国民经济的基础,粮食是基础的基础,由我们的国情决定的这一方针,任何时候都是不允许偏离的。同时我们可以看出毛主席要改变我国粮食生产落后状态的急切心情。

然而,时隔不久,"大跃进"的浪潮袭来,"左"倾蛮干作风盛行,土地越翻越深,脱离了由长葛人民发明、得到党中央和毛主席肯定的深翻改土的科学轨道,吞下了苦果。

20世纪70年代,李先念副总理在给中共河南省委的来信中,再次肯定了当年长葛县深翻改土的经验及其历史贡献。

5."这几个文件很好"

1963年春,为了进一步贯彻"农业六十条",巩固集体经济,根据中央的有关精神和省委的部署,许昌地委在临颍县巨陵店区开展农村社教试点工作。以地委主要负责同志为主的工作组,在经过大量的调查研究和充分准备的基础上,帮助该区开了一个非常成功的三级干部会议。其方法是:与会干部在认真学习文件的基础上,首先通过自我批评——"放包袱",分析危害,查找原因,自我教育;对问题较多的干部,发动群众代表提意见,开展和风细雨、与人为善的批评。与会干部普遍反映说,通过这次会议,"有错误的治了病,没有

---

① 中共长葛市委党史研究室:《中共长葛党史大事记》,河南人民出版社2000年版,第106页。

错误的打了防疫针"。全地区普遍推广巨陵店经验的实践表明:这种有领导、有组织的干部自我教育的方式,对于正确处理人民内部矛盾,整顿和改进农村各级干部的思想作风和工作作风,进一步密切干群关系,发挥了很大的作用。

这次三级干部会议的经验,首先得到省委的充分肯定。5月8日,毛主席对巨陵店区三级干部会议等四个文件,作了重要批示,并作为中共中央文件的附件发至全党:"这几个文件很好,看到了问题,抓起了工作,正确地解决了大量的人民内部矛盾和敌我之间的矛盾,政策和方法都是正确的,因而大大地推动了农业生产。可以作为各省、地、县、社进行社会主义教育工作的光辉榜样,应当组织干部学习这些文件。中央、各中央局,各省、市、区党委,都需要收集这种又有原则,又有名有姓、有事件、有阶段、有过程、有结论的文件,请你们注意这件大事,认真调查研究,是为至要。"

重温毛主席这段充满辩证唯物主义和历史唯物主义的光辉批示,他那马克思主义的思想方法和工作方法,仍然给我们以巨大的启示和真理的力量。

(作者单位:原中共许昌市委党史研究室)

毛泽东关注豫鄂陕边区

中共南阳市委党史和地方史志研究室

　　1938 年年初,日本侵略军大举南侵,华北沦陷,中原危急。面对日军的疯狂进攻,中共中央在组织华北敌后游击战争的同时,对中原游击战争的准备也十分重视。中央为发动中原游击战争,派八路军驻晋办事处处长彭雪枫和数十名干部到河南,彭雪枫任河南省委军事部部长和统战委员会主任。彭雪枫根据国内外政治、军事形势,分析日本侵略军占领武汉后,很可能会大举西犯,占领西安、兰州,进而包围陕北革命根据地。而豫鄂陕边区地域辽阔,地势险要,非常有利于抗日斗争的开展。彭雪枫遂向中共中央提出创建新的后方的建议。3 月 1 日,彭雪枫致电毛泽东等,指出豫西、鄂北、陕南这一纵横千里的广大地区约有群众千余万,有桐柏、嵩山、伏牛山、秦岭诸大山脉分布其间,具有地形、群众以及原鄂豫皖、湘鄂西苏区的基础等有利条件,工作前途是大有希望的。为此建议:从目前山西战局及陕北三边形势看,我军有以陕南、豫西及川北之通南巴这一地域做大后方的绝对必要。党从现在起即应重新估计这一区域,并提出了关于向中原调派干部及经费诸问题。

　　毛泽东接到电报后,同意彭雪枫对形势的分析,指出准备转移时最好是在鄂豫皖边区,望以大力发展该区工作。同时,毛泽东对中原抗日斗争也很关心,询问从陕北经商南、淅川、唐河、泌阳到根据地的道路。回电如下:

雪枫:

电悉。

1. 观察甚当。目前根据地仍应坚持陕甘边,但准备转移时最好是在鄂豫皖边,望以大力发展该区工作。

2. 干部可从抗大、陕公毕业生酌派一部给你们,并望从豫南各县优秀青年中挑选最好的40名送抗大学习。

3. 经费不足可否斟酌情形考虑向民众募捐。河南局面不久将变化,熬过这时期就有办法。

4. 你们中心根据地在何县何区,派人来走何路到何地与何人接触,即告。陇海路即将隔断,要指出走商南、淅川、唐县至泌阳、桐柏之几条道路。

毛泽东①

彭雪枫一方面根据毛泽东的意见,加强鄂豫皖边区的工作;一方面没有放弃原来的设想,继续开展豫鄂陕边区工作。5月,徐州失守,日军沿陇海铁路猖狂西犯,大有一举占领中原之势。为挽救中原危局,中共中央发出《关于徐州失守后华中工作的指示》,要求河南省委"组织与领导群众,准备与发动游击战争……省委负责人首先分一部分到豫皖边工作,省委另一部分准备即向豫西移动,加强

---

① 周为松:《彭雪枫将军在竹沟》,河南人民出版社1987年版,第5页。

豫西工作"①。6 月,中共河南省委作出关于向西发展以求开展豫鄂陕边工作的部署,"决定将南阳中心县委,改作工委,移到镇平,立向西南发展"②。

1938 年 7 月,南阳中心县委书记郭以青到竹沟向省委汇报工作时,彭雪枫代表河南省委向南阳中心县委发出向西发展,开辟豫鄂陕边区工作的指示。并指出,为适应形势发展的需要,省委决定撤销中共南阳中心县委,建立中共豫鄂陕工作委员会,归省委直接领导。同时,将唐河和桐柏两县划归中共豫南特委领导,以使南阳党组织集中力量向西发展。郭以青回到南阳后,即根据省委的决定成立了中共豫鄂陕工作委员会(亦称豫西南工委)。书记郭以青,委员余致和、袁宝华、杨德成、葛季武。不久,省委派李炳之到南阳任豫鄂陕工委书记,郭以青改任副书记,并派王阑西作为省委的代表驻南阳参与领导工作。为执行向西发展的方针,豫鄂陕工委于 8 月即决定:将中共镇平县委扩建为镇平中心县委,以加强对镇平、内乡、淅川三县党的工作领导。10 月,豫鄂陕工委和镇平中心县委鉴于内乡县是河南第六区国民抗敌自卫军司令别廷芳推行地方自治、发展武装势力的基地,要向西发展,必须加强这一地区的工作,将内乡区委扩建为内乡中心区委,并在淅川县成立了区委。豫鄂陕工委书记李炳之到淅川召开区委会议,分析了武汉沦陷后可能出现的情况,要求积极发展党员,深入发动群众,实行全面抗战。淅川区委根据这一指示,积极开展工作,在湖北省均县、郧县发展了一批党员,成立了党组织。

---

① 中共河南省委党史工作委员会编:《抗战时期的河南省委》,河南人民出版社 1988 年版,第 20 页。
② 中共河南省委党史工作委员会编:《抗战时期的河南省委》,河南人民出版社 1988 年版,第 90 页。

为了向西发展,开辟豫鄂陕边区,做好对各阶层的统战工作十分必要,尤其是做好宛西自治派的统战工作更具有特殊意义。宛西位于豫鄂陕三省接合部,包括镇平、内乡、淅川和邓县4县。早于1930年就以彭禹廷、别廷芳为首,在镇平、内乡、淅川、邓县推行地方自治,实行"自治、自卫、自富"的政策,积极创办民团,掌握大量武装,对国民党中央政权实行武装割据。全民族抗战爆发后,国民党为了利用自治派的武装力量维持地方秩序,于1937年秋委任宛西自治派领导人别廷芳为河南省第六区(南阳)联防处主任,统辖南阳各县武装。别廷芳势力自此得以由宛西扩展到整个南阳地区。

中共河南省委对南阳自治派的统战工作很重视。省委统战委员会主任彭雪枫是南阳镇平人,他的叔父彭禹廷曾与别廷芳合作办地方自治,关系致密。彭雪枫利用这种关系对自治派做了大量工作。1938年3月,彭雪枫指示豫南特委统战部部长刘子厚,写信调回正在陕北青训班学习的镇平籍进步青年王永行等人,嘱咐他回到镇平,帮助其兄王扶山,利用国民党县党部书记的身份,配合共产党做好统战工作,并相机发展革命力量。王扶山思想进步,赞成共产党的抗日主张。王永行回到镇平后,向王扶山传达了彭雪枫的意见。王扶山表示愿和共产党合作抗日。4月,镇平县成立青年救国团,王扶山被推选为名誉团长,为抗日救亡工作作出了一定贡献。6月,彭雪枫派刘子厚到唐河、南阳、镇平等地做统战工作。7月,又派省委统战委员会副主任刘贯一持其亲笔信,奔赴南阳,首先做了南阳专员朱玖莹、镇平县民团司令王金声、镇平县自治委员会委员长赵平甫的工作,他们均表示拥护共产党的主张,愿意联合抗日。接着,刘贯一到内乡,受到别廷芳的热情接待。经过诚恳的说服工作,别廷芳表示愿与共产党合作,绝不打共产党,更不当汉奸。

正由于南阳战略地位的重要性,地方自治派的武装力量对这个地区的形势发展举足轻重,国民党对地方自治派竭力进行争夺。1938年8月,蒋介石在武汉亲自召见别廷芳,称赞内乡为全国三大模范县之一,委任别廷芳为河南省第六区国民抗敌自卫军司令,授意他限制"异党"活动,肃清内部。别廷芳回到南阳即公开反共,他路经镇平时,逮捕了王扶山,下令解散镇平青年救国团。面对形势的突然逆转,豫鄂陕工委采取紧急措施,加紧开展统战工作,以扭转局面。工委书记郭以青亲自找与别廷芳交谊甚深的李益闻交谈,请他出面斡旋。同时,镇平中心县委派王国模去找别廷芳的秘书罗卓如,请他设法营救王扶山。李益闻赶赴内乡,与罗卓如计议后,共同规劝别廷芳。他们从抗战大局和国民党一贯排斥异己的政策等方面,陈述利害,使别廷芳坚定了自治主张,维持宛西的独立局面。不久,别廷芳放出王扶山,委任其到方城等县任自治专员,使豫西南恶化了的形势得以缓和。1938年冬,大股土匪窜扰河南省委所在地竹沟,经省委派人联系,别廷芳果然派部队帮助剿匪。

彭雪枫不仅派出干部做自治派的统战工作,而且还亲自到泌阳县做国民党南阳党务指导专员、泌阳豪绅王友梅的工作。1937年冬,王友梅派民团袭击邓庄铺,抢走共产党领导的豫南人民抗日军独立团的军用物资。豫南特委为争取王友梅,多次派人前去联系,但王友梅态度蛮横,对特委派去的人不予理睬。为了做好王友梅的工作,彭雪枫带着印有"国民革命军第十八集团军总部少将参谋处长"的名片,亲赴泌阳会晤王友梅。彭雪枫与王友梅谈古论今,从文天祥、史可法、岳飞等人的民族气节讲到抗战救国的国策,从唇亡齿寒的典故讲到一般的抗日道理。王友梅深受教育,他不仅归还了抢走的物资,而且还支援独立团一批粮食和枪支,变敌视为友好,并要求八路军派干部帮助他办泌阳青年抗日训练班。

在争取地方实力派的同时,中共河南省委统战委员会还与驻防南阳的国民党军队建立了良好的统战关系。驻防泌阳的国民党第六十八军军长刘汝明不仅支持共产党抗日,而且许诺决不与八路军、新四军为敌。驻南阳的国民党第十三军军长张轸接受共产党团结抗日的主张,赠送竹沟新四军200支枪和一批子弹。在爱国将领、第七十七军副军长何基沣的大力支持和帮助下,七十七军桐柏山区工作团得以成立。该团迅速发展壮大到1000余人,还向新四军输送了一批骨干力量。

中共河南省委和南阳党组织开展了大量的统战工作,取得了很大成绩。1938年6月9日,彭雪枫向八路军前方总部参谋长滕代远报告:

"统战工作在豫省开展,程潜、李世璋、戴民权、孙殿英、何基沣及各区行政专员,均与我有联系。豫西之别廷芳在南阳、镇平、内乡、淅川(为我于陇海路断后入陕大道)有武装近100000,已派代表与之见面,别表示只有共产党不逃,将来只有共产党天下。"①

毛泽东与洛甫(张闻天)、胡服(刘少奇)联名回电,明确指出:游击战争不宜发动过早,需在敌人后方比较空虚的地区发动。对伏牛山脉应立即建立党与群众工作的基础。电文如下:

雪枫、理治同志:

来电已收到。你们对游击战争的布置一般同意,但游击战争的发动一般不应过早,需在敌人后方比较空虚的地区发动。

---

① 周为松:《彭雪枫将军在竹沟》,河南人民出版社1987年版,第10页。

对于伏牛山脉须即去建立党与群众工作基础,干部准备在这期抗大毕业生中派四百人到河南及安徽北部,惟有游击经验的干部甚少,现正物色中,可派数人来。苏鲁边区郭子化已与山东省委郭洪涛接上头。

洪涛现在蒙山建立根据地,以后请将河南游击战争发展情况随时电告。

毛洛胡
七月三日①

彭雪枫接电后,即于7月4日致电毛泽东,详细报告豫东及南阳的军事情况。电报如下:

(一)河南自开封失守之后,各县难民之较先进者,纷纷前来联络以图揭竿而起,甚至团、旅、师长,及今在乡村间之军人,亦前来求得联系,要求指导者甚多。

(二)宛西之别廷芳在镇平、内乡、淅川,为我陇海路断后入豫之大道,握有极大兵力,单武装即有80000之多。目前曾派人赴内乡与之联络,别认为:

1.敌人一到,只有共产党不走。

2.将来为我党天下。对保卫家乡及前途发展,愿与我们切取联络。又豫东之西华民众运动,做得极好,男女老少均有组织,一声呼唤,即可集合武装力量之脱离生产者约计7000人,枪支弹药齐全,并在我党绝对领导控制之下;又如遂平三区1个学

---

① 中共中央文献研究室、中国人民解放军军事科学院编:《毛泽东军事文集》第二卷,军事科学出版社、中央文献出版社1993年版,第357页。

校武装数百人，均在我党领导之下；舞阳县青年救国会约3000人；南召武装3000人；杞县1000；均在我党领导之下。另外各县之零碎武装以统一战线关系及同情于我之武装力量，均不在内。

（三）形势现已好转，惟所缺者军事政治干部，各地前来要干部者日内数起，无法应付。根据晋冀经验各地武装之发展壮大为我党干部领导之力。我党对中原前途应加以重视，必须派来大批有经验之团、营、连各级军事政治干部方能应付目前局面。

（四）抗大学生毕业来时，请另送1个保卫局干部，即来工作为要。①

1938年10月，广州、武汉相继沦陷，中国抗日战争逐渐由战略防御转入战略相持阶段。日军战线长，兵力和财力严重不足，特别是它的后方受到中国共产党领导的抗日游击战争的严重威胁，因而不得不停止对正面战场的战略进攻，对国民党采取政治诱降为主、军事打击为辅的策略，把主要力量放在保守占领区。鉴于形势的变化，中共中央决定把工作重心转向敌后，发动群众，开展抗日游击战争，建立抗日根据地。为此，中共豫南省委（1938年12月建立，亦称豫鄂边区党委）决定，撤销中共豫鄂陕工委，建立中共豫西南地委，其主要任务是：放手发动和组织群众，建立抗日武装，做好开展抗日游击战争的准备工作。1939年1月，中共豫西南地委成立，省委将原豫南特委领导的唐河工委划归豫西南地委领导，地委亦将工委时

---

① 周为松：《彭雪枫将军在竹沟》，河南人民出版社1987年版，第12—13页。

期在湖北省均县、郧县发展的党员交给鄂西北特委。中共豫鄂陕工作委员会虽然只存在 6 个月,但开阔了南阳党的负责人的视野,促进了党组织的发展,有力推动了南阳各项工作的开展。同时,彭雪枫给毛泽东的电报,使毛泽东加深了对南阳的了解。

毛泽东批准河南人民抗日军挺进南召等县

中共南阳市委党史和地方史志研究室

1944 年，全民族抗日战争进入第七个年头。中共中央审时度势，及时作出了缩毂中原，向河南敌后发展的战略决策。毛泽东再次把关注的目光投向南阳，准予在南召等县开辟根据地。

此时，世界反法西斯战争已进入新的历史阶段。在欧洲战场上，苏军转入大规模的反攻；在太平洋战场上，美军的反攻不断取得胜利，日军通往南洋的海上交通受到严重威胁；在中国战场上，共产党领导的八路军、新四军英勇奋战，不断收复失地，开始局部反攻。日军为了挽救其在太平洋战场上的失败，防止日本本土遭受空袭，打通中国大陆交通线，摧毁中美空军基地，挽救其入侵南洋的孤军，疯狂地发动了豫湘桂战役。4 月 18 日，日军以 9.7 万余人的兵力首先发动了河南战役，从豫北、豫南和晋南向豫西、豫中地区大举进攻。4 月 22 日占领郑州，5 月 25 日占领洛阳。国民党 40 万大军，除在少数战斗中进行了较为激烈的抵抗外，大多数是一触即溃，甚至是望风而逃，从而导致在 37 天时间里，丢失 38 座县城、损失兵力 20 余万。国民党军队在河南战役中的大溃退，是国民党顽固派长期推行消极抗日、积极反共政策的必然结果。豫中、豫西和豫南广大地区沦陷，河南人民再次遭受日本侵略军的野蛮蹂躏。

在河南战役前后，中共中央密切注视着河南局势的变化，不失时机地作出了向河南敌后发展，创建新的抗日根据地的战略决策。

1944年4月22日，即日军发动河南战役的第五天，中共中央军委主席毛泽东致电八路军前方总部参谋长滕代远和北方局书记邓小平，要求太行、太岳八路军"在敌人南犯后方空虚时，应乘机开辟豫北地方工作，以便将来可能时，开辟豫西工作基地"①。

1944年7月25日，中共中央发出向河南敌后进军的命令，要求华北、华中的八路军、新四军各部派兵出师河南，开辟敌后根据地，控制中原这个战略要地，沟通陕北和华北、华中抗日根据地之间的战略联系，发展抗日战争的大好形势，为取得抗战的彻底胜利打好坚实基础。

按照中央部署，1944年9月初，太行区党委和太行军区抽调两个团组成豫西抗日先遣支队，向嵩山、箕山地区挺进。10月，太岳区党委和太岳军区抽调两个团组成豫西抗日第二支队，挺进洛阳以西地区。为统一领导豫西人民的抗日斗争，1944年10月，中共中央决定成立中共河南区党委、河南军区暨八路军河南人民抗日军，任命戴季英为区党委书记兼军区和河南人民抗日军政委，王树声为军区和河南人民抗日军司令员。毛泽东分别接见中共河南区党委和河南军区负责同志，告诉他们：这次南下的战略任务是要"深入河南敌后，以嵩山为依托，在三点（郑州、洛阳、许昌）两线（陇海铁路和平汉铁路线）之间，深入发动群众，开展游击战争，建立敌后抗日根据地，

---

① 中共河南省委党史工作委员会：《河南（豫西）抗日根据地》，河南人民出版社1988年版，第421页。

紧紧咬住敌人,牵制三点两线之敌人西进,保卫大西北,沟通陕北和华北、华中抗日根据地之间的战略联系,发展抗日战争的大好形势,夺取抗日战争的胜利"①。

1944年11月底,河南军区领导人率领部队和干部,先后从延安出发,向河南敌后挺进。1945年2月9日,王树声、戴季英率部进入豫西地区,先后与豫西抗日第二支队、先遣支队会师。随后,传达中央关于开辟豫西的工作方针,决定统一改编为河南人民抗日军,组建6个支队,在各支队活动区域,相应成立第一至第六地委、专署和军分区。其中,第三军分区由中央警备第四团组成的三支队组建,陈先瑞任三地委书记、军分区司令员兼政委。三地委下辖鲁(山)西、鲁山、南召和伊阳(今汝阳)4个县委。支队活动于临汝、鲁山、叶县、舞阳和南召、方城地区。

在河南区党委和河南军区的统一领导下,各支队互相配合,协同作战,消灭日军、伪军和顽军的有生力量,建立党的各级组织和抗日民主政府。但由于日、伪、顽势力范围比较大,河南人民抗日军面临的困难还很多,必须在巩固、扩大豫西抗日根据地的同时,尽快同新四军第五师取得联系,使豫西与豫中连成一片。为此,河南区党委决定向伏牛山之鲁山、南召、伊阳、临汝、嵩县间开辟基地。1945年4月25日,王树声、戴季英就关于河南发展现状和向伏牛山内地扩大与建立基地问题向中央作如下报告:

(一)我们在执行毛主席及中央方针下,对于河南工作得到了一些发展。地方武装和主力现有一万三千人,而主力补充仍

---

① 中共河南省委党史工作委员会:《河南(豫西)抗日根据地》,河南人民出版社1988年版,第5页。

极少,地方武装还不很巩固。群众组织与斗争正在发动中。嵩山根据地较前巩固与扩大。河南现在我们政权范围下的群众有七十万。财政每月可收入二千万,因物价高涨及工作费用,收入尚不够需要甚远,故夏衣现还只解决了一部。在三、四两月作战中,我缴获步枪千余支、轻机四十挺,炮六门。多是围寨战斗。

(二)打击王光临、席子猷顽伪反动势力后,我们采取从各方面争取中间势力,进行地方统一战线,分化敌、伪、顽,已取得了密县、禹县、临汝地区。地方中间势力大部不反共,我们并有焦可生、伍凤翔各部地方武装千余人枪和我们连(联)系。有的可能争取进一步改编。

(三)自本月初我们打击了反动势力席子猷后,即进占禹、郏、临地区,占领河南瓷矿所在地神垕镇,有人口二万五千。而敌、伪、顽还企图与我争夺。

(四)河南情形复杂,反动势力较大,为争取发展前途,实现党的任务,我们必须向伏牛山内地扩大与建立基地。我们准备以一部力量于下月向伏牛山之鲁山、南召、伊阳、临汝、嵩县间开辟基地,是否得当请指示。并望中央从华北再调两个或三个小团来河南,加强现有支队的独立活动,并另成立支队。其余情况继续报告。①

毛泽东接到戴季英、王树声的请示报告,遂于5月2日复电,同意河南区党委向嵩县、伊阳、临汝、鲁山、南召等地发展。电文如下:

① 中共河南省委党史工作委员会:《河南(豫西)抗日根据地》,河南人民出版社1988年版,第20—21页。

河南区党委：

　　如果你们觉得向嵩、伊、临、鲁、南召地区进展是有利的，你们可以这样的。文年生等部赴湖南广西的部队本月下旬可从延安出发。

中央

辰冬

戴季英、王树声接到毛泽东的复电后，立即决定河南人民抗日军第三、第四支队和军区直属部队向鲁山、南召进军，打击日军。开辟这一地区，使豫西山区与豫中嵖岈山地区连成一片。

1945年6月，河南人民抗日军第三、四支队5000余人，先后攻占了鲁山县的下汤、中汤、赵村、二郎庙和嵩县的车村等地，建立了鲁西县政府，安置了后方。部队稍事休整后，即翻山越岭向南召县马市坪急进。

当时，国民党第十一战区副司令长官高树勋率领第三十九集团军之新八军奉命退守南召，司令部驻扎马市坪，以堵截人民抗日军南下。河南人民抗日军为了扩大抗日根据地，必经马市坪南下，因而与高树勋部遭遇。先头部队行至距马市坪约40里的焦园村时，南召县中共地下党员郑多珍及时和部队取得联系，详细介绍了马市坪地区国民党军的驻防情况。6月8日，部队智取马市坪北之竹园庙。竹园庙的一连守军除少数被击毙外，其余多数做了俘虏。拿下竹园庙后，随军的地方工作队立即召开南召县抗日民主政府筹备会，决定由第三支队参谋长洪久畴任县长，由原在南召开展地下斗争、后赴延安的朱晓山（朱宝林）任副县长，并刻制了印章，写好了布告，准备攻下马市坪后即宣布南召县抗日民主政府成立。

驻守马市坪的新八军非蒋介石的嫡系,长期受国民党的排斥和歧视。国民党第十一战区副司令长官兼第三十九集团军总司令高树勋具有一定的爱国思想,对国民党的腐朽政治不满,早在抗战初期就曾和中国共产党有过接触。当人民抗日军进军伏牛山时,胡宗南电令他率部堵截。6月8日晚,第三支队完成了对马市坪的包围,隐蔽在高树勋部的共产党员王定南(王正化,内乡县人),建议高树勋以抗日大局为重,同抗日军立即进行谈判,建立友好关系,并表示愿意从中联络。高树勋采纳了王定南的建议,派王定南穿越火线,面见第三支队司令员陈先瑞,商谈停火事宜。经过王定南数次穿梭火线交换意见,商定双方立即举行会谈。6月9日上午,在约定地点,陈先瑞同高树勋进行了谈判。陈先瑞向高树勋分析了形势,晓以团结抗日之大义,指出:河南人民抗日军进军鲁山、南召是为了抗击日本侵略者,建立抗日根据地。凡是一切愿意抗日的,抗日军都愿意同他合作。只要爱国,不分党派,不分信仰,不分民族,不分家庭出身,一律团结抗日。希望高树勋做一个有良心、爱国的中国人,枪口对外,共同抗日。高树勋对陈先瑞的肺腑之言甚是感动,表示:"请贵军相信我是抗日的,决不当亡国奴,一旦时机成熟,我是会选择自己的道路的。"并恳求人民抗日军不要攻打南召,否则他既不好向蒋介石交代,也没有地方去了。

经过谈判,最后达成以下协议:双方立即停火,撤出战斗,划定地区活动,互不侵犯,互通情况,经常联系。下午,抗日军送还俘虏。高树勋为表示感谢,送给抗日军一批弹药和钞票。陈先瑞及时向中共中央汇报了谈判结果,中央同意所达成的协议,指示要继续做好高树勋部的统战工作。

高、陈火线谈判意义重大。它不仅宣传了抗日必胜的形势和共产党的抗日主张,而且对高树勋将军的思想触动很大,使他倾向共产党的态度逐渐坚定。1945 年 8 月,高树勋为寻找新的出路,亲自给彭德怀副总司令写信,派王定南去太行山面见彭德怀。后在陈毅、刘伯承、邓小平的直接领导下,党组织加紧对高树勋的统战工作,促使高树勋率部于 1945 年 10 月在邯郸起义。高部起义对国民党军影响很大,对蒋介石发动全面内战是一个有力的打击,受到中共中央和毛泽东的高度赞扬。

国民党顽固派在获悉高、陈谈判后,引起轩然大波。胡宗南立即派第九十军由卢氏向嵩县移动,对高部进行监视,并从严控制对高部的给养供应。这使高树勋更加感到只有接近共产党才有出路。

后由于胡宗南部东进,第三支队主力奉命开赴嵖岈山区,同新四军第五师会合。其余少数部队由三专署专员全中玉率领,继续在南召县的杨盘、沟漫山一带活动。

河南人民抗日军进军南召伏牛山腹地,筹建抗日民主政府,广泛开展统一战线工作,宣传党的抗日方针,积极扩大抗日根据地,这不仅震慑了国民党顽固派和当地土顽,而且给伏牛山区的人民带来了抗日战争胜利的曙光。

毛泽东调遣三军会师桐柏

中共南阳市委党史和地方史志研究室

在十四年抗战中,毛泽东以战略家的深邃眼光瞩目南阳;进入全国解放战争后,他再次把关注的目光投向南阳,以运筹帷幄、决胜千里的宏大气魄,经略南阳这一重要战略要地。调遣三军会师桐柏,便是毛泽东在解放战争时期经略南阳的第一个杰作。

抗战胜利后,在中原占有重要战略地位的桐柏山区,成为国共两党共同关注的焦点。蒋介石为发动内战,调集国民党第一、五、六、九、十共5个战区20多个师和9个游击纵队的兵力,疾速从四面八方向中原扑来。中共中央和毛泽东洞烛其奸,不断向虎踞在鄂豫边的新四军第五师发出对付内战危险的指示。早在日本帝国主义投降前夕,就电示新四军第五师:现有平原地区必难完全保持,准备精神的与实力的条件对付将来内战危险,应是今后工作的出发点。还指出:现在就应考虑在桐柏山、大别山、鄂西、鄂南、鄂东、襄北扩展根据地问题,此项任务甚为困难,但必须精心设计,预为筹划,大别桐柏两处,现亦有相当基础,将来可集中主力夺取一部或大部,作为主要根据地。

1945年8月4日,毛泽东以中央军委名义,向驻扎在安徽大悟山的新四军第五师下达《关于迅速集中兵力,准备迎接新的斗争的指示》,指出:"你们必须在这时间内准备一切,对付必然要到来的内战局面,方不致临时张皇,遭受挫折……一切自力更生,不靠任何外援,准备精神的与实力的条件对付将来内战危险,应是你们今后工作的出发点。"①

根据毛泽东8月4日的电报精神,新四军第五师师长李先念报告党中央,拟率部由安徽大悟山转移到桐柏山区,创建根据地,整编军队,准备迎接内战。9月4日,中共中央复电李先念,同意新四军第五师立即向桐柏山转移,待机行动,并强调指出:在目前,五师想创建巩固主要根据地是不可能的。现在的中心任务是整编一、两万主力军放在手里,有了这个主力总是有办法的。望集中全力完成这个任务。

李先念立即率部由大悟山向桐柏山区转移。9月下旬新四军第五师转移至桐柏山区后,对部队进行整编,组建了中原野战军,文建武任野战军司令员,任质斌任野战军政委,下辖3个旅。另外成立了鄂东、江汉两个军区,每个军区下辖一个旅。同时,部队加紧训练,动员广大指战员为坚守中原,牵制敌人,保卫胜利果实,遏制内战而斗争。

自新四军第五师转移桐柏山区后,毛泽东为阻止内战,消除中原地区的内战危险,倾心于桐柏山区,指挥桐柏战场的电报频频由延安发出。

1945年9月7日,中央军委电令王震、王首道率领八路军三五九旅南下支队,由广东迅速北上桐柏山区,向新四军第五师靠拢。

1945年9月10日,中央军委电令戴季英、王树声率领河南军区部队,由豫西火速南下桐柏山区,向新四军第五师靠拢。

上述两个命令发出之后,毛泽东深虑的另一个问题随之而生:

---

① 中共中央文献研究室、中国人民解放军军事科学院编:《毛泽东军事文集》第二卷,军事科学出版社、中央文献出版社1993年版,第812—813页。

如何保证三军胜利会师后能站稳桐柏山区？新四军第五师只有在河南军区部队和南下支队未进入桐柏山区前，展开军事进攻，打几个胜仗，扩大占领区，才能为三军会师创造一个辽阔的活动区域。根据这一考虑，1945 年 10 月 1 日，中共中央电令新四军第五师：集中主力，充分准备，打几个胜仗，歼灭国民党一部分主力，才能稳住中原局势。大量牵制蒋军，也就是支援了华北、华东的斗争。

1945 年 10 月 9 日，中央军委电令黄河以西地区的冀鲁豫军区水东八团南下桐柏山区，迅速向新四军第五师靠拢，以加强桐柏山区的军事力量，确保会师部队在桐柏山区站稳脚跟。

新四军第五师根据中央军委 10 月 1 日的命令，遂于 1945 年 10 月 17 日决定：出动 10 个团的兵力，于 20 日发动桐柏山战役，在桐柏县及湖北省随县同时展开军事行动。

10 月 20 日，新四军第五师集中优势兵力，包围了桐柏县城，第十三旅三十七团位于城北，三十八团位于城南，三十九团位于城东。近午时分，围城部队发起总攻。激战至下午 5 时许，在地方武装两个连的配合下，攻克了桐柏县城，歼灭国民党鄂豫挺进军第七游击纵队 500 余人。新四军第五师司令部也随之由湖北省随县草店移驻桐柏县城郊叶家大庄。同时，宣布建立了中共桐柏县委和桐柏县爱国民主政府，并立即开展准备迎接河南军区部队和八路军三五九旅南下支队、冀鲁豫军区水东八团各兄弟部队的工作。

1945 年 10 月 21 日，新四军第五师第十三旅乘胜前进，连续战斗，一举解放了桐柏县的固县及平氏两个镇。同日，新四军第五师第十四旅攻克湖北省随县北部之新城，击溃国民党第二十九集团军游击独立第一支队，歼敌 500 余人，缴获军械弹药仓库一座。至此，河南省桐柏县和湖北省随县北连成一片，为向桐柏山区会集的各部队开辟了一个比较广阔的根据地。

毛泽东得知新四军第五师在桐柏、随县的军事斗争的胜利以及向桐柏山区会集的各部队行动比较顺利,胜利会师桐柏的目的可以按期实现的消息后,遂于 1945 年 10 月 22 日,以中共中央名义向中共中央鄂豫皖局代理书记郑位三和中共中央鄂豫皖局委员、新四军第五师师长李先念发电,令其三部会师后,立即集中力量在桐柏山区打几个胜仗,并交代了行动策略和活动范围。电报内容如下:

郑李:

(一)你们须准备至少六个月内在豫鄂活动,三部会师后,集中强大野战军打几个大胜仗,方能有助于整个局势,也方能转变你们自己的局势。(二)目前你们野战军会合王戴、二王,以夺取桐柏山区域最为适宜,不可过早向其他区域去,反而增加你们的困难,且于大局不利。东面之豫东南(大别山)、豫东北(新黄河),西面之豫西(伏牛山)、鄂西北,只能作几个月后之预备机动地区,不宜提在目前的计划上。(三)只要打胜仗,财政就有办法,几个胜仗之后,占领大块地区(至少七八个县),不怕不能解决财政问题,各解放区军队都是如此解决,你们自亦能解决。目前你们即应有坚定决心在桐柏山区域(铁路以西,南阳以东,叶县以南,随枣以北)创造战场,歼灭顽军,解决财政。这本是你们原定计划,希望坚决执行。

中央

酉养①

---

① 中共中央文献研究室、中国人民解放军军事科学院编:《毛泽东军事文集》第三卷,军事科学出版社、中央文献出版社 1993 年版,第 69 页。

1945 年 10 月 24 日,河南军区部队、新四军第五师和八路军三五九旅及冀鲁豫军区水东八团,6 万雄师在桐柏胜利会师。各路大军首长和部分官兵在桐柏县城召开庆祝胜利会师大会。李先念、王树声、王首道先后在庆祝大会上讲了话,号召广大指战员团结一致,争取和平,反对内战。

三路大军胜利会师桐柏,为实施"坚守中原,牵制敌人,制止内战"的战略计划迈出了坚实的一步。毛泽东于 10 月 24 日晚以中央名义致电郑位三、李先念,庆贺他们占领桐柏。

郑李:

庆祝你们占领桐柏,望努力扩大战果,大批歼灭顽军,占领多数县城,创造新局面。

中央

酉敬

根据中共中央决定,10 月 25 日,即三路大军会师桐柏山区的第二天,在桐柏县城郊叶家大庄宣布建立中共中央中原局、中原军区、中原行署。郑位三、李先念、王首道、陈少敏、王震为中原局常委,郑位三任代理书记兼军区政委,陈少敏任副书记,李先念任军区司令员,王树声任副司令员,王震任副司令员兼参谋长,王首道任副政委兼政治部主任,许子威任行署主任。并同时召开了中原局第一次会议,研究讨论中原地区的政治、军事形势,部署遏制国民党发动内战的作战方针,决定立即整编和整训部队。会后,把主力部队整编为两个野战纵队和三个独立旅。

第一纵队由河南军区部队和冀鲁豫军区水东八团合编而成。王树声兼司令员,戴季英任政委,熊伯涛任参谋长,吕振球任政治部主任。下辖一、二、三旅。第一旅旅长皮定均、政委徐子荣。第二旅旅长张才千、政委刘健挺。第三旅旅长刘昌毅、政委张力雄。

第二纵队由新四军第五师与八路军三五九旅合编组成。文建武任司令员,任质斌任政委,周志坚、程耀德任副司令员,方正军任参谋长,张树才任政治部主任。下辖第十三、十四、十五、三五九等4个旅。第十三旅旅长吴世安、政委周志刚。第十四旅旅长程耀德、政委杨焕民。第十五旅旅长王海山、政委汤成功。三五九旅旅长郭鹏、政委王恩茂。

第一和第二纵队直属中原军区领导。

中原、中原军区和中原行署下辖江汉、鄂东、河南三个区党委、军区和专署。

中原局、中原军区和中原行署的成立,标志着中原地区的党政军组织有了统一的领导机构,构成了遏制内战、争取和平的擎天大柱。

三军会师后,中原局和中原军区根据毛泽东关于扩大战果,集中力量在桐柏山区创造战场的指示,于1945年10月28日,分兵两路,向枣阳、唐河、新野及鄂北白兆山地区、大别山地区发起军事进攻,仅仅用3天时间,一举解放了上述3座县城,收复了白兆山地区和大别山地区,歼灭敌军3000余人,胜利开辟了以桐柏山区为中心包括豫南、鄂北、豫东、鄂东北、宛南地区在内的中原解放区。

对中原解放区的胜利开辟,中共中央给予了高度评价。1945年10月31日,毛泽东以中共中央名义发出《关于嘉勉五师和南下部队胜利会师给郑、李、王、戴、王、王指示》:

"你们最近在豫南、鄂北的行动已取得主要的胜利,因而吸引了刘峙五、六万军队对着你们,这就大大帮助了刘伯承在平汉北段的作战……中原部队会师后,应更加团结一致,为创造中原地区的新局面,配合华北、华东、东北的斗争,粉碎国民党的进攻,制止内战,建立独立、自由和富强的新中国而奋斗。"①

这给中原军区部队以极大的鼓舞。

中原局和中原军区为执行毛泽东的扩大战果、创造新局面的命令,中原野战军各部队从 11 月 2 日至 12 月 17 日,在湖阳、双沟、程家河、祁仪等地发动强大的军事进攻,吸引国民党 20 多个师、30 万兵力于桐柏山区四周,有力地支援了其他解放区战场,起到了牵制作用。陈毅指出:如果没有中原部队会师桐柏、牵制国民党军队 30 多万人于桐柏山区,那就很可能没有上党战役、邯郸战役和华东七战七捷的胜利。

中原野战军雄踞桐柏,威震中原,虎视南京,构成了阻碍国民党军队从峨眉山返回中原,东进华北,控制华东,抢占东北,发动全国内战的一道防线。卧榻之侧,岂容他人鼾眠。蒋介石遂调运 8 个军 20 个师和 8 个游击纵队,共 30 多万人的部队,围攻桐柏解放区。蒋介石公然叫嚷要在 11 月一个月内,把桐柏山区的中原部队消灭掉。

这次进攻解放区的国民党部队,采取稳扎稳打、重重包围、逐步紧缩的办法,妄图全歼中原军区部队主力。为避其锋芒,争取主动,中原局和中原军区根据党中央的指示决定:除留鄂东、江汉两军区部队原地坚持斗争,以牵制参与围攻的国民党军队外,中原军区主力部队于 1945 年年底向平汉铁路以东转移。当中原军区部队进至

---

① 李保铨:《领袖与南阳》,河南人民出版社 1989 年版,第 127—128 页。

湖北宣化店一带时,国民党全面进攻解放区失利,迫不得已于1946年1月10日和共产党签订了停战协定。国共双方分别向所属部队宣布了停战命令。中原军区部队以大局为重,恪守停战协定,在以宣化店为中心的光山、罗山、经扶(今新县)和礼山(今大悟县)一带就地待命。1946年3月,中原局和中原军区决定重建中共豫南地委、专署和军分区,黄林任地委书记,张旺午任专员,仝中玉任地委副书记,黄林兼军分区司令员。他们在桐柏山区坚持斗争,牵制敌人,策应宣化店主力部队。至此,以中原局、中原军区及中原部队转移到宣化店为标志,粉碎了蒋介石围歼中原部队于桐柏山区的阴谋。

毛泽东牵挂途经南阳的中原突围部队

中共南阳市委党史和地方史志研究室

三路大军六万雄兵虎踞中原,被蒋介石视为心腹大患。1946 年 4 月,蒋介石又调集 11 个军 20 多个师,共计 30 多万兵力,构筑 6000 余座堡垒,将中原野战军包围在以宣化店为中心,纵横不到百里的狭小区域内。

1946 年 4 月底,蒋介石在武汉召开高级军事会议,部署"围剿"中原军区部队的计划。

1946 年 6 月中旬,蒋介石认为发动内战的条件完全成熟,遂任命郑州绥靖公署主任刘峙任前线总指挥,限"6 月 22 日前完成秘密包围态势","7 月 1 日发起总攻击",在"48 小时内,一举包围歼灭"宣化店的中原军区主力部队。

面对蒋介石对中原军区部队的围剿行动,以毛泽东为首的党中央心系中原将士,多次发出电报,指挥中原突围。

1946 年 5 月 1 日,中共中央指示中原局"主力向西到鄂西、陕南、豫西地区为适宜"[①]。

---

① 李少瑜、李文实主编:《西征》,武汉大学出版社 1989 年版,第 290 页。

5月2日,中共中央电示中原局,同意中原部队向西突围之方针,指出一切准备工作宜快。

1946年6月1日,毛泽东以中共中央名义致电郑位三、李先念、王震,向他们提出早做准备突围及自救之道。

1946年6月19日,毛泽东以中共中央名义电告郑位三、李先念、王震,向他们通报蒋介石准备大打的情报,要他们必须随时注意敌情,准备突围,并提出了突围后的两个前途。

同日,毛泽东又向各大解放区发了两个电报,通报了蒋介石阴谋"围剿"中原部队,准备大打的情报,并下达了对付蒋介石大打的作战部署和意见。

6月20日,中原局报告中共中央,依中央指示,现已做战略准备:主力向西突围,而后直迫内乡、淅川、荆紫关地区,经伏牛山腹地,越陇海路,渡黄河到太岳区。万一不成,即在伏牛山、秦岭打游击。①

1946年6月21日,中原局给中共中央发电,提出三种突围方案,请中共中央定夺。电报指出:国民党军队对中原军区包围、封锁已愈益加强。"现在我区局势确已发展到必须迅速主动突围的地步","我们原谋向南突围有长江之隔,向东突围则因国民党在津浦路上控制有强大兵力,难于达到目的,由界首附近北渡黄河则由于不能徒涉的河川很多,危险极大,比较安全的只有由豫西南向鄂中向西突围的两条路,但这两条路最近因顽军之攻占我信、随地区已失去其一,如顽军最近再将应山、安陆、云梦各要点占去,则成纵队的集体突围的路线,则完全丧失。在此情况下,虽部分队伍还可以

---

① 李少瑜、李文实主编:《西征》,武汉大学出版社1989年版,第292页。

旅团为单位分散突围,但由于分散突围的路线也不很多,故可能有半数的部队突不出。""如果等顽军已经完全部署完毕,正式向我全面进攻时再突围,则我不仅在战略上即在战术上亦处于被动地位,那个局面很难设想的,因此我们提议中央能允许我们在本月底即开始实施主力突围的计划,即经鄂中分两个纵队分别向陕南及武当山突围,然后转至陕甘宁边区。我们认为就时间及敌情来说,现在主动突围较过去虽大大困难,在突围过程中可能遭受一定损失,但如再不主动突围,则以后更难了。"①

情况严重,不容犹豫,毛泽东遂于 6 月 23 日回电,以中央名义令其立即突围:

中原局:

(一)二十一日电悉。所见甚是,同意立即突围,愈快愈好,不要有任何顾虑,生存第一,胜利第一。(二)今后行动,一切由你们自己决定,不要请示,免延误时机,并保机密。(三)望团结奋斗。预祝你们胜利。

中央

六月二十三②

中原部队要从宣化店秘密突围有一个较大困难,即国民党北平军事调停处执行部派驻中原军区第三十二小组。如何妥善处理第三十二小组?中原局于 1946 年 6 月 24 日请示中共中央。电报说:

---

① 中共中央文献研究室、中国人民解放军军事科学院编:《毛泽东军事文集》第三卷,军事科学出版社、中央文献出版社 1993 年版,第 288—289 页。

② 中共中央文献研究室、中国人民解放军军事科学院编:《毛泽东军事文集》第三卷,军事科学出版社、中央文献出版社 1993 年版,第 288 页。

"我们已决定二十八日突出包围圈,二十四日晚王树声、戴季英部即开始在我区内荫蔽行动,但很难不被敌发觉。请特别注意供我及两纵密息情报。三十二小组仍在宣化店,留去都难。如分途安全突出包围圈后,我们根据中央意旨及自己具体情况拟定行动计划。请中央随时指示。"①

不处理好中原军区身边的第三十二小组,中原军区部队就无法实施机密突围。毛泽东即于 1946 年 6 月 25 日给郑位三、李先念、王震回电:

郑李王:

敬电悉。(一)巧妙避开敌之打击,分途突出包围圈。(二)如遇严重不利情况,则以旅为单位分散前进。(三)留下部队至少万人,坚持原有地区。(四)务必保护三十二小组安全,或留置现地交由我地方部队妥为护送其回汉,或带至铁路附近让其返汉,或带其同行(暂禁其电台工作),由你们决定。

中央

已有②

6 月 26 日,国民党蒋介石撕毁停战协定,悍然向中原解放区发动大规模军事进攻。当晚,中原军区部队根据党中央、毛泽东的指示,除留部分地方部队在原地坚持斗争,以一个旅伪装主力向东转移迷惑国民党军队外,主力分南北两路向西突围。

---

① 中共中央文献研究室、中国人民解放军军事科学院编:《毛泽东军事文集》第三卷,军事科学出版社、中央文献出版社 1993 年版,第 298 页。

② 中共中央文献研究室、中国人民解放军军事科学院编:《毛泽东军事文集》第三卷,军事科学出版社、中央文献出版社 1993 年版,第 297 页。

为了揭露蒋介石发动内战的罪行,1946 年 6 月 27 日,毛泽东给周恩来、刘伯承、邓小平、薄一波、陈毅、舒同、邓子恢、张鼎丞等发电,令其对外广泛揭发国民党发动内战的阴谋,以使全国人民了解真相,争取人民。

周并告刘邓薄,陈舒,邓张:

蒋介石所谓四十八小时后有惊人举动,是指阴谋歼灭我中原部队而言,蒋于月中下令聚歼有不许漏网之语。昨宵起实行攻击,我中原部队不得不起而自卫。这一自卫斗争是否能不受严重损失,现尚不能预计。请对外广泛揭发国民党之阴谋。

中央

已感①

6 月 26 日晚的突围是秘密进行的。为稳住尚在宣化店的北平军事调停处第三十二小组,我方以请其参加文艺晚会,李先念接见,王震举行招待会等形式予以迷惑。6 月 29 日晨,中原军区以副司令兼参谋长王震的名义,向军事调停处第三十二执行小组递送备忘录,内称:“国民党军队大规模围剿中原部队的进攻已经开始,中原部队被迫采取自卫行动。李先念将军早已离开宣化店,请贵小组于 29 日上午 11 时,撤离宣化店。为保证军调小组全体人员的安全,我已命令部队即刻监护并带你们到铁路附近,交由蒋方军队送你们回武汉。为防止发生意外,我命令美蒋双方代表的电台即刻停止工作,交由我护送部队监管。”中原军区代表宣读完备忘录后,护送军

① 中共中央文献研究室、中国人民解放军军事科学院编:《毛泽东军事文集》第三卷,军事科学出版社、中央文献出版社 1993 年版,第 303 页。

调小组的部队即刻对军调小组美蒋双方代表监护起来。此时,美蒋代表恍然大悟,立即给北平军调处执行部发电请示。直到下午3点,北平方面仍无指示,他们只好在护送部队的监护下,离开宣化店,返回武汉。

6月29日晚,李先念率领北路突围部队1.5万多人,在信阳南部的柳林和李家寨车站间突破敌人第一道封锁线,越过平汉路,沿豫、鄂两省交界之山脉向西进发。

蒋介石在"围剿"的第一个回合失败后,立即采取紧急措施,一面下令尾追,一面命令刘峙务于7月2日前,将中原部队围歼于湖北随县天河口、高城地区。刘峙急忙把原来部署在许昌、确山、明港一线的第四十一军和部署在襄阳、南阳一线的第十一军,火速调往随县北部地区,企图在7月4日前构筑一道防线,妄图将中原部队"聚歼于这一地区"。

北路突围部队越过平汉铁路后,发扬艰苦奋斗、不怕疲劳、连续作战的精神,战胜酷暑,疾速前进。在国民党整编第二师未到天河口前,已跨过天河口一线,进抵桐柏县。中原部队又一次打破了蒋介石"围歼"的计划。

毛泽东时时系念中原部队的突围行动。中原部队由宣化店秘密突围后的第五天,即1946年7月3日,毛泽东向郑位三、李先念、王树声、戴季英、张体学等发电,指出了向西突围沿途的敌军布防情况,特别向他们通报了南阳辖区内敌军的布防情况及蒋介石限令刘峙务于7月2日前将中原部队歼灭于天河口、高城地区的企图。

蒋介石又命令刘峙,调整编第四十一师、第十五师、第三师,急速向唐河苍台地区前进,并派12架飞机,配合地面部队封锁唐河、白河,妄图与枣阳之敌互相配合,于7月7日前,将中原部队围歼于唐河以南的苍台地区。

时间就是生命，就是胜利。中原突围部队北路军奔越天河口后，顶风冒雨，日夜兼程，一昼夜以 180 里的行军速度，飞越唐河苍台，抵达唐河、白河。在国民党各部队的封锁线未形成前，7 月 6 日，北路军全部渡过唐河、白河，经新野、邓县向西疾进，7 月 11 日进入内乡师岗一带。蒋介石妄图"围歼"中原部队的计划，再次宣告破产。

蒋介石恼羞成怒，对整编第十五师师长武庭麟、第六十六师师长宋瑞珂等，以"行动迟缓，堵击不力"而"伤令查办"。并严令武汉、郑州、西安各绥靖公署，急调整编第四十一师、第四十七师、第十五师、第三师，分别在南阳、镇平、内乡以南及丹江沿岸的淅川、马蹬、李官桥和邓县北部地区布防，并调内乡四个民团在师岗一带堵击，妄图将北路突围部队围歼于丹江以东地区。同时，蒋介石命令第二十旅、第十三旅围追其后，令胡宗南驻关中的整编第一师第一旅和整编第九十师第六十一旅，赶到鄂、豫、陕三省交界重镇荆紫关布防，堵截北路突围部队进入陕南。

毛泽东于 1946 年 7 月 5 日电告郑位三、李先念、王树声、戴季英、张体学等，嘱其突围部队的任务是"活动于鄂西北豫西南广大地区，一面保存自己，同时牵制大量敌人，对全局作出贡献"①。

7 月 11 日，北路军突围到内乡县师岗镇。为了执行毛泽东 7 月 5 日的电令，中原局和中原军区在师岗召开会议。会议决定，向西突围的北路军再分两路。李先念、郑位三率领中原局、中原军区及第十三旅、第十五旅四十五团为左路，共 7000 人，经淅川县马蹬一线，

---

① 李少瑜、李文实主编：《西征》，武汉大学出版社 1989 年版，第 293 页。

横渡丹江，而后向陕南方向前进；由王震率领第三五九旅、干部旅为右路，取道荆紫关和陕南的山阳，向镇安、柞水前进。

　　7月12日，李先念部队由内乡师岗西进时，遭到内乡民团的阻击，经过激战，当地民团被第十三旅第三十七团击溃。第三十七团有7名战士英勇牺牲。后由4名群众当向导，抄小路绕过有重兵布防的黄庄，在界牌岭打垮民团贾殿华部，于13日到达丹江沿岸的大石桥一带。当日，第十三旅第三十八团以隐蔽行动，将马蹬之敌围歼，并袭击李官桥、孟家楼等地之敌。同时，王震率领的右路部队三五九旅七一九团二营，冒着滂沱大雨由王沟、方湾出发，从魏营、武家洲过灌河，经檀山、石家沟、叶沟、刘营，完成了对淅川县城的包围。淅川县城由民团司令任泰升率常备营400人，凭借城高河宽进行顽抗，激战一昼夜未克，即撤出战斗。第三五九旅第七一八团原计划走捷径，抢占入陕咽喉荆紫关。行到寺湾时，发现胡宗南部整编第九十四师已抢先到达，控制了寺湾各高地，沿丹江向淅川县城方向推进。我第七一八团前卫与敌激战，掩护主力迅速转移到磨峪湾一带。

　　此时，北路突围部队的后卫部队与追来的国民党整编第三师、第四十一师各一部在马蹬附近遭遇。前有丹江横阻，后有重兵追击，整个北路突围部队处境极为险恶。对此，中原军区首长果断决定，改变原拟攻取淅川县城和荆紫关计划，命令第三五九旅第七一七团和第七一八团阻击进攻之敌，掩护全军抢渡丹江，南绕鲍鱼岭、南化塘向陕南挺进。

　　7月14日凌晨，北路主力先后到达集合地点，准备强渡丹江。当时，正值汛期，丹江上游山洪暴发，江水猛涨。李先念、王震等首长亲临江边组织试渡。试渡成功后，大队人马由老人仓、大石桥、柳家泉、张湾等处徒涉丹江。经过一天一夜的搏斗,7月15日,北路部队终于奇迹般地渡过丹江,进抵淅川以西的杨家铺,又一次以实际行动粉碎了蒋介石妄图"消灭"北路突围部队于淅川、大石桥一带的美梦。

7月15日,中共中央电示中原局:"胡宗南有强兵节节堵击,北上很难通过,且牵制大批敌军,在敌后创立根据地是我中原部队的光荣战略任务。"①

同日,中央军委电示郑位三、李先念等:"中原部队的整个突围战役是胜利的,敌人毫无所得,你们的行动调动了程潜、刘峙、胡宗南三部力量,破坏了胡宗南进攻陕北的计划,对全部帮助甚大。"②

7月16日,中原局在淅川王窑召开会议,讨论如何贯彻中央指示创造根据地的问题。后因追敌逼近,会议中止,部队即向陕南挺进。

"追敌逼近"是说北路突围部队渡过丹江后,胡宗南急调整编第一师第一旅、第九十师第五十三旅和第六十一旅,昼夜兼程赶到南化塘、鲍鱼岭一线,控制了山隘,企图与整编第三师、第四十一师各一部一起"合围"第三五九旅。7月17日,第三五九旅在鲍鱼岭一带被敌6个团的兵力包围。经过两天一夜的激战,被敌包围之势不仅没有改变,反而敌后援部队日增。在这紧急关头,第三五九旅的所有人员,包括警卫员、司号员、给养员纷纷参战,一鼓作气,杀开一条血路,突出重围,迅速进入陕南。当第三五九旅夺路而去之后,敌阵地上的缺口很快又重新合拢,强大的火力封锁了跟随第三五九旅前进的干部旅的道路,干部旅几次进攻都没有奏效。在这危急关头,

---

① 李少瑜、李文实主编:《西征》,武汉大学出版社1989年版,第295页。
② 李少瑜、李文实主编:《西征》,武汉大学出版社1989年版,第295页。

警卫营的同志们冲了上来,与干部旅的同志们一起向敌人猛攻,终于冲过鲍鱼岭,夺路西进。以后又冲破敌人在山阳、漫川关的封锁线,取道镇安,跨越川陕公路、渭河平原、陕海铁路、西兰公路,于8月31日胜利到达陕甘宁边区。此后,李先念率领的部队在南化塘、鲍鱼岭一带,与胡宗南的第一军第一师经过激战,于7月20日进入陕南,同巩德芳领导的陕南游击队胜利会师。遵照中共中央指示,中原局、中原军区主要领导转赴延安,主力则以秦岭为依托,创建豫鄂陕根据地。

河南军区部队3000余人,掩护主力部队越过平汉路后,根据中原局"走主力右翼,单独行动,向西北挺进"的指示,在司令员黄林率领下,于1946年7月4日从湖北省随县祝林店出发,向豫西一带前进,经桐柏、泌阳、方城、南召,7月29日到达卢氏、商南一带,遵照中央指示,就地打游击,创建根据地,奉命成立豫鄂陕第四地委、专署和军分区。8月初,部队进至豫陕边界的五里川、双槐树一带与南路突围部队闵学胜部胜利会师。8月8日,豫鄂陕第四地委以卢氏、嵩县、内乡和商南县的接合部建立卢嵩县,并在内乡县境内(今西峡县)建立了区委、区政府。

中原军区南路突围部队在王树声、戴季英率领下,一路激战,来到宜城东南流水沟、垭口一带。一纵三旅副旅长闵学胜率部掩护主力西渡汉水。但在背水作战、敌机轰炸、重兵包围的情况下,有3000余人未能渡江,由闵学胜率领,毅然转道北上。部队从枣阳县的鹿头沿山区北进到唐河县的祁仪镇时,接到中原军区指示,要他们到陕南创建根据地,他们于7月11日晚从祁仪出发,由当地群众带路,徒涉唐河和白河。19日,经新野沙堰、樊集和邓县白牛镇抵达镇平黑龙集。这时,指战员们已疲劳不堪,但仍耐心地向群众宣传共产党的政策,说明我们是共产党的队伍,路过这里,一不派款,二不要粮,三不抓丁,只是在这里吃顿饭,有什么吃什么,吃了打欠条,以后偿还。群众闻声后,纷纷送来各种食物。正当指战员们用饭时,尾追之敌第一二三师和邓县民团从东、南、北三角合围过来。同志们边打边撤,迅猛冲破敌人合围,沿黄土河前进,经镇平县梁堂、高丘、徐沟及内乡县马山口、七里坪,进入伏牛山腹心地区。8月初,与先期到达的河南军区部队会师,奉命参加组建豫鄂陕第四军分区,开始了新的战斗历程。

至此,中原突围部队在李先念、王震率领下,历时38天,行程2000余里,突破了五道防线,进入陕南地区,胜利完成了战略转移任务。

中原突围部队,在血与火的2000余里征程中,付出了巨大代价。毛泽覃的儿子毛楚雄,随部队冲出淅川县荆紫关不久,被杀害在陕南。王震的警卫员黄英诚战死在荆紫关。许多战士或葬身于丹江,或流血于白河,或掩埋于唐河苍台。为了人民的解放,他们献出了宝贵的生命。今天,重温这用鲜血和生命谱写的悲壮史诗时,有谁的心不为之颤抖呢?

从毛泽东以中共中央、中央军委名义发给中原局的诸多电文中可以看出,党中央、毛泽东时刻关注着中原突围的行程,心系三军将士的安危。南阳,作为中原突围的主要途经地,中原将士在这里跋涉了20多个日日夜夜。情系中原突围将士的毛泽东,自然把南阳作为他瞩目的地区之一。

毛泽东命令陈谢开辟豫陕鄂根据地

中共南阳市委党史和地方史志研究室

1947 年 7 月,全国解放战争进入第二个年头。党中央、中央军委及时把战略进攻的矛头指向中原地区,命令刘伯承、邓小平指挥的晋冀鲁豫野战军千里挺进大别山。

1947 年 6 月 30 日夜,刘邓大军主力 4 个纵队 12 万人,以出乎敌人意料的突然行动,一举突破黄河天险,挺进中原,千里跃进大别山,拉开了战略反攻的序幕,并很快站稳了脚跟,初步完成了在大别山区的战略展开。

为了支援、配合刘邓大军,党中央、毛泽东命令陈毅、粟裕指挥的华东野战军(以下简称"华野")在豫皖苏边区实施战略展开;由陈赓、谢富治指挥晋冀鲁豫野战军第四、九纵队和第三十八军(以下简称"陈谢兵团")进军豫西,在豫陕鄂边实施战略展开。

1947 年 7 月 19 日,毛泽东、周恩来等中央领导人在陕北靖边县小河村接见晋冀鲁豫野战军第四纵队司令员陈赓。毛泽东指出:刘邓大军挺进大别山,一定搞得敌人手忙脚乱,到处调兵去堵;胡宗南又被牵制在陕北,陷入绝境。豫西敌军不多,是个空子,师出豫西是有战略意义的,进去以后应当放手发展,东面配合刘邓、陈粟,西面配合陕北,东西机动作战,大量歼灭敌人,开辟豫陕鄂根据地。

7月29日,共8万余人的陈谢兵团,在毛泽东的关心下组成,陈赓任司令员,谢富治任政治委员。8月22日,陈谢兵团右路强渡黄河成功。23日,左路也一举突破黄河天险,乘胜向陇海路发展,并相继取得一系列重大胜利。

9月4日,毛泽东以中央军委名义给陈赓、谢富治等发电,指示:"四纵全部则分两路,一路取捷径出陕东南,相机攻取洛南、商县、商南、荆紫关诸城镇;一路出伏牛山,相机攻取卢氏淅川内乡三城。……秦纵①以有力兵团位于洛阳以西,阻止洛敌西犯,其余南进,相机攻取嵩县、鲁山、南召诸城,并消灭各县地主武装。……全军都要有在豫西、陕南、鄂北建立根据地的决心。"②

9月11日,毛泽东以中共中央名义给陈毅、粟裕等发电,指示他们"在黄河、淮河、运河、平汉之间创造巩固根据地,协助刘邓、陈谢创造鄂豫皖与鄂豫陕两大根据地"③。

9月13日,毛泽东以中央军委名义给陈赓、谢富治、韩钧发电,命令"卢氏我军应即将卢氏以西以南地主围寨攻克,并相机袭占商南及荆紫关……秦率主力应即向东南方面发展,相机攻占伊阳、临汝、鲁山、宝丰、郏县、方城、南召等薄弱据点"④。

9月15日,毛泽东以中央军委名义命令陈谢兵团"相机攻占临汝、郏县、襄城、叶县、宝丰、鲁山、方城、南召诸城,威胁平汉路,迫使

---

① 指第九纵队,司令员秦基伟。
② 中共中央文献研究室、中国人民解放军军事科学院编:《毛泽东军事文集》第四卷,军事科学出版社、中央文献出版社1993年版,第238页。
③ 中共中央文献研究室、中国人民解放军军事科学院编:《毛泽东军事文集》第四卷,军事科学出版社、中央文献出版社1993年版,第240页。
④ 中共中央文献研究室、中国人民解放军军事科学院编:《毛泽东军事文集》第四卷,军事科学出版社、中央文献出版社1993年版,第244页。

三师、十师等部向洛阳东南各县救援"①。

9月16日,毛泽东以中央军委名义给陈赓、谢富治、韩钧发电明确指出,九纵"主力应指向嵩县、伊阳、临汝、郏县、襄城、叶县、宝丰、鲁山、南召九县,相机攻取各城。工作重点放在卢氏、嵩县、伊阳、鲁山、南召、内乡六县交界地区(即伏牛山)",四纵"执行转向襄阳、南阳方向作战之任务,在豫西南、鄂西北十多县(西至安康、洵阳,南至宜城、南漳,东至泌阳、枣阳,北至伏牛山),歼灭敌人,建立根据地"。

9月18日,毛泽东以中央军委名义命令陈谢兵团"秦基伟主力(两个旅)由伊阳向东,相机攻占临汝,然后由临汝向东南,以一个旅相机攻占郏县、襄城、宝丰、叶县,威胁许昌,吸引整三师及一二四旅向该方面救援。该旅即留在上述各县,与救援之敌周旋。以另一个旅相机攻取鲁山、南召县城后迅即转至卢氏、嵩县、伊阳、鲁山、南召、内乡六县交界即伏牛山地区纵横二百里内外展开乡村工作,剿灭民团、土匪,发动群众,建立游击队,创造该纵后方。必须使该纵干部明了,该纵后方不是新安、渑池,而是伏牛山,用全力在伏牛山建立根据地,是为至要"。

9月25日,毛泽东以中央军委名义给陈赓、谢富治、韩钧发电,向陈谢兵团下达打李铁军及以后的作战任务。毛泽东在这个电报里把攻打豫西南列为陈谢兵团的重要作战任务,指示陈谢"主力南进,攻占豫西南及汉水流域,把局面向前开展一大步"②。

10月20日,毛泽东以中央军委名义命令陈谢兵团主力5个旅"相机攻占陇海以南、平汉以西、方城、南召、舞阳之线以北诸县,歼

---

① 中共中央文献研究室、中国人民解放军军事科学院编:《毛泽东军事文集》第四卷,军事科学出版社、中央文献出版社1993年版,第248页。

② 中共中央文献研究室、中国人民解放军军事科学院编:《毛泽东军事文集》第四卷,军事科学出版社、中央文献出版社1993年版,第272页。

灭民团、保甲、土匪及小股敌军"①。

10月21日,毛泽东以中央军委名义命令"陈谢本月底休整完毕,十一月初开始攻击嵩山区及以南各县,准备十二月上旬协同刘邓破平汉"②。

从以上电报可以看出,毛泽东对陈谢兵团的征程是何等的关注!随着战局的发展,毛泽东关于以伏牛山为依托,开辟豫陕鄂根据地的思路愈来愈清晰,决心也越来越大,沉着坚定地指挥陈谢兵团把战略进攻的矛头指向豫陕鄂边区。

根据毛泽东的指示,陈谢兵团决定:以第三十八军之第五十五师在陇海路牵制敌人;以第十二旅和第三十八军大部向陕南展开;陈谢率主力四纵和九纵挺进豫西,歼灭各县守敌,建立根据地。10月29日,兵团前委决定发动伏牛山东麓战役。11月1日,战役开始。从1日至4日,接连解放临汝、宝丰、鲁山、登封、叶县、郏县6座县城。进军之神速,使各县守备之敌闻风丧胆,望风而逃。连反动的国民党《河南民报》也惊呼解放军"攻城陷池,如入无人之境"。

11月3日,九纵第二十七旅包围南召县城(今云阳镇),4日凌晨1时发起进攻。首先炸毁敌东关炮楼,接着攻城战士冲进县城。经过7分钟激战,守敌大部被歼,一部由西门逃窜,被第二十七旅第八十团截击消灭。此役共歼敌500余人。南召县城解放后,部队开仓济民,附近群众欣喜若狂,欢呼解放军的到来。接着,先后成立了南召县人民民主政府和中共南召县委。

11月5日,九纵第二十五旅第七十五团兵临方城城下。尽管在

---

① 中共中央文献研究室、中国人民解放军军事科学院编:《毛泽东军事文集》第四卷,军事科学出版社、中央文献出版社1993年版,第309页。

② 中共中央文献研究室、中国人民解放军军事科学院编:《毛泽东军事文集》第四卷,军事科学出版社、中央文献出版社1993年版,第313页。

此之前,国民党方城县政府修建了包括城墙、护城壕、鹿角砦、明碉暗堡等城防工事,扩编了以县长王敬修兼任总队长的3000余人的民众自卫总队,但他们自知不是解放军的对手,早在被包围之前已弃城逃窜,方城县城不战而克。解放军战士进城后,纪律严明,秋毫无犯,还帮助群众挑水、扫地,以实际行动戳穿了国民党的欺骗宣传。

伏牛山东麓战役的展开,震惊了蒋介石和国民党军事当局,遂急令李铁军率第五兵团的整三师、第二十师等部共7个旅,火速追赶陈谢主力。面对气势汹汹扑上来的李铁军部,11月8日,陈谢兵团前委在南召县南召店召开扩大会议,研究对策。参加会议的有:四纵司令员陈赓,政治委员谢富治,副司令员韩钧及所属四个旅的旅长;九纵司令员秦基伟,政治委员黄镇,副司令员黄新友及所属三个旅的旅长等。会上,有同志主张集中主力,就地歼灭李铁军部,否则只有进入伏牛山腹地。而陈赓等领导人认为,开辟豫西根据地是关系整个中原战局的大事,势在必行,但目前和李铁军部决战时机尚不成熟,贸然行动不仅没有把握全歼敌人,而且可能使自己陷于被动,不如派一支小部队迷惑敌人,把李铁军这条"大牛"牵走;另抽一支部队,乘机分散发动群众,建立根据地;主力部队则为李铁军部让开南下西进之路,在伏牛山东麓、平汉线西侧的广大地区隐蔽,待机向北、向东南沿平汉线西侧广大地区展开,随时准备出击平汉线,策应刘邓大军在大别山的斗争。一旦时机成熟,就一举歼灭李铁军兵团。这项决策,当即获得中共中央的批准。会议最后决定:由第九纵队政治委员黄镇、副司令员黄新友率第二十五旅,并统一指挥第四纵队的第十三旅,伪装主力,向宛西挺进,斩断西(安)荆(紫关)公路,威胁南阳,牵着李铁军主力西向镇平、内乡、西峡,直至引入伏牛山腹地。会议还决定,由第十三旅副旅长黎锡福率第三十九团在南召县李青店一带开辟腹心区并负责组建豫陕鄂第六地委、专署和军分区;由第十一旅政委胡荣贵率第三十三团负责组建豫陕鄂第七地委、专署和军分区。

随后,陈谢兵团根据前委扩大会议精神,以一部兵力伪装主力,吸引尾追而来的敌军主力西向宛西,而主力则继续在伏牛山东麓展开。为了歼灭敌人的有生力量,攻克南召、方城县城的解放军先后撤离这两个县城。国民党当局得知后,遂派河南第六区保安司令部参谋主任宋可尊,趁机率部窜到南召县城,并任南召县代理县长。国民党方城县民众自卫总队总队长王敬修也率部返回方城县城,并在城内加固工事,到处书写反动标语。

11日,在伏牛山东麓穿插迂回的四纵第十旅直奔方城县城,守敌再度惊慌逃窜,方城县城又一次获得解放。13日,四纵第十一旅第三十一团向逃窜到二郎庙的方城县地方反动武装发起攻击,击溃一部,生俘30多人,余敌狼狈逃窜。王敬修等在走投无路之时,忽闻国民党第二十师正向方城县方向移动,遂急忙率部向县城靠拢,妄图与之会合。

21日晚,四纵第十旅以迅雷不及掩耳之势,突至南召县城城下,并发起攻击,南召联防队两个连及南阳保安团一个连悉数被歼,计打死打伤50余人,生俘270余人。南召县城第二次获得解放。

22日晚,向方城县城靠拢的方城县民众自卫总队进至城南八里岔、王禹庄、东齐庄一带时,四纵第十一旅第三十一团突然将其分割包围,并趁其混乱之际,发起攻击。经过短暂战斗,除自卫总队副总队长白桂煊带领百余人逃窜外,毙敌740余人,生俘副总队长马廉府以下400余人。马廉府在押解途中逃跑,只身到开封向国民党省政府主席刘茂恩求救,被刘茂恩以弃城脱逃罪当场枪毙。

23 日上午,国民党军第二十师师长杨干才率第一三三旅,从独树镇向方城县城进犯。四纵第十旅和第十一旅一部先后在岳杨庄、昝庄、北新街等地袭击敌人。24 日,敌第二十师之第一三四旅自南阳前往方城增援,在盆窑受到解放军阻击后继续东进,与第一二三旅会合于方城县城以东地区,并进入县城。25 日,解放军诱敌进山,寻机全歼。敌第二十师第一三三旅、第一三四旅恐被全歼,于 26 日弃城向舞阳方向逃窜。解放军第三次占领方城县城。至此,伏牛山东麓战役以解放 18 座县城、歼灭国民党正规军和地方团队 1.2 万余人的辉煌战绩而胜利结束。

11 月 1 日至 26 日进行的伏牛山东麓战役,不仅打开了豫西的局面,粉碎了洛阳敌人西进之阴谋,使豫陕鄂解放区的面积进一步扩大,而且有力地策应了刘邓大军在大别山的斗争。战役期间进行的"豫西牵牛"战,不仅是战役的重要组成部分,而且是一篇写在南阳大地上的军事杰作。

南召店前委扩大会议后,陈赓司令员向执行"牵牛"任务的第十三旅、第二十五旅强调指出:要想办法把敌军主力牵进伏牛山去,为主力争取时间,为更大的战役创造条件;同时,把"牛"拖疲、拖瘦、拖垮,也为杀"牛"做好准备。然而,困难并不是没有。"牵牛"部队两个旅总共不过 5000 人,而李铁军部则是全副美械装备的 3 万大军。但是,这不是和敌人斗武,而是和敌人斗智。因此,下决心要把这条"大牛"牵走、拖垮。

11 月 14 日,"牵牛"部队从南召出发,第二十五旅奔袭镇平县北部的石佛寺,第十三旅向镇平县城挺进;兵团主力亦按照部署立即行动。当李铁军率部气势汹汹地赶来时,陈谢兵团所部已在一夜之间分散开来。

"牵牛"部队沿着南召县城、刘村镇、石桥镇向镇平前进。为了造成一种千军万马之势，部队故意分成多路，以宽阔的队形前进，大路小路上到处都是喧嚷的队伍。到了夜里，打破以往夜行军要保持肃静、不准讲话的常规，特意让战士们引吭高歌，放声说话，并大修锅灶，到处出现锅灶群，以迷惑敌人。

但是，当"牵牛"部队到达石桥镇时，还不见敌军跟来。原来，李铁军率领的第五兵团尾追南来时，曾在临汝、郏县、宝丰及南召等地数次扑空，因此徘徊不前。李铁军和陈赓是黄埔军校第一期同学，他深知陈赓的厉害。因此，这次用兵特别谨慎。他一直在处心积虑地打探陈谢所部的虚实，地面、空中的侦察活动不断。结果，只发现正在大张旗鼓西进的这支部队。为防不测，他按兵不动，先派一个旅远远地跟着观察。这个旅见东一个箭头，西一个箭头，到处是路标；又见沿路各村解放军使用的锅灶多得无数，弄不清楚究竟过了多少部队；加上在刘村镇又挨了"牵牛"部队后卫队的一阵痛打，便断定陈谢兵团主力在此。然而李铁军并未贸然相信，又派出谍报人员四处活动，刺探虚实。

当时，陈谢兵团主力正在向方城、叶县一带隐蔽移动。如果不能迅速地把敌军牵走，迁延时日，意图暴露，事情就难办了。第十三旅旅长陈康一面报告前委，一面连夜召集会议，进一步研究迷惑和引诱敌军的办法。

次日，陈赓发来电报:坚决打下镇平！拿下镇平，南阳的背后就受到威胁，李铁军定会硬着头皮前去救援。第十三旅接电后，于11月16日迅速包围了镇平县城。第十三旅仅有几门山炮，而且炮弹不多，一般是轻易舍不得用的，而这一次，为了"激将"成功，把全旅的山炮和不同口径的火炮集中起来，以显威力。次日拂晓，集中在镇平县城周围的几十个司号员,一同吹起冲锋号,接着便是震天动地的炮火袭击。排山倒海的炮火,炸垮了城垛,摧毁了碉堡,掀掉了城楼,短短几分钟,整个县城便被一道道硝烟与烈焰交织的火墙包围了,吓得守敌魂飞魄散,惊恐万状。截听敌人报话的侦察员,这时跑来向陈康旅长报告说,城里敌人正在声嘶力竭地向李铁军求救。他们说:共军主力围攻镇平,几百门大炮正向城上轰击,万望火速增援……陈康旅长等人听后都满意地笑了。

战斗进行得异常顺利。天明,"牵牛"部队攻克镇平县城,俘敌1000余人,缴获了大量武器、弹药和粮食。与此同时,第二十五旅占领了镇平县城北的石佛寺镇。

果然不出陈赓的预料,这一仗使李铁军终于中计。当攻城部队打开粮仓,把粮食分发给老百姓,宣传队、民运组的同志们到大街小巷向群众进行宣传时,李铁军的主力整三师正急急忙忙向镇平赶来。但是,当敌军气急败坏地赶到镇平城下时,"牵牛"部队已经补充了弹药,吃饱了饭,睡足了觉,浩浩荡荡地向内乡进发了。

11月19日夜,"牵牛"部队第二十五旅在第十三旅的炮火支援下围攻内乡县城。这一夜,攻城的炮火比攻打镇平县城更为猛烈。在内乡县城守敌告急求援的情况下,敌整三师"牛性"发作,于次日匆匆赶到内乡。这时"牵牛"部队看到"牛"已牵来了,便丢下内乡县城,经赤眉镇向伏牛山腹地进发。

赤眉镇是由内乡县城通向伏牛山深处的一个隘口,再往里走,沟深路窄,大部队运动不便。为了打消李铁军的后顾之忧,继续把"牛"牵进深山,陈康旅长在部队离开赤眉镇之后,连夜派出一支侦察部队返回去诱惑敌人,并派第三十八团第三营在鱼关口设伏,狠狠地打击一下敌军,以引诱敌军进山。

11月21日8时,枪声在赤眉镇方向响起,敌整三师被侦察部队从鱼关口对面的大平川牵了过来,在最前面埋伏的第八连迅速迎了上去,计划把敌人拖进口袋。但狡猾的敌人没有照直而来,却扭头向九连的阵地扑去,展开一场异常猛烈的战斗。从早上到下午,敌人连续发动十几次猛烈的攻击,进攻的兵力一次比一次多,最后竟整营整连拥来。但在英雄的九连面前,敌人一次又一次地留下大批尸体败退下去。李铁军以为这下真的抓住了陈谢主力,亲自赶到鱼关口督战。敌人密集的大炮一直轰击到太阳偏西,才一步一步地爬上山来。可是,"牵牛"部队早已主动撤出战斗,向夏馆镇方向转移。

李铁军满以为他的大功即将告成,简直有点儿得意忘形了。22日,他竟命令部队丢掉辎重,扔下大炮,拼着老命往山里追赶。此时,"牵牛"部队第十三旅经夏馆已进至伏牛山腹地的二郎坪,并于12月8日,与第二十五旅协同包围了西峡口,把敌人继续诱至伏牛山中。而国民党中央社却大肆吹牛:"国军已把陈赓主力逼进深山穷路,共军士气低落,逃亡严重,粮食困难……"

实际上,这时"牵牛"任务已经基本完成,李铁军集团已被拆散:其主力第二十师被钳制于方城、南阳之间(敌第五兵团部驻南阳),整三师被拖向西峡口、夏馆镇山地达半月之久。

与此同时,陈谢兵团向东挺进之各部已顺利展开。第二十六旅从8日至25日,先后攻克临汝和上店镇、下店镇;第二十七旅于23日再克鲁山。兵团主力已在平汉线与华野会师。

陈谢兵团与华野会师后,遵照党中央、毛泽东的指示,于1947年12月13日至30日进行了平汉线破击战,并在遂平、西平之间布置了阵地,准备在这里宰掉李铁军整三师这头"牛"。

在平汉线破击战之前,陈赓已将"牵牛"东进的任务交给了第十一旅。李成芳旅长先期率领两个团,经方城、唐河、泌阳,向桐柏进发,诱敌整三师"跟进"。第十一旅于 11 月 18 日解放泌阳县城,20日解放唐河县城,28 日攻克桐柏县城。当地游击队员欢欣鼓舞,前往迎接。李成芳旅长亲切接见了他们,并给游击队员更换了服装,补充了枪弹。

攻克桐柏县城后,第十一旅随即向桐柏东部进发。敌整三师以为陈谢主力在桐柏,慌忙从宛西跑到桐柏。及至平汉线破击战开始以后,李铁军大梦方醒,终于弄明白陈谢主力在东,慌忙"驰援"平汉线。四纵十三旅立即奉命尾追整三师,由"牵牛"变为"赶牛"。这样,整三师被第十一旅在前面牵着,第十三旅在后面赶着,一步一步地进入华野和中野在遂平和西平之间设下的埋伏圈。

25 日 17 时,华野、陈谢两路大军向敌整三师发起进攻。26 日拂晓,第十三旅配合华东野战军三纵,全歼敌第二十旅。同日 20 时,除李铁军率少数残敌逃跑外,其第五兵团和整三师全部被歼。狼狈而逃的李铁军悔恨交加地说:"一世英名,为陈赓毁于一旦。"被俘的敌参谋长李英才十分感慨地说:"贵军用兵真是神出鬼没,我们以为你们向西,结果主力在东。我们被你们拉着走了一大圈,肥牛拖成瘦牛,最后被杀掉了。"

毛泽东得知整三师被歼,欣喜不已,遂于 1947 年 12 月 29 日致电粟裕、陈赓、谢富治:"庆祝你们歼灭敌第三师的大胜利。"

从诱敌西进到在平汉线歼敌,历时 38 天。其中,"牵牛"36 天,围歼敌仅两天,共歼敌 9600 余人,俘敌 6000 余人。这充分证明了兵团前委制定的"牵牛"决策是十分英明的,是成熟地运用毛泽东关于运动战军事思想的光辉典范。豫西"牵牛"战和平汉线破击战的胜利,使陈谢和陈粟两大主力胜利会师,平汉线两侧解放区连成一片,有力地配合了刘邓大军在大别山的反围攻斗争。

前方激战方酣,后方的党政军建设亦正紧锣密鼓地进行。1947年11月8日,中共豫陕鄂后方工作委员会在南召店成立;19日,豫陕鄂行政主任公署和后方司令部在鲁山同时成立。到11月底,豫陕鄂第一、二、三、四、五、六、七地委专署、军分区和39个县委、县政府先后成立,其中,第六地委、第七地委、专署和军分区分别在南召县李清店和方城县太尉庙成立。六地委、专署、军分区作为豫陕鄂解放区的腹心区,下辖南召、南阳(北)、白河、镇平、内乡、西峡、淅川、南阳市等县市;七地委、专署、军分区作为豫陕鄂解放区的前哨阵地,下辖方城、南阳(东)、鲁(山)南、泌阳(北)、白河办事处等县(处)。各县县委、县政府发动群众,提高人民群众的阶级觉悟,培养农民积极分子参加到人民政权中来;组织人民武装,配合解放军主力打击国民党武装力量,维持解放区治安;动员和组织人民群众发展生产,支援前线。

各级党政军领导机构的建立,标志着以伏牛山为依托,以豫西南为中心,地跨豫陕鄂三省的豫陕鄂解放区的形成,这是陈谢兵团成功贯彻毛泽东"开辟豫陕鄂根据地"战略决策的结果。

毛泽东致电庆祝十纵占领桐柏山区

中共南阳市委党史和地方史志研究室

刘邓大军挺进中原后,中共中央为了加强机动作战力量,命令晋冀鲁豫中央局和晋冀鲁豫军区组建新的纵队,作为刘邓大军的后续部队,待命南下。

1947年7月2日,晋冀鲁豫中央局和晋冀鲁豫军区决定:将太岳、太行、冀南、鲁豫军区各部队主力及中原军区部队,依次编组成晋冀鲁豫野战军第八、九、十、十一、十二等5个纵队。第十纵队和第十二纵队南下大别山,支援刘邓大军。第十纵队由冀南军区各部队及高树勋起义部队组成,下辖第二十八旅、第二十九旅和第三十旅,共1.98万余人。司令员王宏坤,政委刘志坚,副司令员孔庆德,参谋长靖任秋,政治部主任张力之。第二十八旅旅长杨秀昆,政委杨树根;第二十九旅旅长李定灼,政委吴罡;第三十旅旅长刘福胜,副政委贺亦然。进军桐柏后,他们都分别担任桐柏解放区及所辖地委、专署、军分区的领导职务。

第十纵队南下大别山,不仅是作为刘邓大军的后援部队,增加中原的作战力量,还担负着为刘邓大军运送物资(金条、银圆、中州币和弹药等)和掩护大批地方干部南下的任务。在第十纵队加紧动员准备南下的同时,晋冀鲁豫中央局组建了一支3000余人的干部支队。干部支队司令员张廷发、政委彭涛、副政委赵武成。干部支队随第十纵队南下,充实新解放区的地方干部。现在南阳市的不少老干部,大部分都是这次南下的干部,他们为南阳的解放和社会主义建设作出了重大贡献。

刘邓大军能否在大别山站稳脚跟,事关中共中央的"大举出击,经略中原"战略决策能否实施,因而,毛泽东把支援刘邓大军一事,放在他的军事运筹的重要位置上。8月5日,毛泽东亲拟电稿,询问第十纵队的组编情况、驻地位置和南征的准备工作。同月,当刘伯承、邓小平提出要中央军委向进驻大别山的野战军运送棉衣时,毛泽东当即回电刘伯承、邓小平:"中央军委决定由王宏坤、刘志坚带领第十纵队运送足够的大洋、中州币等,可向当地的商人、财主购买布匹、棉花,自制棉衣,如同意请回电。"

刘伯承、邓小平回电同意这一办法。毛泽东即于1947年9月22日电告刘、邓:"王宏坤纵队暂不南渡,该纵南下任务首先是专为刘邓护送物资,并须自负全责,不靠他人帮助,其物资种类数量由徐滕与刘邓商定,我们认为大别山区既有棉花布匹,刘邓全军冬服应在当地解决,后方只送(一)款项,(二)医药品,(三)迫击炮弹,(四)其他必需品。王纵出发日期刘邓商讨、陈粟决定,以路上安全为原则。"

1947年10月14日,晋冀鲁豫军区命令王宏坤、刘志坚率领第十纵队携带大量黄金、银圆、中州币和弹药,直奔大别山,增援刘邓大军。经过10天的准备,第十纵队同干部支队于10月24日,由河南安阳陈家寨挥师南下。11月29日,在光山县何畈镇同刘邓大军会师。第十二纵队也于11月底到达大别山。

会师后,中共中央中原局和刘邓大军总部考虑到围攻大别山之敌密集靠拢,难以捕捉战机;根据地新建,群众尚未充分发动;中心区山高路窄,不便于大兵团宽大机动,加上粮食供应困难等原因,不宜集中过多的部队于大别山区作战,于是果断决定,采取"内线坚持,外线机动,将敌拖散,以小部牵制大敌,以大部消灭小敌"的方针,继续分遣兵力,开辟新区。令第一、第十、第十二纵队向淮西、桐柏、江汉进军,实施战略再展开。12月3日下午,刘伯承、邓小平接见第十纵队连以上干部后,命令第十纵队于当晚9时出发,到桐柏区开辟根据地。

桐柏区包括豫西南和鄂北的广大地区,面积约5.7万平方公里。桐柏山逶迤其间,白河、唐河、淮河、汉水布流全境,高山、盆地、丘陵、平原错落,土地肥沃,物产丰富,素有粮仓之称。第十纵队在这里开辟根据地既便于机动作战,又有充足的给养保障。同时,这一地区东至平汉路,与鄂豫区相邻;西望大巴山,威胁敌军防线;南扼汉水,与江汉呼应;北傍伏牛山,同豫陕鄂区衔接,且近逼三阳(南阳、信阳、襄阳),远慑武汉,战略地位十分重要。因此,刘邓首长命令第十纵队开辟桐柏区,具有重要的战略意义。

第十纵队接到命令后,全体指战员和分配到桐柏区的1000余名南下地方干部,不顾40多天长途跋涉的艰辛和疲劳,立即于3日夜兵分南北两路,冒雨向桐柏区进发。

北路部队经过三昼夜浴血奋战,以牺牲和失散1000余人的代价,突破了敌人的重围。南路部队绕道武胜关以南、广水以北的东篁店,顺利穿过了平汉线。国民党第五绥靖区司令官张轸发觉广水一线布防薄弱,急忙调兵来追,但为时已晚。

第十纵队冲破敌军的围追堵截,胜利地进入桐柏区,这对刘邓大军在桐柏地区实施战略再展开具有重大意义。为此,刘、邓首长电贺道:打过平汉路,进入桐柏区就是胜利。并表扬了第十纵队不怕牺牲、不怕疲劳的精神。

挺进桐柏区的第十纵队南北两路部队,于12月12日在湖北省应山县的浆溪店会师。13日,在浆溪店召开了团以上干部会议。会上,首先根据中原局指示和刘邓总部的命令,宣布成立了中共桐柏区委员会、桐柏区行政公署和桐柏军区。

桐柏区党委由徐子荣、刘志坚、王宏坤、许子威、孔庆德、贝仲选、王国华、何英才、张力之等组成,书记徐子荣(未到职),代理书记刘志坚(不久,任命为书记)。

桐柏区行政公署主任由许子威担任,副主任贝仲选(未到职)、李实。

桐柏军区由第十纵队兼。王宏坤兼司令员,徐子荣为第一政治委员,刘志坚兼第二政治委员,孔庆德兼副司令员,靖任秋兼参谋长,张力之兼政治部主任。

根据开辟和建立桐柏解放区的要求,浆溪店会议同时宣布成立一、二、三地委、专署和军分区。

会后,各地委、专署、军分区对地方干部和部队逐县编遣,迅速向指定地区进发。三路部队犹如三把利剑,向国民党在桐柏区苦心经营多年的反动营垒插去。

在各路部队分别向指定地点挺进的同时,桐柏军区首长为了乘敌不备,首战制胜,以振奋人心,灭敌威风,给开辟桐柏区创造一个良好的开端,命令军区主力第二十八旅远程奔袭桐柏县城。12月15日,第二十八旅第八十四团远程奔袭桐柏县城,大获全胜,俘敌700多人,毙敌近百人。桐柏县城解放后,立即宣布成立桐柏县爱国民主政府。刘、邓电贺第十纵队采取远距离奔袭手段,歼灭桐柏县之敌。要其他各部效法,积极歼灭敌人。

在解放桐柏县城的胜利鼓舞下,第十纵队各部队连续作战,解放枣阳,攻陷泌阳,占领唐河,奔袭新野,从 12 月 15 日到 21 日,7 天之内连克 5 座县城,歼灭了大批反动地方武装,摧毁了国民党地方政权,加快了桐柏解放区的开辟。第十纵队的远距离突然奔袭、快速进攻、节节胜利的战绩,堪称运动战的典型范例。

在第十纵队开辟桐柏解放区的同时,第十二纵队胜利开辟了以大洪山为中心,纵横 350 余里的江汉解放区。

毛泽东欣闻刘邓大军实施战略再展开,成功地开辟了桐柏、江汉解放区的消息后,遂于 1948 年 1 月 1 日凌晨 1 时,以中共中央名义致电刘伯承、邓小平,祝贺刘邓大军实施战略再展开所取得的重大胜利。

刘邓:

　　各电均悉。(一)庆祝你们突围东进之胜利;(二)庆祝十纵、十二纵在桐柏江汉两区之胜利。

中央
子东

毛泽东下令"首先夺取宛西四县"

中共南阳市委党史和地方史志研究室

南阳市简称宛,以南阳城为中心,又分为宛西、宛东、宛北、宛南四个区域。宛西包括邓州、淅川、内乡、镇平等 4 个县;宛东包括方城、叶县、舞阳、泌阳①等 4 个县;宛北包括南召、石桥、南河店等一县两镇;宛南包括新野、唐河、桐柏等 3 个县。

宛西四县闻名遐迩。一是因为该区是出陕进豫的要冲,地势险要,土地肥沃,河流纵横,为河南省的主要粮食产区之一,为中国政治家、军事家瞩目之地。远古时代的秦楚之争,刘邦率兵伐秦,黄巢率兵攻唐,唐代朱温谋反唐朝,赵匡胤平定割据势力,李自成率兵北上伐明等著名战争,都是由此地出陕进豫,或出豫进陕而推向全国。二是别廷芳、陈重华、刘顾三多年经营的地方封建武装势力强大,全区有 28 个保安团,10 多万人枪,且民团士兵训练有素,英勇强悍,因而引起了蒋介石的高度重视,他把宛西民团称为全国民团的"楷模",称"宛西民团是共产党肚子里的盲肠",寄望宛西民团成为反共的一个强大堡垒。蒋介石还把内乡县嘉封为"全国的模范县"。

---

① 1949 年 3 月初,新成立的中共河南省委决定将叶县、舞阳县划归许昌专区;1965 年 6 月,河南省政府又将泌阳县划归驻马店专区。

深知南阳重要战略地位的毛泽东、周恩来等中共中央领导人在国共双方逐鹿中原的 1948 年，一同把战略目光投向南阳，力主先夺宛西，再战江淮，最后占据中原。

1948 年 2 月 17 日，刘伯承、邓小平给中共中央军委发电："一、为利于粟裕部及大别山部队集结，陈谢、陈唐部即于三月初开始行动。二、行动方向以南阳、襄樊为好。因可调动十一师等部，利于我军集结……"①

1948 年 2 月 21 日下午 7 时，陈赓、谢富治与陈士榘、唐亮在向中共中央军委报告今后两个月的作战行动计划中，拟定在 4 月上旬或中旬，发动宛西战役。他们的建议是：

一、第一步仍以向郑潼线行动为好，破击郑潼线铁路，袭占密县、荥阳、巩县、汜水、偃师各县城，威胁郑州，调动裴昌会兵团增援，于运动中歼灭该敌，相机攻占洛阳。二、第一步任务达成后，经短期休整，于 4 月上中旬南下襄樊、南阳一带行动。首先解决宛西四县封建地主武装、保安团队，相机攻占南阳、襄樊、老河口等城，并继续越汉水，向荆河一带发展，威胁长江下游，与江汉、桐柏发展联成一片，造成对武汉包围形势，调动敌人，便于粟部执行机动任务，或配合刘邓于平汉线作战。②

1948 年 3 月 22 日，毛泽东电令刘伯承、邓小平、陈赓、陈士榘、唐亮："卯微至卯灰间开始向南阳方向行动。或先打南阳，后打宛西

---

① 中共中央文献研究室、中国人民解放军军事科学院编：《毛泽东军事文集》第四卷，军事科学出版社、中央文献出版社 1993 年版，第 401 页。
② 中共中央文献研究室、中国人民解放军军事科学院编：《毛泽东军事文集》第四卷，军事科学出版社、中央文献出版社 1993 年版，第 403 页。

四县,或先打宛西四县,后打南阳,临机决定。"①

1948 年 4 月 15 日,刘伯承、邓小平又给中央工作委员会并转中央军委发电,建议立即向宛西发动军事进攻。建议指出:鉴于国民党第十八军、第五军、第四十七军及驻信阳的张轸兵团,尾追中原三军进入郑州以南的平汉线或平汉线以西地区,且以集团形式滚进,难以分割,阻碍中原三军行动,必须立即采用分兵西进东出,将密集之敌拉散,制造机会歼敌的作战方针。具体部署:以陈谢一部向郑州佯动,掩护刘邓野战军主力 4 个纵队进歼宛西弱敌,调动张轸部向西,待机歼之;以另一部主力横越平汉路,吸引敌五军或十八军东去,而后策应在路东的第一纵、第十一纵扭击钳击该敌,而后策应粟裕兵团渡河南下。

毛泽东即于 4 月 16 日凌晨 5 时,向刘伯承、邓小平、陈毅、粟裕、陈士榘、唐亮、陈赓下达了让中原三路大军休整月余后,再向豫西南等地行动,且要首战宛西四县的命令:

刘邓,并告陈粟,陈唐,陈赓:

卯元电悉。(一)请令转入太康、柘城及以北之一、十一两纵在陇海郑徐段及其南北地区歼灭分散之敌。(二)你们所率二、三、六纵及陈士榘、陈赓各纵,在平汉路西将黄河以北补充人员及物资运达各纵,补充完毕,准备新行动。(三)新行动方向是豫西南、鄂西、鄂西北及整个汉水流域,歼灭分散之敌,调动平汉线以东之敌向平汉以西,以利粟裕行动。不要企图在平汉线附近和数个师集中行动之敌作战,而应远离集中之敌,到

① 中共中央文献研究室、中国人民解放军军事科学院编:《毛泽东军事文集》第四卷,军事科学出版社、中央文献出版社 1993 年版,第 446 页。

有分散之敌可打之地区去作战。我军到豫西南及汉水流域去的兵力亦不要太大。我们意见:甲、将宋纵派回郑徐线地区,与一纵、十一纵会合成为一兵团,担负该区作战任务。乙、以陈士榘、陈赓之三、四、八纵共十个至十一个旅,待补充新兵、弹药、夏衣后,早日向西南,首先夺取宛西四县,然后出汉水。他们说该区缺粮,我们则认为在夺取宛西四县及汉水广大城镇乡村之后,是可能解决粮食问题的。丙、你们直属之二、三、六纵则位现地区休整,居中策应郑徐线地区及汉水地区两兵团之作战。第一步准备协助陈唐、陈赓向西南行动,第二步准备向沙、淮间行动。(四)以上意见是否适宜,盼复。我们已到阜平,不日即可与中工委会合。

军委

卯铣①

刘伯承、邓小平接到毛泽东电报后,于 4 月 19 日在叶县郭店镇召集各兵团首长开会,商讨宛西战役行动计划。4 月 20 日,刘伯承、邓小平下达《关于宛西战役的部署》命令:

一、决定以陈赓统一指挥四纵主力五个旅,二纵、十纵全部与桐柏军区主力,进行宛西作战,捕歼邓县、镇平、内乡、淅川与西峡口等地之敌,并打南阳、襄阳、樊城、老河口各地之援敌,得手后相机向有利方面扩张战果,预计 28 日开始战斗。

二、二纵、十纵及桐柏主力,统由宋时轮指挥,准备以桐柏军

---

① 中共中央文献研究室、中国人民解放军军事科学院编:《毛泽东军事文集》第四卷,军事科学出版社、中央文献出版社 1993 年版,第 452—453 页。

区主力围歼邓县敌人。以二、十两纵控制于邓县东北地区待机，详细部署由陈赓具体确定，望宋陈王与陈赓弄通电台联络，接受作战任务。

三、江汉军区主力准备乘宛西作战之良机，就近相机歼敌。

四、陈唐现部及三、六两纵队准备在张轸、胡琏等部西援时，在运动中打击或牵制之。

五、二纵适时位于汝南东北地区，准备监视尾击胡琏，或在张胡两敌西援时，攻占确山、驻马店，策应路西作战。

1948年4月21日，陈赓率四纵直属部队离开叶县，移驻南召，亲临前线阵地，指挥宛西作战。4月23日，陈赓下达《关于宛西战役的具体部署》命令：

决定于本月27日起，开始执行刘邓20日下午电所给之宛西作战任务，军队区分如下：

一、以宋时轮指挥二、十两纵及桐柏军区主力为南路军，务于5月3日以桐柏部队突然包围邓县，聚歼该敌。二、十纵应同时控制邓县东北之穰东及青华镇，准备打击襄樊、老河口及南阳可能出援之敌。

二、以四纵四个旅，豫陕鄂军区之第十七师及一、二、六分区部队组成北路军，27日开始行动，5月3日完成对西坪、西峡口、内乡、镇平之包围，并开始聚歼该地之敌。

三、以刘旅①主力及豫陕鄂第四军分区部队为西支队，务于5月3日突然包围淅川、荆紫关之敌，若兵力不够则严密包围，以待主力

———————————

① 刘旅，即晋冀鲁豫野战军第四纵第十二旅，旅长刘金轩。

到达协同围歼,如情况许可,则应坚决完成任务。

并强调指出:"此次作战必须以最坚决的意志,彻底干脆尽歼宛西土蒋。应号召指战员不怕疲劳,采取突然奔袭、捕捉、包围、穷追各种方法,总之,不许一人漏网,坚决完成刘邓所给之任务。战斗开始时,我在南召,而后进至镇平西北之大寨。"①

陈赓坐镇南召,紧紧把握国民党军队的变化,及时调整宛西战役的作战计划。当发觉国民党军队已察知参战部队的行动意图后,陈赓即于 4 月 30 日向刘邓报告,提前两天行动,具体部署是:

一、北路军到达南召、李清店两地区,被敌发觉,故决定 1 日晚包围镇平,2 日晚包围内乡,3 日晚包围西峡口。

二、宋时轮部和王宏坤部 2 日晚完成对邓县之包围,第二、第十纵进入指定位置。

5 月 1 日,刘邓致电参加宛西作战部队,决定提前发起宛西战役。

桐柏军区主力第二十八旅和第三军分区之第八十五团、第八十六团,在第二纵、第十纵强大兵力的保障下,于 5 月 2 日分别从唐河、新野奔袭包围了邓县县城。

邓县于 1948 年 1 月第一次被攻克后,为避免国民党军队飞机的狂轰滥炸给老百姓带来沉重灾难,解放军主动撤离县城,而邓县、内乡、新野三县的民团残部却又相继盘踞邓县县城。4 月 20 日,国民党第十三绥靖区司令官王凌云增派其整编第九师七十六旅二二六团驻守邓县,使邓县守敌达 5 个团,计 6000 余人。其兵力部署是:第九师二二六团防守内城,内乡民团第四团、邓县民团残部和新野民

---

① 中国人民解放军第二野战军战史编辑室编:《中国人民解放军第二野战军暨西南军区第三次国内革命战争战史》第二卷,1961 年编印。

团防守外城,并在外城东、西、南三面各派正规军一个连配合防御。整个城防由二二六团团长杜守约统一指挥。邓县守敌吸取县城第一次被攻克的教训,不仅加固了城防工事,而且强逼群众将城西民房扒掉,造成一片开阔地带,给解放军攻城造成障碍。

根据守敌布防的特点,桐柏军区首长决定把突破口选在城东偏南地段,由第八十四团担任主攻,第八十三团在城东北,第八十六团在城西南,第八十五团在城西北配合行动,第八十二团为总预备队。5月2日夜,第八十四团主攻营的爆破组、架梯组和突击队隐蔽运动到护城河边,炮兵和各营的轻重机枪都进入护城河附近阵地。3日凌晨1时40分,总攻开始。在强大炮火和机枪火力掩护下,架梯组迅速架好梯子。爆破组、突击队似猛虎下山,冒着枪林弹雨,跨过护城河,跃上城头,首先俘虏第二二六团一个班。不料水上梯桥突然被压断,后续部队上不去,城内之敌开始反扑,而城头上仅有两个班的战士与敌拼搏,情况万分危急。勇敢的战士们不畏弹雨,跳入护城河,迅速将机枪拖运过去,猛烈地向敌人扫射,很快消灭了城头之敌。友邻部队和助攻部队也相继登城。经过两小时的激战,解放军完全占领外城,内乡、新野民团和邓县民团残部被歼灭600余人,其余四散逃命。

外城被攻克后,守敌大部龟缩到内城。内城守敌第二二六团是蒋介石的嫡系部队,全部美械装备,在国民党空军的配合下负隅顽抗。内城仅有的东、西、南门已全部封死,各有一个营的兵力把守,并在每个城楼上配备了火焰喷射器。夜间,除在城周围挂起成串的"夜壶灯"外,还将城内学校及居民的桌椅、箱柜、檩椽等可燃物,集中在城墙外边,燃起腾空大火,彻夜不息。同时,不断发射照明弹,给攻城部队增加了困难。

5月4日下午7时30分,解放军对内城发起总攻。攻城部队炮火齐鸣,很快冲过内城战壕,多架云梯紧靠城墙同时竖起。但敌人火力异常猛烈,并使用火焰喷射器阻击。战士们刚爬上城头,就被敌人火力压了下来,连续几次冲锋均未奏效。

为了减少不必要的伤亡,军区首长果断决定暂停攻城,将部队撤下来,总结经验教训,继续做好攻城的准备工作。从5日开始,在各自阵地上进行土工作业。城南民房靠近城墙,易于接近敌人,指战员们一面发动群众,一面集中力量打通南关大街两侧的民房,以利攻城。当地群众给予了部队无私的支援。阿訇麻光甫主动让出西寺,作为解放军的临时医院,并献出自己的棉被和两匹白布供伤员使用。这深深地感动了每个伤员和医护人员,坚定了攻城部队全歼守敌的决心。

宛西战役打响后,国民党急忙调遣兵力,策应宛西国民党军队作战。面对新的战局形势,5月6日,刘邓急电陈赓,命令南路军全力攻打邓县,指出"迅速解决邓县之敌即完成宛西作战任务的关键"。

7日,刘邓命令华野十纵第二十八师增援邓县,配合攻城。桐柏军区首长遂调整部署:第八十四团在东门以南仍担任主攻,第八十三团在南门以东,第八十六团在西门以北,第二十八师第八十团在南门以西,第二十师第八十四团在西门以南,各自选择突破点。

在进行攻城准备的同时,解放军采用多种方式展开强大的政治攻势,瓦解敌军。战士们用硬纸和铁皮卷成喇叭筒,轮流向敌人喊话。各团政治处还油印大量传单,宣传宛西战场的形势、解放军的胜利和对俘虏的政策。其间,守城敌军妄图从西门突围,当即被解放军堵击回去,守敌固守的信心更加动摇。

9日下午7时15分，解放军总攻开始，几十门各类火炮一齐射击，大量炮弹倾泻在敌人的阵地上。更精彩的是，华野第十纵队第二十八师的炮兵部队，把炸药包用迫击炮定向射到南门和城头两侧，没等敌军反应过来，便把南门城楼和城头工事几乎全部摧毁。随之，不到10分钟时间就在护城河上架起4座浮桥，突击队旋即冲过桥去，爆破组迅速扫清敌军城下的明碉暗堡。几十位号兵一齐吹起冲锋号，指战员们奋不顾身地跨过浮桥。突然，内城东南的角楼里，几挺重机枪成扇形向攻城部队扫射，情况万分危急。这时，第二纵炮兵营长亲自操炮，"轰""轰"几声，敌人的机枪哑了。解放军指战员一跃而起，冲向内城，与敌人展开了殊死巷战，几乎每一条街道、每一栋房屋，都经过了激烈的争夺。午夜时分，骄横顽固、不可一世的敌第二二六团被全歼，邓县县城再次被解放。

这次战斗，全歼守敌五个团，计毙伤第二二六团副团长宁林哲、内乡民团第四团团长吴定远以下800余人，俘第二二六团团长杜守约、国民党邓县县长江海涛、宛西四县联防第二支队副支队长王乾一、邓县民众自卫总队副总队长孟继华、邓县机动一团团长尹润斋和三团团长任子英等以下3100余人，缴获各种火炮30余门、轻重机枪167挺、长短枪2500余支、各种弹药60多万发、火焰喷射器4具，以及战马、电台等大批军用物资。

与此同时，北路军第四纵第十一旅于5月1日由南阳县石桥镇出发，百里疾进，当晚包围镇平县城和侯集镇，2日晚占领镇平县城之东关和南关。3日，第十一旅第三十一团将包围侯集镇之任务交给华野第十纵第二十九师，协助第四纵第十一旅第三十二团，围歼镇平县城之敌，并于当晚占领县城西关。县城守敌是地方民团王金尧的一个团和王凌云派出的700余人的一个加强营，总指挥系镇平县民团副司令王天赐。守敌凭借城壕,负隅顽抗。4日18时,第十一旅根据中共镇平县委提供的城防情报,发起攻击,打得守敌毫无招架之力,歼敌500余人,王天赐率残部仓皇逃窜。5日晨,解放镇平县城。侯集镇是镇平县民团司令王金声的巢穴,守敌系镇平县民团两个团和民团司令部的特务营、老一营、学兵队,共计3000余人。被围之敌多次反扑突围,均被击退。3日,第二十九师从东、南、北三面发起猛攻,王金声率部突围东窜,第二十九师乘胜追击歼敌500余人。

5月2日,远在陕县的第四纵第十旅和驻南阳县掘地坪的第四纵第二十二旅,采用"长途奔袭,分进合击"的战术,出其不意地包围了内乡县城。3日夜,第四纵第十旅、第二十二旅对内乡县城发起总攻,俘敌500余人。4日,内乡县城宣告解放。

5月1日,第四纵第十三旅由南召出发,采取远程奔袭、突然包围的战术,疾进240里,于3日抵达西峡口附近,与从陕南出发的第三十八军第十七师会合,对西峡口之敌形成合围。在此之前,民团司令薛仲村下令拆毁了西峡口镇四周之全部民房,造成数百米的开阔地带;城头上加修内墙,城墙下增设暗堡、鹿砦,广布地雷,妄图据此顽抗。解放军抵达西峡口后,以第十七师警戒西侧,担任打援;以第十三旅围城,担任主攻。由于城周地形开阔,且多布地雷,不易接近,就以特等射手组成轻重机枪作警戒,进行坑道作业,以接近守敌。守城民团见状极为恐慌,即用迫击炮、轻重机枪向进行坑道作业的战士射击,妄图阻止坑道作业。5日20时,坑道挖至距城墙70米处,转入攻城准备。守城民团团长杨子锡见总攻在即,早已吓破了胆,急忙于6日拂晓率部向城南溃逃。围城部队当即跟踪追击。当一部分民团士兵在慌乱中缩回城内时,第十三旅先头部队即尾追进城,向纵深发展。第十三旅主力也随之入城,搜剿藏匿之敌。先后毙敌100多人,俘敌1000余人,缴获枪炮2000多支(门),顺利解放了重镇西峡口。

与此同时,豫陕鄂第一、二、四、六军分区部队,于4月30日至5月6日,先后解放了西坪、重阳、丁河、七里坪等集镇,歼敌100余人,俘敌80余人。

与南北两路军进入指定位置的同时,西支队的四纵第十二旅的第三十五团、第三十六团和上(津)关(漫川关)独立团由滔河渡丹江,于5月2日包围了淅川县城。淅川县民团副司令任泰升妄图凭借坚固的城防工事和3000余名民团武装,死守县城。经过三天激战,第三十五团于5日夜突破东门,第三十六团和上关独立团乘势泅水飞奔城下,控制了城壕。6日晨,解放了淅川县城。除任泰升率少数士兵从地道落荒而逃外,全歼淅川民团3000余人。5月10日,刚刚完成了解放西峡口任务的四纵第十三旅和第十七师一部,又解放了淅川县重镇荆紫关,歼敌100余人,俘敌907人。

至此,国民党宛西地方民团武装基本被歼灭。

为了扩大战果,中野二纵和华野十纵先后于5月15日至17日攻克了湖北省光化县城和老河口镇,歼敌第一〇四旅第四八八团和第一〇三旅一部。

宛西战役自5月3日始至5月17日止,历时15天。各路大军以秋风扫落叶之势,连克5座县城和西峡口、老河口、荆紫关、侯集等重要集镇,歼灭国民党正规军9700余人、地方反动武装1.2万余人。对此,惯于吹嘘的国民党报纸不得不哀叹道:"宛西一战,别廷芳、薛炳灵经营10余年的团队垮台,中原的左侧已成不可收拾之局。"同时,战役保障部队在牵制敌人中,也歼灭了大量敌人。这一重大胜利,不仅解放了宛西和鄂西北大片地区,巩固和发展了桐柏和豫陕鄂解放区,而且为后来解放军向西南机动,直接威胁国民党长江中游和大巴山防线,以及向东出击,寻机大量歼敌,创造了良好条件。

宛西战役,采取远距离奔袭和突然包围的方法,袭击歼灭敌人比较分散薄弱的旅以下目标,是解放军运动战的一个范例。对此,毛泽东给予了充分肯定。1948 年 6 月 22 日,他在给刘伯承、邓小平、陈毅和邓子恢的电报中指出:

"目前打很大规模的歼灭战,主客观条件都不成熟,故须避免。你们两个集团今后或者分开行动,每次歼敌以不超过一个整编师为限度,或者集中行动,一次歼敌以不超过两个整编师为限度,目前必须打有确实把握的仗,哪怕歼敌一个旅也是好的,例如宛西那样的仗。"①

刘伯承全面总结了宛西战役的经验,指出:

一、宛西战役是在蒋军实施新战法"大的使你吃不消、小的使你吃不着"与"守要点、紧盯梢"的情况下进行的。宛西作战采用集中优势兵力,突然袭击敌纵深薄弱分散的宛西 4 县的国民党地方民团武装,而不打南阳,避免了敌人向中心增援。我保障打援部队强大,迫使敌人援兵不敢轻进,使作战兵团取得了从容时间,圆满完成任务。

二、宛西战役的主要敌人是国民党地方武装部队,他们在宛西有相当的社会基础和统治经验,情报灵通,人地熟悉,且在新的作战方针指引下,一经发现我主力的企图,即会逃窜。我们针锋相对,采

---

① 中共中央文献研究室、中国人民解放军军事科学院编:《毛泽东军事文集》第四卷,军事科学出版社、中央文献出版社 1993 年版,第 489 页。

取了隐蔽企图秘密行动,由远距离突然奔袭包围,即发起战斗,对溃散之敌实行猛追、穷追、搜剿等办法,彻底粉碎了蒋军的新战术。

三、宛西战役典型地体现了"分遣与集结相结合,分遣以撕破敌人的合击阵势,集结以围歼可以歼灭之敌"的运动战思想,开拓了指战员的视野,树立了敢于同顽敌决战的信心与勇气。

毛泽东运筹第二次豫西"牵牛"

中共南阳市委党史和地方史志研究室

根据中共中央军委制定的解放战争第三年的作战计划,从1948年9月开始,人民解放军先后在东北、华东、中原、华北、西北战场上,发起了空前规模的秋季攻势,淮海战役也正在酝酿之中。国民党军队在各个战场上接连失败后,已是顾此失彼,疲于奔命,在战略上完全丧失了主动权。国民党蒋介石垂死挣扎,为了继续维持其在华中地区的统治,避免其军队在分散和野战中被歼灭,被迫放弃分区防御的战略方针,实行重点防御,企图收缩战线,集中兵力,依托战略要点坚守防御。同时,组织强大兵团机动作战,以攻为守,以挽救其摇摇欲坠的反动统治。此时的中原战场上,国民党军有张淦第三兵团、黄维第十二兵团、宋希濂第十四兵团和第五(信阳张轸)、第十三(南阳王凌云)、第十四(阜阳李觉)3个绥靖区,共25万兵力,收缩固守在为数不多的据点和平汉路南段。

10月上旬,国民党华中"剿总"司令长官白崇禧为改变其在中原地区的被动局面,命令:黄维兵团向泌阳、唐河一线行动;张淦兵团北进枣阳、新野一线;张轸兵团的杨干才部坚守襄阳、樊城一带,作机动使用;王凌云部坚守南阳,准备随时出击,接应黄维、张淦、杨干才各部,向唐河、新野、邓县合围。

对此,毛泽东于 10 月 13 日致电刘伯承、陈毅、邓小平、邓子恢、李达:"(一)白令黄维张淦由确山、遂平线向唐河、赊旗线前进,这样就给你们南北两区作战以必要的时间。望令陈锡联陈赓率一、三、四、九纵,全力按你们所规定之时间攻击郑州,并部署阻援及打援。只要郑州攻克,你们在北面就取得了主动,就可迫使孙元良兵团回顾开封,或留在开封、徐州线而不能再东进。(二)六纵暂时留在桐柏策应王宏坤是可以的,只要王宏坤打一个较大的胜仗,张淦兵团势必南顾,黄维兵团则将向北对付二陈,尔后你们便有各个歼击黄维的机会。"①

根据毛泽东的指示,中原军区决定采取"南北分兵,拖散敌人,寻机歼敌"的方针,令二纵和江汉、桐柏军区部队在南线展开,将张淦兵团牵至大洪山地区;令六纵和陕南十二旅在北线展开,诱黄维兵团向西,以粉碎国民党的合围阴谋,支援中原部队发起的郑州战役。

中原野战军二纵、六纵及桐柏军区部队周围之东、西、南三面,共有国民党军队 10 个军。拖住这 10 个军于南阳以西一带,是个相当艰巨的任务。刘伯承指示六纵司令员王近山、政委杜义德:黄维兵团向西行动时,要牢记,敌人打我们时,不能向东带,只能向西牵,牵得越远越好。要摆开架势,迷惑敌人,使他们感觉到中原野战军的主力仍在豫西,促使白崇禧采取主动,制造机会,叫敌人打我们,追击我们。

根据"制造机会,叫敌人打我们,追击我们"的"牵牛"方针,六纵

---

① 中共中央文献研究室、中国人民解放军军事科学院编:《毛泽东军事文集》第五卷,军事科学出版社、中央文献出版社 1993 年版,第 72 页。

采取"敌急我急,敌缓我缓,敌驻我诱"的战术,诱敌于南阳以西地区。

10月初,黄维兵团第十一师由确山出发,占领赊旗,掩护熊绶春部的两个师押送军用物资,由泌阳经唐河送往南阳,装备王凌云部。六纵司令员王近山、政委杜义德立即奉命率领部队由方城向唐河源潭、泌阳方向运动,摆出攻击阵势,迎击第十一师,使白崇禧产生六纵既是主力部队,又是孤军的错觉。黄维兵团第十一师见势不妙,急忙退回确山。六纵尾追到泌阳,摆开阵势,诱敌西进。

白崇禧判断,泌阳、唐河一线只有六纵一支部队,认为歼灭六纵的时机已到,命令各部依照原来部署,即刻行动,包围歼灭。10月18日,黄维兵团由确山出击。六纵边战边退。10月19日,黄维兵团进至唐河县。六纵转战到唐河西岸地区。10月20日,黄维兵团进至新野,六纵集结于新野县新甸铺地区。这时,白崇禧沾沾自喜,命令张淦兵团迅速驰援新野,令王凌云的第十五军布防穰东、金华一线,令杨干才的第二十军由新野的吕堰驿向北,企图从东、西、南三面合围六纵。

1948年10月21日,刘伯承、邓子恢向中央军委发电,报告南线战况:已令二纵、桐柏、江汉主力于20日夜转移随县以南之尚家店、古城畈、三阳店地区,拟南下钟祥地区,寻歼弱敌,以拉张淦向南;令六纵于21日夜转至新野西南之新店、恒铺南北地区,捕歼向邓县地区之第十五军部队,目的是抑留黄维兵团在西。

毛泽东收到电报后,立即于10月22日凌晨1时发电给陈毅和邓小平,告诉他们:"白崇禧则为对付我二、六、十纵,以黄张两兵团向桐柏方面进攻,陈邓攻郑作战完全不受南面威胁。"①

六纵司令员王近山、政委杜义德见敌人已上钩,即于10月22日转移到新野县鲁家寨,构筑工事,摆开大打的架势。

黄维兵团行至白河东岸后,停止前进,观察中原野战军的主力到底在哪里。六纵的行动令黄维起疑:六纵被近20万的国军所追击,王近山为什么不带兵自唐河往北向刘邓大军靠拢,而向西撤至王凌云、杨干才的辖区?其中必定有诈。是否是调虎离山?黄维随之令部队停止前进,等候总指挥白崇禧的命令。

黄维兵团被滞留在距离郑州500多里的南阳城东白河东岸地区,这十分有利于陈毅、邓小平攻打郑州。为使陈毅、邓小平毫无顾虑地攻打郑州,毛泽东又于10月22日下午1时致电饶漱石、粟裕、谭震林、陈毅、邓小平,通报南阳的敌情。电报指出:"目前极好的形势是白部黄张两兵团被我二、六、十纵吸引到桐柏山区,在相当长时间内不可能回头进到黄泛区威胁东北面我军之行动,有利于我陈邓在攻郑胜利后,以一部或大部或全部向东行动,协同三、广两纵,不但牵制孙刘全部,而且可能牵制邱李一部。"②

如何消除黄维的疑虑,牵其西进呢?六纵首长王近山、杜义德也在思考。10月24日凌晨,六纵获悉杨干才第二十军的两个团,已到湖北省光化县下薛集。王近山、杜义德即刻命令对下薛集的国民党军队实行远距离奔袭包围。白崇禧闻讯急令黄维、张淦、杨干才、王凌云各部,火速向新野、构林、下薛集方向急进,包剿六纵和陕南第十二旅。

---

① 中共中央文献研究室、中国人民解放军军事科学院编:《毛泽东军事文集》第五卷,军事科学出版社、中央文献出版社1993年版,第116页。

② 中共中央文献研究室、中国人民解放军军事科学院编:《毛泽东军事文集》第五卷,军事科学出版社、中央文献出版社1993年版,第118页。

白崇禧乘飞机在邓县构林上空指挥。

六纵和陕南第十二旅突然包围下薛集敌军的目的是诱敌西进。敌已西进,六纵司令员王近山、政委杜义德遂于 10 月 26 日决定:留下第五十四团伪装主力,摆开阵势,猛攻下薛集。其他各部绕过邓县厚坡向内乡、淅川一带撤退。

白崇禧兴师动众,在邓县构林一带扑了个空,气急败坏,恼羞成怒,命令黄维兵团紧急追击,命令王凌云率部沿镇(平)内(乡)公路和邓(县)内(乡)公路迎头截击六纵部队。11 月 1 日,六纵将国民党军队黄维兵团牵至内乡、淅川一带。

10 月 25 日,刘伯承、邓子恢、李达适时向中央军委和毛泽东报告南阳战况:桐柏第二十旅、二纵、江汉军区部队于今日攻克应城、安陵,歼敌第二十八军军部等 4000 余人,俘敌副军长顾心衡。六纵、陕南第十二旅围攻湖北光化县下薛集敌第二十军一三四师,把黄维拖在桐柏山区西线的战略意图已完全实现。

毛泽东接到电报后,于 10 月 26 日凌晨 3 时给粟裕、谭震林、陈毅、邓小平、刘伯承、邓子恢、李达发电:"因我六纵等部正在老河口附近围歼杨干才部,白崇禧已令黄维主力向南阳以南,如我陈邓所部不走开封、商丘,而走蒙城直接攻击徐蚌,则在一星期内外不至暴露目标,黄维不会马上向东。待至陈邓在徐蚌打响,则黄维即使向东,已来不及。"①

毛泽东在这个电报中,还充分肯定了牵引黄维兵团到南阳以西地区对整个中原决战的作用。电报中讲道:黄维、张淦两个兵团被滞留南阳以西地区之时,"陈邓以十一个旅出现于刘峙空虚的后方,

---

① 中共中央文献研究室、中国人民解放军军事科学院编:《毛泽东军事文集》第五卷,军事科学出版社、中央文献出版社 1993 年版,第 131—132 页。

必然要迫使他以孙元良全部及邱清泉一部对付陈邓,如此可以确保邱孙两兵团不敢向运河以东增援。徐海线上虽有李黄两部十三个师,你们仍能有把握地实现制李打黄之目的"①。

在这期间(10月23—24日),中原野战军相继攻克郑州和开封。10月27日,邓小平、陈毅随陈赓四纵指挥所沿陇海路东进。中原野战军和华东野战军已逼近徐州。这时,白崇禧才明白,黄维兵团被刘邓牵到离徐州近1000里远的南阳以西地区,中了毛泽东、刘伯承的调虎离山之计。

徐州紧急,而黄维、张淦等部10个军被迟滞在南阳以西地区。蒋介石对此十分恼火。10月30日,蒋介石命令白崇禧飞抵南京,商讨调遣黄维兵团和张淦兵团东援徐州事宜。白崇禧同意这一调动。第二天,白崇禧忽然变卦,以武汉安全无法保障为由,要张淦兵团留守华中,黄维兵团单独去徐州。蒋介石勃然大怒,斥责白崇禧判断失误。遂于11月1日直接命令黄维即刻东援徐州。11月2日,黄维率部由南阳直奔豫东,张淦兵团南下湖北随县、枣阳,王凌云无奈率部返回南阳。至此,六纵等部执行的豫西第二次"牵牛"任务胜利完成。

毛泽东对国民党的军事情况洞若观火。当蒋介石命令黄维率部东援徐州的电报发出10小时后,毛泽东获悉了这个情报,即于11月1日夜11时,向陈毅、邓小平、刘伯承、邓子恢、李达、粟裕、谭震林、陈士榘下达追击黄维的命令。

　　陈邓,并告刘邓李,粟谭陈:

　　　　白崇禧以徐州陇海会战一触即发,令黄维兵团戌灰在太和、

---

① 中共中央文献研究室、中国人民解放军军事科学院编:《毛泽东军事文集》第五卷,军事科学出版社、中央文献出版社1993年版,第132页。

阜阳集中完毕等情。我华野戌齐发起战斗后,估计戌齐至戌巧十天内战况最为紧张,务须保障在此十天内邱兵团不能东援。但你们除对付邱孙两兵团外,还要对付黄维兵团(四个军),你们对黄维进程之估计及对策盼告。我们认为,除六纵必须立即尾黄维东进外,十纵如在南阳附近,亦宜协同二纵尾黄维东进。如何,盼复。

军委

东亥①

滞留黄维兵团于南阳以西地区关系到淮海作战的大局。刘伯承、邓子恢、李达于 10 月 31 日给毛泽东发电,讲道:为继续吸引白崇禧向南,已令王宏坤指挥二纵及桐柏、江汉两军区主力,对平汉路信阳到孝感段连续破击。今晨已开始战斗,今夜大破路。② 11 月 1 日,刘伯承、邓子恢、李达又给毛泽东发电,报告黄维兵团东调徐州,王凌云由南阳城向南移动的紧急情报及其应变对策:根据黄维东调、王凌云南移之情况,我们已令六纵并指挥豫西六军分区主力,截击由镇平以西向东撤退、由南阳向南撤退之王凌云部;陕南十二旅进出南阳以东之桥头地区,截击由南阳东撤之十四军及由南阳向南撤退之王凌云部。③

毛泽东接到上述两个电报后,判断南阳守敌王凌云不会率部经

① 中共中央文献研究室、中国人民解放军军事科学院编:《毛泽东军事文集》第五卷,军事科学出版社、中央文献出版社 1993 年版,第 165 页。
② 中共中央文献研究室、中国人民解放军军事科学院编:《毛泽东军事文集》第五卷,军事科学出版社、中央文献出版社 1993 年版,第 168 页。
③ 中共中央文献研究室、中国人民解放军军事科学院编:《毛泽东军事文集》第五卷,军事科学出版社、中央文献出版社 1993 年版,第 168 页。

镇平、邓县向襄阳溃退,应改变计划。即于 11 月 2 日晚上 8 时,电告刘伯承、邓子恢、李达、陈毅、邓小平,再次下达追歼黄维兵团的命令。毛泽东的电报如下:

刘邓李,并告陈邓:

世东两电悉。(一)二纵及江汉、桐柏主力对平汉路破击如能彻底,并坚持多日,则不但能延滞八十五军北上的时间,且可能迫令黄维以一部从北面南下夹击,打通平汉,如此则能推迟黄维东进之时间。请令王宏坤极力扩展该路之破击,并极力延长破路时间。(二)二纵下一步行动,似宜经商城方向出豫皖苏。(三)六纵行动值得考虑,截击王凌云由镇平向南之部可能打不着,又费去时间,似不如由内乡取直径开太和、阜阳,先黄维到达该地,从正面或侧面阻滞黄维为适宜。二纵到商城后渡淮向太和、阜阳进,与六纵协力拖阻黄维。以上是否适宜,请酌办。

军委

二日二十时①

刘伯承、邓子恢、李达接到毛泽东的电报,当即给已包围了南阳城的六纵下达命令:"不管王凌云,即追黄维兵团。"六纵为了整体利益,支援即将进行的淮海战役,由南阳直奔太和、阜阳,追击黄维兵团。

---

① 中共中央文献研究室、中国人民解放军军事科学院编:《毛泽东军事文集》第五卷,军事科学出版社、中央文献出版社 1993 年版,第 167 页。

毛泽东亲自报道南阳解放

中共南阳市委党史和地方史志研究室

宛西、宛东战役后,整个南阳地区除南阳城外,已全部被中原解放军解放。

南阳城为古宛城,是豫西南政治、经济、文化中心,战略地位十分重要。因此,解放南阳城,无论从政治上,还是从军事上看都有极为重要的意义。攻克这一堡垒,不仅是实现南阳全境解放的标志,也是把桐柏、豫西、陕南等解放区连成整体,实现中原决战的标志。

但是,王凌云部自1948年1月在这里建立第十三绥靖区后,南阳城变成了国民党反共反人民的反革命堡垒,给南阳人民带来深重的灾难。其罪行可以概括为以下七个方面:

其一,王凌云部依托南阳已有的城防和局部兵力暂处之优势,到处进行骚扰、破坏,妄图阻挠桐柏和豫西解放区的巩固和发展。在地方反动武装的配合下,自1948年3月至11月的9个月时间内,王凌云部就对南阳、方城、南召、鲁(山)南、镇平、邓县等县进行较大规模的"扫荡"达9次,累计85天,他们袭击县、区人民武装,残酷屠杀人民群众,抢劫掠夺民主政府和人民群众的财物,广大人民备受摧残和洗劫。

其二,纠集各县的反动头子,扩大武装,恢复保甲,建立情报机构,加紧对人民群众的控制。王凌云一到南阳,就以绥靖区司令官兼行政长官的身份,召集辖区内尚存的国民党各县县长会议,部署扩大地方武装,恢复地方政权,对一些重点县城,如邓县、镇平、内乡等,或派部队加强防守,或派联络参谋参加指挥。

其三,王凌云为确保南阳,置人民生命财产于不顾,强迫民工4万多人,日夜抢修飞机场和城防工事。为修飞机场,侵占良田数百亩,许多民工因劳累和工伤而死。为加固城防工事,将南阳城周围30里内的树木砍光,强拆民房4000多间,近万名市民无家可归,流离失所,甚至被逼自尽。

其四,到处抓丁,疯狂扩军。除搜罗地方民团外,还以封官许愿的手段,唆使一些亡命之徒、惯匪、流氓到处抓丁。自1948年3月到8月,征集兵员3万余人,由原来一个师扩编为两个军。

其五,实行党、政、军、特为一体的法西斯统治,推行反共、反人民的罪恶政策。成立联合法庭,专门审讯、迫害共产党人和进步人士。仅7月28日,就公开枪杀12人,还有不少共产党员和无辜群众被秘密杀害。中共党员、原方城县民主政府县长刘毅然、邓北具二区区长孙浩然等人,就是被他们秘密处死的。同时,建立情报机构,发展特工人员。仅在南阳城内就发展特务400多人,弃城南逃时又布置潜伏特务100余人。

其六,横征暴敛,敲诈勒索,残酷地对人民群众进行掠夺。该绥靖区苛捐杂税多如牛毛。在南阳城内,除征收工商各税外,另摊派有壮丁费、征工费、刀矛费、鞋子费,还有构筑城防工事的材料费、扁担费、绳子费、木板费、铁丝费、修理费等。当时一般商号每户每月的负担至少在2亿元(国民党法币),造成大批工商业破产、停业。

在农村,根本不讲什么正税、田赋,任意起个名字就成为一种捐税,名征实抢,勒索群众。仅粮食一项,王凌云部就强征、强购、预征、预借达数千万斤。

其七,为加强对其部属和青年学生的控制,举办地方行政干部和军官训练班及青年"夏令营",进行反共教育和军事训练,培植地方势力,毒害广大青年,并强制青年学生集体加入国民党、三青团。

国民党在第十三绥靖区南阳所犯的累累罪行,不胜枚举,罄竹难书。它的存在,成为人民解放军彻底解放豫西南和决战中原的一大障碍。

毛泽东十分关注南阳城的解放。为此,他先后发出多封电文。

1948年1月2日,毛泽东电令刘伯承、邓小平、陈赓、谢富治、粟裕、陈士榘、唐亮等:"如南面无好打之仗,许昌之敌好打则打许昌之敌;如许昌之敌不好打,则考虑以粟陈唐部攻占南阳,陈谢部攻占襄樊,吸引白崇禧部向西,以利刘邓之作战并寻机歼灭向西之敌之一部。"①

1月9日,毛泽东电令刘伯承、邓小平、粟裕、陈士榘、唐亮、陈赓、谢富治,部署攻打南阳的计划:"甲、第一阶段,(一)刘邓集结相当力量,粟裕三个纵队(四纵不在内),陈谢不少于五个旅于子有(二十五日)以前休息整训完毕,子有以后,粟裕及陈谢两军统一由粟指挥,由现地向豫鄂陕边行动,相机攻占南阳、镇平、内乡、淅川、邓县、新野……诸城镇,相机歼灭该区敌人,并吸引白崇禧军一部西进相机歼灭之。"②

---

① 中共中央文献研究室、中国人民解放军军事科学院编:《毛泽东军事文集》第四卷,军事科学出版社、中央文献出版社1993年版,第360—361页。
② 中共中央文献研究室、中国人民解放军军事科学院编:《毛泽东军事文集》第四卷,军事科学出版社、中央文献出版社1993年版,第369页。

粟裕、陈士榘在 1 月 9 日凌晨 3 时,接到毛泽东于两个小时前发给他们的子佳电令。当天下午 3 时,他们便给中央军委发出子申电,就如何执行毛泽东的子佳电令,提出"向郑陕线行动,击破津浦线和向南阳、襄樊行动两个方案"①。毛泽东接到子申电后,又于 1 月 10 日凌晨 1 时,向粟裕、陈士榘、陈赓、谢富治、刘伯承、邓小平发出子灰电,同意其两个行动方案,并再一次强调:"西南十余县是一个宽大机动区域。有山地,亦有平地,有缺粮区域,亦有富足区域。敌情不甚严重。分几个步骤,争取攻占南阳、淅川……等城。"②电令中交代了攻城方法。

毛泽东于 1 月 26 日电令刘伯承、邓小平,李先念,粟裕,陈赓、谢富治等,再次强调陈毅、粟裕,陈赓、谢富治两部三个月内的行动方向是南阳和襄樊。电令指出:"三个月内,陈粟、陈谢两军作战原则是调动敌人打中等规模之歼灭战。其机动范围是郑洛潼方向,南阳、襄樊方向……"③

洛阳解放后,毛泽东于 3 月 14 日向陈士榘、唐亮、刘伯承、邓小平、粟裕发电,向他们提出了攻打南阳的两个方案:"打南阳有两方案,甲、走伏牛山东麓直打南阳。乙、先打商县、洛南(有六十五师四个团)、卢氏(情况不明,大约敌人很少)、淅川(有较强的反动民团),取得巩固后方再打南阳。以上两方案何者为适宜,望与陈赓商

---

① 中共中央文献研究室、中国人民解放军军事科学院编:《毛泽东军事文集》第四卷,军事科学出版社、中央文献出版社 1993 年版,第 373 页。

② 中共中央文献研究室、中国人民解放军军事科学院编:《毛泽东军事文集》第四卷,军事科学出版社、中央文献出版社 1993 年版,第 372 页。

③ 中共中央文献研究室、中国人民解放军军事科学院编:《毛泽东军事文集》第四卷,军事科学出版社、中央文献出版社 1993 年版,第 375 页。

酌电告。"①

3月22日,毛泽东在给《刘邓陈唐两部的作战部署》的电令中,就如何攻打南阳城一事,提出了灵活方案:"卯微至卯灰间开始向南阳方向行动。或先打南阳,后打宛西四县,或先打宛西四县,后打南阳,临机决定。"②

鉴于敌军胡琏兵团向平汉路西侧进犯,敌军人多势众,难以分割,加之急需掩护粟裕部队南下渡黄河投入中原作战,毛泽东决定暂时放下南阳城不管,首先夺取宛西4县及汉水广大城镇乡村,解决部队粮食供应问题,使南阳城成为一座孤城,陷入桐柏和豫西两个解放区的包围之中,置敌于绝境,久困敌人,逼迫守敌不战自退。这就是后来毛泽东暂缓攻占南阳城却在南阳城周边地区发动宛西、宛东、襄樊诸战役的原因。

11月2日,执行诱敌西进任务的中野六纵司令员王近山、政委杜义德在南阳城西15公里处的王村铺召开会议,部署解放南阳的任务。豫西第六军分区部队第三十九团团长韩宪良、政委李吉太也参加了会议。

会上,政委杜义德传达了刘伯承、邓子恢、李达于11月1日向六纵下达的尾追黄维、相机解放南阳城的命令。司令员王近山接着讲道,盘踞南阳城、处于四面楚歌的王凌云部,虽然由一个师扩充为两个军,但其第七十六师所属的第二二六团、第二二八团,先后在邓县县城、南召高咀坡被歼灭,派赴镇平窜扰的一个加强营也被击溃,一连串的失败使南阳守敌惶惶不可终日,解放南阳城的时机已经成

---

① 中共中央文献研究室、中国人民解放军军事科学院编:《毛泽东军事文集》第四卷,军事科学出版社、中央文献出版社1993年版,第426页。

② 中共中央文献研究室、中国人民解放军军事科学院编:《毛泽东军事文集》第四卷,军事科学出版社、中央文献出版社1993年版,第446页。

熟。解放南阳城,是毛主席的夙愿,我们要不惜一切代价,将王凌云部全歼。会议决定首先扫除南阳城外围之敌,然后再攻城。并部署第三十九团进至城西十八里岗佯攻以吸引敌军出城,六纵三个旅则沿南辛店、潦河一线展开。其中,第十六旅旅长尤太忠率部置于北线,第十七旅旅长李德生率部在南线,萧永银的第十八旅作为预备队。

11月2日下午,六纵即进入阵地,向敌军发起攻击,其中南线战斗最为激烈。李德生旅长在南线将第十七旅分为三路,向潦河镇和南辛店发起攻击。第一路包围潦河镇西南之敌,激战两小时,全歼王金声的河南省保安第五旅之"老一团",随即扑向潦河南寨门;第二路由潦河镇北进攻,歼灭了符寅轩部的机动一团;第三路围攻潦河镇南翟沟之敌,敌第十五军一部被歼。至3日晨,潦河、辛店一线已被六纵占领。

3日中午,正值战斗激烈之际,六纵接到中原军区令:"不管王凌云,即追黄维兵团。"于是,六纵为了整体利益,支援即将进行的淮海战役,遂放弃攻击南阳城,继续东进。六军分区第三十九团在掩护六纵安全撤离后,有计划地撤至磨山一带,监视南阳之敌。王凌云部由此而侥幸逃过旬日即被歼灭的命运。

人民解放军的接连胜利,使国民党华中"剿总"白崇禧深知南阳难保,10月下旬就曾电示王凌云速作撤退准备。当六纵和豫西第六军分区之第三十九团向南阳城郊区发起进攻时,王凌云感到末日来临,危在旦夕,决定弃城逃跑,遂下令:严密封锁城内消息,各城门只准进不准出;由其第二军一部沿南(阳)镇(平)公路,向西出击,以遮人耳目,掩盖其逃跑之意图;专员褚怀理及各县县长,切实掌握各自的团队;绥靖区各处(室),迅速销毁文件,处理在押人员。

11月3日下午,白崇禧电令王凌云即刻率部经唐河、确山向信阳突围。王凌云接到密令后,同部下商议:南阳城西是六纵阵地,桐柏、泌阳有中原野战军主力集结,西突无望,东去不成。遂电告白崇禧改经新野向襄阳城方向突围。白崇禧回电照准,并派张淦兵团从枣阳向新野出动,接应其撤退。

4日下午,王凌云部在对南阳城进行大肆洗劫、疯狂破坏之后,用欺骗、胁迫的手段,将南阳城内13所学校的3000多名师生及1万多名工人、店员、市民掳掠出城,沿白河两岸南下,以三四十里宽的行军路线,向新野、襄阳方向狼狈逃窜。国民党第十三绥靖区,从此结束了它盘踞南阳城的血腥历史。

王凌云率部南逃之后,在城外监视敌军的六军分区部队第三十九团,迅速将这一情况报告军分区司令部,同时研究决定:由第三十九团团长韩宪良率一、三营沿南(阳)邓(县)公路追击敌军;由团政委李吉太率领二营、独立营进驻南阳城。一、三营向南追击一天,未发现敌军,便折回南阳;入城部队于当夜迅速控制各要害部位,开展维护治安、宣传群众和接管南阳的各项工作。豫西六地委为使接管工作顺利进行,当即调100余名干校学员从内乡赤眉镇急速赶到南阳城予以协助。翌日,南阳市民走上街头,看到英勇威武的解放军,惊喜不已,笑逐颜开,欢呼解放的声浪冲破云霄。随之,为维护社会秩序,成立了军事管制委员会,六地委书记李立任主任,并张贴布告,宣传共产党的政策,还组成工作组,深入街道、工厂进行宣传,安定民心。经过充分准备,8日,宣告南阳市人民政府成立,同时成立了中共南阳市委,市委书记徐芝寅、市长许建业。另外,还成立了南阳警备司令部,黄祖华任司令员。南阳,这座古老的城市,从此回到了人民的怀抱。

南阳的解放,意义非同寻常。它不仅对整个中原战局产生了重大影响,标志着中原决战时机的成熟,而且使豫西南地区获得彻底解放,使桐柏、豫西、陕南等解放区连成一个整体,为人民解放军渡江南下准备了战略基地和坚强后方。

远在西柏坡的毛泽东,是在 11 月 4 日晚通过电文得知南阳解放的。一向重视并花费心血经略的中原战略要地南阳被攻占的消息,使一代伟人夜不能寐,浮想联翩。他从南阳的解放思索到整个中原战局的飞速发展,从即将进行的淮海大战联想到中国革命即将到来的胜利曙光,更是激情澎湃,文思泉涌,遂奋笔泼墨,挥毫撰写了《中原我军占领南阳》这篇述评新闻,全文如下:

(新华社郑州五日电)在人民解放军伟大的胜利的攻势下,南阳守敌王凌云于四日下午弃城南逃,我军当即占领南阳。南阳为古宛县,三国时曹操与张绣曾于此城发生争夺战。后汉光武帝刘秀,曾于此地起兵,发动反对王莽王朝的战争,创立了后汉王朝。民间所传二十八宿,即刘秀的二十八个主要干部,多是出生于南阳一带。在过去一年中,蒋介石极重视南阳,曾于此设立所谓绥靖区,以王凌云为司令官,企图阻遏人民解放军向南发展的道路。上月,白崇禧使用黄维兵团三个军的力量,经营整月,企图打通信阳、南阳间的运输道路,始终未能达到目的。最近蒋军因全局败坏,被迫将整个南部战线近百个师的兵力,集中于以徐州为中心和以汉口为中心的两个地区,两星期前已放弃开封,现又放弃南阳。从此,河南全境,除豫北之新乡、安阳,豫西之灵宝、阌乡,豫南之确山、信阳、潢川、光山、商城、固始等地尚有残敌外,已全部为我解放。去年七月,南线人民解放军开始向敌后实行英勇的进军以来,一年多时间内,除歼灭了大量的国民党正规部队以外,最大的成绩,就是在大别山区(鄂豫区)、皖西区、豫西区、陕南区、桐柏区、江汉区、江淮区(即皖东一带)恢复和建立了稳固的根据地,创立了七个军区,并极大地扩大了豫皖苏军区老根据地。除江淮军区属于苏北军区管辖外,其余各军区,统属于中原军区管辖。豫皖苏区、豫西区、陕南区、桐柏区现已连成一片,没有敌人的阻隔。这四个军区并已和华北连成一片。我武装力量,除补上野战军和地方军一年多激烈战争的消耗以外,还增加了大约二十万人左右,今后当有更大的发展。白崇禧经常说,"不怕共产党凶,只怕共产党生根",他是怕对了。我们在所有江淮河汉区域,不仅是树木,而且是森林了。不仅生了根,而且枝叶茂盛了。在去年下半年的一个极短时间内,我们在这一区域曾经过早地执行分配土地的政策,犯了一些策略上的"左"的错误。但是随即纠正了,普遍地利用了抗日时期的经验,执行了减租减息的社会政策和各阶层合理负担财政政策。这样,就将一切可能联合或中立的社会阶层,均联合或中立起来,集中力量反对国民党反动统治势力及乡村中为最广大群众所痛恨的少数恶霸分子。这一策略,是明显地成功了,敌人已经完全孤立起来。在我强大的野战军和地方军配合打击之下,困守各个孤立据点内的敌人,如像开封、南阳等处,不得不被迫弃城逃窜。南阳守敌王凌云统率的军队是第二军、第六十四军①以及一些民团,现向襄阳逃窜。襄阳也是国民党的一个所谓"绥靖区",第一任司令官康

---

① "第六十四军"应为"第十五军"。

泽被俘后,接手的是从新疆调来的宋希濂。最近宋希濂升任了徐州的副总司令兼前线指挥所主任去代替原任的杜聿明。杜聿明则刚从徐州飞到东北,一战惨败,又逃到了葫芦岛。王凌云到襄阳,大概是接宋希濂当司令官。但是从南阳到襄阳,并没有走得很远,襄阳还是一个孤立据点,王凌云如不再逃,康泽的命运是在等着他的。

　　毛泽东这篇千言文章,指点江山,话古论今,洋洋洒洒,大气磅礴,显露出一代伟人的宏大气魄和博学才识。从那激扬文字、流畅笔墨中,我们可以看出毛泽东对南阳战略地位之重视,对南阳历史文化之熟悉,对南阳山水之钟情和对南阳人民之厚爱。毛泽东——南阳,南阳——毛泽东,历史的声音这样呼唤着,激励着南阳人民谱写更加辉煌的新篇章!

　　作为新闻珍品的《中原我军占领南阳》,"是一篇罕见的杰作。这篇消息绝妙地运用历史背景,说明南阳的战略地位和我军占领南阳的意义……然后笔锋转向今天,写蒋介石如何在此设置重兵,企图遏止解放军南进,而最终不得不弃城而逃,以此为引子进而综述我军一年成绩,纵论战局,以古论今,趣味无穷……"这条消息发表不久,毛主席写信给胡乔木,指出要加强综合报道,"其办法是借着一个适当的题目如像占领南阳之类去写"①。胡乔木生前在回忆《解放日报》和新华社工作时说:"像《中原我军占领南阳》,在古今中外的新闻史上,也没有第二篇。这篇文章写得很有气派,很精练,很自

---

① 李新芝、郑明俊主编:《毛泽东纪事:1893—1976》,中央文献出版社2011年版,第461页。

然,把解放战争和中国历史上的掌故很自然地联系在一起,正是反映了我们当时胜利进军中充满了势如破竹的气派。"①

---

① 李敏、高风、叶利亚:《真实的毛泽东》,中央文献出版社 2009 年版,第 14 页。

滔滔黄河从领袖心头流过[①]

——记毛泽东对河南治黄工作的关怀

黄开厚

在中国 960 多万平方公里的版图上，镶嵌着一个巨大的金子般的"几"字——这就是黄河。它以甘甜的乳汁哺育着中华大地，使华夏儿女得以繁衍、生息。它以无穷的伟力，创造了灿烂文明的华夏文化。

毛泽东说："黄河是伟大的，是我们中华民族的起源。人说不到黄河心不死，我是到了黄河也不死心……"黄河像一块巨大的磁石紧紧地吸引着这位共和国的缔造者、人民的领袖。早在 1952 年 10 月，新中国诞生不久，毛泽东就第一次视察了黄河。1959 年，毛泽东在济南泺口再一次视察了黄河。到 1964 年毛泽东已是年逾 70 高龄的老人了，但是他仍壮心不已，打算徒步策马，从黄河入海口上溯黄河，对黄河进行实地考察……

是那气象万千的大河风貌使他着迷，还是那灿若星河的大河文化令他神往？不，是桀骜不驯的黄河使毛泽东感到深深的忧虑。他

---

① 此文写于 1993 年。

无时无刻不在思考着治理黄河啊！黄河，毋庸置疑，是一条养育了中华民族的母亲河，同时又是一条世界上少有的一条害河。历史上，黄河下游曾发生7次大的改道。1855年发生的一次改道，在豫、皖、苏沃野上竟留下了长达700多公里的沙荒盐碱地带。决口、泛滥更是家常便饭。1843年（清道光二十三年）发生的一场洪水流速竟达36000立方米/秒，有一首民谣曾描述了当时惊心动魄的情景："道光二十三，洪水涨上天，冲去太阳渡，捎带万年滩。"千年古都开封被凶猛异常的洪水吞没过。高于城墙几米、十几米的河床，形成一种奇特的现象——"悬河"。每次洪水过后，都留下大量的"馈赠"：成堆的沙丘，白花花的盐碱和滋生蚊蝇的沼泽。坐落在黄河"豆腐腰"上的郑州，沿黄地带约150公里，因饱受东、南、北三面的沙害成为名副其实的风沙城。更有甚者，1938年6月，抗日战争期间，国民党蒋介石派军队扒开花园口大堤，企图以水代兵，阻止日军西犯，造成5.4万平方公里的黄泛区，给人民带来无穷的灾难。黄河这条"利""害"共生的河流，从远古到近代，人们对于它有过多少美好的憧憬，寄予了多么大的希望啊。人们望眼欲穿地翘盼"黄河清圣人出""河清海晏"。封建统治者则断言"治黄河者治天下"。然而，在解放前的几千年里，黄河给人们留下的只是沉重的叹息。历朝历代的封建统治者，面对浊流滚滚的黄河，也束手无策，只有望河兴叹。今天当我们畅游黄河游览区时，我们会惊奇地发现一个神话凝成的雕像——"大禹治水"。大禹，这位神话传说中的治水英雄，站立在骆驼岭的悬崖上，头戴斗笠，身着麻布，右手持耒，左臂扬起，凝神远望着"不舍昼夜"的黄河，似乎并不只是在向我们讲述一个古老的治水故事……

毕竟是时代不同了，"萧瑟秋风今又是，换了人间"。新中国成立后,党和国家领导人的高度重视,正把人民千百年来的梦想逐步变为现实。1952年,国家正百废待举,万端待理,抗美援朝的斗争仍在进行之中,但是毛泽东还是大踏步地跨出京门,向着黄河,向着沿黄两岸人民大踏步地走来、走来……

10月29日,毛泽东首次视察黄河。他由徐州云龙山黄河故道巡视起,下午乘专列进入河南。在中共河南省委负责同志和原黄委会主任王化云陪同下,对黄河开始了考察。在车上,他亲切地问到王化云的姓名,称赞他的名字取得好,并诙谐地说:"半年化云,半年化雨就好了。"当了解到王化云是个"黄河通"时,他意味深长地说:"过去也有王化云,但因不归我们管,治黄的问题不能解决,只有现在才能谈到解决。"毛泽东的话不仅指出了社会制度是关系到黄河能否治理的实质,还代表党和国家坚定地表示了在社会主义制度下一定能够治理好黄河的决心。

是夜,毛泽东在兰封(即现在的兰考)休息。

第二天,毛泽东一行换乘吉普车来到东坝头。他迎着遒劲的秋风,挺身站在大坝上,问王化云这是什么地方,王化云回答是"铜瓦厢",接着又解释说是坚固的意思,这个地方是个险要地段。不知为什么,毛泽东笑起来,他大概想到取这么个名是图个吉利吧。毛泽东走走停停,仔细地察看石坝和大堤,有时还弯下腰用手抠抠石接缝。不时地向随行人员发问,了解有关情况。

返回途中,毛泽东有点奇怪地问王化云:"人们说黄河是个'悬河',在东坝头怎么看不出来,我还想找个地方看看。"王化云告诉他:"因为这里是开口的地方,所以里外不大悬殊,要是在开封柳园口就可以看出来了。"

下午两点多钟,毛泽东抵达柳园口。他健步走上黄河大坝,举目眺望着南边低洼处的村庄,甚为关切地问:"这里的水面比开封城还高吧?""这里水面比开封城高三四米,洪水期间还要高。"王化云答道。"这就是'悬河'啊!"毛泽东不禁感叹地说。

31日凌晨,毛泽东的专列徐徐驶离开封。他撩开雪白的窗帘,又向烟笼雾裹的古城投去深情的一瞥,点起一支中华烟微仰着头,缓缓地吸着,又缓缓地喷出。烟,很快地在他的周围攒成一团雾。他没有睡意,思想的翅膀在翱翔……

就在列车向着郑州进发的途中,毛泽东颇动感情地叮嘱省委负责同志和黄委会的同志:"你们要把黄河的事情办好……"多年来,毛泽东这饱含期望的话语已经成为各级党组织和政府的座右铭,成为鼓舞人民向黄河进军的号角。党政军民认真落实毛泽东的指示,把它转化为巨大的物质力量。

早上,毛泽东的专列停靠在邙山,这是位于郑州市西北约30公里的一座土石山,也是京汉铁路黄河桥通过处,这一天恰是立冬的日子,天气晴朗,微带寒意。毛泽东步出车厢,首先看望了住在邙山东侧半山腰的一户农家,关心地询问了房主人刘中贤家里的收成、生活情况。

随后,毛泽东等人沿着崎岖的山道登上旁边的小顶山。小顶山高约200米,紧傍黄河,秋风呼呼,传递着黄河涛声。毛泽东把帽子拿在手中,微眯着眼睛,神情专注地凝望着横亘在面前的平沙浩渺的黄河和有如铁线贯通南北的铁路桥,脑子里筹划着治黄的方略。然后,拣了一个土坎坐下来,向黄委会的同志询问黄河水涨落的规律,并提出能不能引水上山的问题。当得到肯定的答复后,毛泽东满意地点了点头。

从山上下来后,毛泽东又坐上平板车,在铁路桥上巡视了一个来回。他向桥工队队长刘鸿钧全面了解了大桥的历史、桥梁结构和五次加固的情况，并同大家合影留念。

这天下午毛泽东吃罢午饭，稍事休息，即换乘汽车前往胜利渠视察——这是新乡地区人民刚刚建成的一项引黄灌溉济卫工程。

在胜利渠首闸门前，毛泽东以他那曾经扭转乾坤的巨手，亲自摇动了闸门启闭机。他望着沿渠道哗哗奔流的黄河水，笑意溢满脸，说："像这样的闸，一个县有一个就好了。"他还问到各级渠道的作用，灌溉后的防碱治碱问题，问到灌区有井没有，井灌的效果如何。他说："有了渠道还不能忽视了井，要合理安排渠灌、井灌。"他打着手势，形象地比喻说："井灌是游击战，渠灌是阵地战。"

毛泽东通过视察黄河取得了第一手资料，为以后审定国务院制定的黄河规划奠定了基础。此后，毛泽东又多次亲临河南，听取河南省委和黄委会负责同志关于治黄工作的汇报，审阅我省沿黄地区的黄河水利规划蓝图。1953年2月16日，毛泽东南下视察时，特意在郑州车站停留，接见省委和黄委会负责同志，询问了解黄河水利情况。他指点着邙山水库、三门峡水库和黄河水利图纸，问黄委会负责同志："你们打算在干、支流上修多少水库？都在哪些地方修？"在弄清了这些水库的确切位置之后，他又关心地问到这些地方的土质、气候条件和目前的状况，以及怎样解决安排库区人民的生活等问题。1954年冬天，毛泽东结束外地视察归来，同样在郑州作短暂停留，听取黄委会负责同志的工作汇报，并指着他们汇报时所用的地图，征询地问道："这图是否可以给我？"1955年6月22日，毛泽东在郑州再次听取了省委关于治黄工作的汇报和黄河水利规划的制定情况，亲切地接见了黄委会的代表。1958年8月7日，毛泽东出巡途经兰考许贡庄。在专列上，他向前来汇报的开封地委书记和兰考县委书记问道:"黄河治理得怎样?你们都采取了什么办法?"还仔细地审阅了兰考黄河灌淤水利建设规划图,赞赏地说,这个规划如果能够实现,兰考就要变成江南了。毛泽东时刻把人民的冷暖挂在心头,他一心为人民谋幸福的拳拳赤子之心及一切从实际出发、深入调查研究、实事求是的工作作风,使河南人民深受感动,给河南人民留下了不可磨灭的印象。

1955年7月,在党中央和毛泽东的提议下,第一届全国人民代表大会二次会议批准了黄河规划的原则和基本内容。从此,黄河治理工作便有法可依,有章可循,走上了一条防灾与兴利并重,统筹兼顾,综合治理,充分发挥黄河水利资源优势,为发展工农业生产服务的路子。

1955年,河南、山东两省组织动员数十万群众对黄河大堤进行新中国成立后第一次大规模的整修,总长度达2000余公里,历时一年多。终于把新中国成立前遗留下来的残缺不堪,抗不住洪水袭击的堤坝,经过加高培厚,修复一新。1958年夏天,黄河下游发生大洪水,黄河大堤经受了一次严峻考验。这次洪水的最大流量达到28000—30000立方米/秒,比1933年发生的那次洪水最大流量高出8000立方米/秒,但仍然做到了不分洪,迫使黄河水乖乖泄入大海。而1933年黄河大堤却决口50多处,受灾人口360多万,死亡1.8万多人,并造成了十分严重的后果。这是一个多么鲜明的对比啊!截止到1992年,黄河堤防已经安全度过了第46个安稳年,战胜上万立方米/秒的洪水14次,上千立方米/秒的洪水100多次。往日黄河频繁泛滥的历史将不会再重演了,它将掀开新的历史篇章。

毛泽东还曾在一次听取王化云治黄工作汇报中指示:"大水库修起来解决黄河水患,还能灌溉发电,是可以研究的。"广大科技工作者遵照这一指示精神,作了大量的调查研究和勘测试验工作,对黄河水利资源进行了有效的开发利用。目前,黄河干流上已建成7座大中型水利水电工程,支流上修建了160座大中型水库,发电装机容量达250多万千瓦,成为国内江河上装机发电量最多的河流。沿千里黄河两岸建成的引黄闸、提灌站和虹吸工程更是星罗棋布,构成网络。它使黄河流域的灌溉面积超过新中国成立前的10余倍,仅河南、山东两省就达2000多万亩。利用黄河的泥沙放淤改造盐碱、沙荒也取得了显著成效。黄河"再不是旧模样""风吹稻花香两岸",已经不再是像海市蜃楼那样可望而不可即,而是变成活生生的现实了。

进入90年代,在改革开放和建设有中国特色的社会主义战鼓声中,治黄史上又创出了新的奇迹:位于洛阳北部黄河峡谷的小浪底工程动工了!这是一项兼有防洪、灌溉、发电等功效的大型综合利用工程。建成之后,可以保持长期有效库容50亿立方米,拦泥沙70多亿立方米,配合三门峡及伊河、洛河、沁河支流上的水库,基本上可以消除特大洪水的威胁。

作为黄河综合治理的成果之一,是沿黄城市环境得到改善,黄河文化得到开发。郑州市从1970年开始在邙山兴建的"黄河游览区",已经成为大河岸边的一颗璀璨的明珠,它以弘扬黄河文化为主旨,依山就势,建亭造阁,竖碑塑像,植树造林,开辟各种景观30多处。凡是来这里游览的人,无不强烈地受到上下五千年黄河文化那不可遏止的冲击力。正所谓,登北邙居高瞰远,气象万千,广阔无垠,浩浩乎神州大地;观黄河抚今追昔,波涛澎湃,奔流不息,悠悠然华夏摇篮。一股民族自豪感和爱国之情油然而生。郑州市经过常年不断的绿化,有效地制止了风沙的侵害。如今城市绿化率已达到

38.6%。城市植树 250 万株,修建花坛 6500 多个,栽植绿篱 33 万米,数条月季花带,法桐"长城",纵横东西南北。街心花园基本做到了四季常青,三季有花。"万株青伞梧桐雨,十里清香玫瑰风""绿荫掩道路,抬头一线天"等优美诗句,不只是人们对郑州发自内心的赞美,也是郑州的真正写照。昔日被称为"沙城"的郑州已被"绿城"二字所代替了。

今天,距毛泽东第一次视察黄河已是 41 年过去。毛泽东离开我们也有 17 年了。当我们缅怀伟人的业绩,无不联想到毛泽东为治理黄河倾注的大量心血。毛泽东关心河南的治黄工作,他那语重心长的嘱咐仍回响在耳,他那体察民情的音容笑貌仍历历在目。毛泽东,这位中国人民的优秀儿子,同黄河一样,是我们中华民族的骄傲。他已与黄河连成了一体,与黄河同在。我们将从黄河那绵绵不绝的涛声中,不断汲取勇气、智慧和力量。我们按照老人家的指示,继续把黄河的事情办好,以造福于人民,造福于子孙后代!

(作者单位:原中共郑州市委党史研究室)

毛泽东视察人民胜利渠^①

申银生　张克满

　　1952 年 10 月,毛主席在中共中央办公厅主任杨尚昆、公安部部长罗瑞卿、铁道部部长滕代远、第一机械工业部部长黄敬等领导同志陪同下,第一次视察黄河。毛主席 10 月 27 日离京,途经济南、徐州,10 月 30 日,毛主席视察了黄河兰封(现兰考)东坝头、开封柳园口,并发出了"要把黄河的事情办好"的伟大号召。

　　10 月 31 日上午 8 时许,毛主席的专列由开封经郑州徐徐驶进位于黄河南岸的广武车站。这天秋高气爽,云淡风轻。车刚一停稳,毛主席便神采奕奕地健步走下火车,未及休息,就与陪同人员一起,沿着崎岖的山道,一路谈笑风生,登上黄河南岸的邙山。

　　毛主席身着银灰色中山装,脚穿圆口黑布鞋,端坐在小山顶的岩石上,居高临下,俯瞰汹涌奔腾的黄河,凝视飞架黄河的京广铁路大桥。他点燃一支香烟,静静地思考着,似在运筹根治黄河的雄韬大略。良久,主席站起身,与陪同人员谈论黄河千百年来的危害和国家变害为利的决心,并让大家多动脑筋想办法。而后毛主席大手

---

　　① 此文写于 1993 年。

一挥,对大家说:"走,我们下山,去新乡看看'小黄河'。"

上午 10 时左右,主席的专列过黄河铁路桥,沿着铁路专用线直驶人民胜利渠渠首。毛主席走下火车,同前来迎接的平原省委书记潘复生、省政府主席晁哲甫、黄委会副主任赵明甫、引黄工程管理局局长韩培诚、渠首闸管理处主任乔登云等同志一一握手。在管理房,毛主席一面抽烟、喝茶,一面听赵明甫、韩培诚汇报人民胜利渠的施工建设情况。

人民胜利渠是新中国成立后在黄河下游兴建的第一个大型引黄水利工程。渠首闸建在黄河北岸黄河铁路大桥以西 1500 米处的新乡地区武陟县境内,对岸桃花峪为黄河中下游的分界处。总干渠与京广铁路平行,流经武陟、获嘉、原阳、新乡等县,至新乡市郊汇入卫河,全长 527 公里。排水系统由干、支、斗、农、毛五级渠道组成,经东西孟姜女河流入卫河。党中央、政务院对兴建这项利国利民的水利工程非常重视,水利部副部长张含英、水利专家张光斗教授直接参加工程的勘查、论证和设计。1950 年年初,黄委会写出《引黄灌溉济卫工程计划书》,由水利部转报政务院,周恩来总理亲自批准了这项工程。1951 年 3 月,工程正式开工。在平原省委、省政府,沿黄党、政、军、民及广大工程技术人员的支持与努力下,仅用一年时间,1952 年 3 月第一期工程胜利竣工,4 月 12 日举行放水典礼。人民胜利渠引来的黄河水流向田野,流入卫河,滋润着武陟、获嘉、原阳、新乡、汲县、延津大片古黄河冲积平原,打破了自古以来"黄河百害,唯富一套"的传统定论。为纪念人民治黄的伟大胜利,平原省人民政府主席晁哲甫挥毫给这个工程题名为"人民胜利渠"。

听完汇报,稍事休息,乔登云即领着大家去看引水闸。路上,毛主席问乔登云:"你原来是做什么工作的?"

乔登云回答："我原来当区长，现在叫我来管闸。"

毛主席风趣地说："管闸责任重大，不比当区长轻哟。"

说着话，来到了引水大闸上，毛主席看着庞大的大闸问道："这闸怎么打开呀？"

乔登云回答说："现在农村没有电，也没有机器，是用人力摇开闸门。"

毛主席说："那好，咱们大家一起动手把它摇开吧！"

说着，主席和各位领导一起，很快将闸门摇开了。看着滔滔黄河水驯服地流进渠道，毛主席脸上露出了满意的笑容。他点燃一支香烟，满怀深情地说："要是沿黄每个县都建一座引黄灌溉闸就好了！"

接着，毛主席又对大家说："渠道灌溉是阵地战，水井浇地是游击战，渠井灌溉要结合起来。"

而后，主席一行沿渠而下，突然，毛主席像想起什么似的，回头望着位于露天的大闸启闭机，指示说："要在上面盖上房子保护好，刮风下雨工人同志操作也方便。"

漫步行进中，主席问赵明甫："引黄以后会不会引起盐碱化问题？你们准备怎样解决盐碱化？"

赵明甫回答："根据苏联的经验，在渠道两旁植上树，一棵树能吸收很多地下水，这样控制住地下水就不至于引起盐碱化。"

毛主席说："好，你种树，多种树。"

来到一号跌水处，赵明甫对毛主席说："准备在这里装上水轮机，把水能利用起来发电。"

毛主席听后满意地说："很好，发了电便于照明、打米。"

看完一号跌水处，主席一行登上汽车，沿渠向东北缓缓行进。

走了一段后,毛主席让汽车停下,下车步行前进。途中,主席兴致很高,不停地和陪同人员谈话,从胜利渠的施工到远景规划,从党委、政府的工作到城市建设,从庄稼的收成到人民群众的生活……聆听主席亲切的话语,大家深为毛主席平易近人,体察民情,深入进行调查研究的精神所感动,开始时紧张的心情也逐渐松弛下来。

这时天已过午,工作人员怕毛主席劳累,提出停下来休息一会儿。毛主席说:"好啊,走了这么长的路,我们就坐在麦田里休息一会儿吧。"

说着话,毛主席与陪同人员一起走下渠岸,在渠边麦田里坐下,边抽烟、边谈话……休息过后,主席一行便登上汽车,直驶胜利渠入卫河口。

在新乡市东郊的人民胜利渠入卫河口,毛主席看到胜利渠引来的黄河水滔滔流入卫河,高兴地说:"今天看了'小黄河',很高兴,这样天津用水困难也好解决了。"

车队离开胜利渠入卫河口,顺着卫河南大堤向西行进,走不多远,迎面碰到新乡市郊区牧野村农民尚景富赶着一群羊向东走来。尚景富看到对面来了汽车,忙把羊群向堤下赶去,这时毛主席的汽车开到他跟前停了下来。

毛主席下了汽车,走向尚景富和蔼地问道:"老乡,怎么不走了?"

尚景富笑着回答:"不忙,等你们过去我再走。"

毛主席放眼羊群,微笑着问:"你的羊怎么都是花的?"

尚景富解释说:"我原来不是放羊的,算个半路出身,这群羊是三家的混到一块儿放,怕分不清,就染上颜色做个记号。"

毛主席又问:"你的羊是怎么来的?"

这时,尚景富看到这位干部和蔼可亲,对群众很关心,心情松弛下来,话也就多了,他对毛主席说:"俺村北边新建了一所大学,占了村上的土地,俺是用赔的地钱买的羊。喂羊一来可以卖肉,二来可以攒粪上地,一举两得。"

毛主席又关切地问:"地是怎么占的?压迫人了没有?"

尚景富忙把村长讲过的关于新中国刚刚建立,需要大批建设人才,我们农民应该大力支援国家办学的话,以及通过协商妥善解决土地问题的事说了一遍。

正说着话,尚景富看到一个女同志在旁边拍照,问毛主席:"她照相干什么?"

毛主席笑着说:"不管她,咱拉咱的。"毛主席向羊群走近几步,又和尚景富谈起绵羊和山羊的喂养特点,又问群众的生活怎样,粮食够不够吃,还问到牧野古战场和兴国寺的情况……这时已是半下午了,工作人员想到毛主席奔波了大半天,还未吃午饭,便请主席快上车。毛主席谈兴未尽,见工作人员催促,才恋恋不舍地和尚景富握了握手,说了声"再见",登上汽车。汽车开动了,毛主席还从车窗里不停地向尚景富挥手致意。

毛主席风趣地说:"赵明甫同志过去吹了个牛皮,说种树可以解决盐碱化。"

弹指一挥间,毛主席治理黄河的号召和指示,经过沿黄人民的不懈努力,基本上得到了实现。黄河下游沿黄各县都建成了引水闸,每年引水在百亿立方米以上,直接灌溉农田 4000 多万亩,为农业丰收创造了条件。

现在人民胜利渠已成为灌溉、改土、补源、发电、向城市供水的多功能综合水利工程,发挥了巨大的经济效益,在国内外产生了重大和深远的影响。国内除西藏外,各省市都组织人员前来参观学习。国际上,1977年联合国组织43个国家的代表到人民胜利渠考察。此后苏联、美国、英国、日本、泰国、印度、尼泊尔等国家的官员、教授、专家、学者以及世界银行、国际排灌委员会的专家先后考察人民胜利渠,都给予高度评价。

灌区人民永远不忘毛主席的亲切关怀,永远铭记毛主席的伟大号召。当前,他们正在党的基本路线指引下,认真贯彻"巩固提高,适当发展,加强管理,注重效益"的方针,开拓进取,为实现工程规格化、大地园田化、渠道林网化、配水自动化、管理企业化而努力奋斗。

(作者单位:原中共新乡市委党史办)

毛泽东登上邙山头[①]

王雅伟　劳建新　成小波　孙炳坤

1993 年是伟大领袖毛主席诞辰 100 周年,也是毛主席登上邙山头视察黄河 41 周年。

每当人们到邙山游览时,放眼看到邙山游览区的美好风景,看到引黄河水上山的壮观场面,特别是沿毛主席当年走过的路上山观赏黄河,不仅增添了喜悦的心情,同时也被带入了历史的回忆。

那是 1952 年 10 月 30 日至 31 日,毛主席在罗瑞卿、滕代远和杨尚昆等中央领导同志的陪同下,由徐州到兰封(今兰考),从兰封到开封,又从开封到郑州,怀着造福人民的执着追求,逆黄河西上进行实地考察,并发出"要把黄河的事情办好"的伟大号召。

毛主席在邙山头视察黄河,尽管时间不长,却给人们留下了深刻的印象。

①　此文写于 1993 年。

农家做客

1952年10月31日那天，火车迎着早晨的红霞，从开封车站出发，途经郑州，直达邙山头。

邙山头，位于郑州市西北60里处，是黄河水冲出峡峪四处奔流的地方。也是京汉铁路横跨黄河之处，由于地势险要，它还是历史上兵家必争之地。

当天早晨，专车在黄河南岸车站停驶，毛主席放下阅览的资料，身穿呢子大衣，走出了车厢，向一户普通农民的家走去。这位农民叫刘中贤，当年40岁。他的妻子叫李万玲。他们住在邙山东侧的半山腰里，全家5口人，住有3口破窑洞。

毛主席笑着走进院内，正在扬黑豆的刘中贤，放下农活迎上去。当时，刘中贤虽感面熟，但又想不起在什么地方见过面，没有敢开口说话。这时，有一位首长指着说："这是毛主席呀！"刘中贤深感荣幸，赶忙搬凳子让座。

毛主席坐下来后，从家里有几口人问起，进而问到农业收成如何，生活过得怎么样，等等。刘中贤一一作了回答。当毛主席问到什么时候开始住在这里时，刘中贤说："我家原在山下，住的是3间破草房。我小时候黄河涨大水（据水利部门记载，1933年8月10日黄河发生特大洪水，花园口最大流量达2.2万立方米/秒），在山下住不成，才搬到山上住的。"毛主席特有风趣地说："李逵是被官府逼上梁山的，你是被黄水逼上邙山的。"

毛主席的话引起了刘中贤的回顾，他含着眼泪说起他第二次搬家。那是 1941 年的秋天,日本鬼子占领邙山头,修炮台,筑工事,在村上大"扫荡",强奸妇女,杀害群众,烧毁民房,把邙山变成禁区,群众有家不能归,直到日本鬼子投降,老百姓才搬回家住。毛主席听后,脸色显得很严肃。

刘中贤的妻子李万玲从窑洞端出一碗水,走上前递给毛主席。毛主席连忙站起来,接过碗,微笑着说:"谢谢!"另一位首长插话说:毛主席还要上山观察黄河咧,就不在这里多停了。刘中贤赶忙背上铁锨,将窑洞旁边一段斜坡,挖成一溜小台阶,目送毛主席上山。

上山察看

毛主席一行沿着曲曲弯弯的羊肠小道,拨开山坡上的杂草,健步登上了 200 米高的小顶山。

小顶山是邙山组成部分,位于邙山东侧,铁路由山下隧洞通过。这座小山头,因长期缺水,既不长庄稼,也不长树,是个荒山秃岭。过去,除放羊娃在这里放过羊外,很少有人上这座山。

毛主席登上小顶山后,来回走动,四处瞭望。那时,已进入立冬季节,虽然天气还好,但仍有点寒意。尽管如此,毛主席容光焕发,手拿帽子,迎着凉爽的秋风,在一个土坎上坐下来。他向北遥望:黄河在邙山脚下奔腾东去,一线沉沉的铁桥横跨河上。他面对现实,在仔细地观察,认真地思考,反复地琢磨,仿佛在绘制治理黄河的宏图。摄影师为他拍下一张具有历史意义的照片。

毛主席在山上停了一个多小时,才慢慢地下山了。

桥上询问

毛主席想在近处再看看黄河，不顾登山的疲劳，从山上下来后，乘火车穿过长长的铁桥，越过滚滚的波涛，到了黄河北岸。接着，换乘平板车，由小火车头推送回铁桥上视察黄河。

毛主席站在没有车厢、又没有座位的平板车上，瞭望一泻千里浩瀚而奔放的黄河，观察巍然屹立在滚滚激流中的铁桥，面对邙山头上的"汉霸二王城"，讲起了刘邦与项羽斗争的故事。

当平板车行驶到第十二个桥墩时，郑州铁路局刘建章局长让司机停车，请毛主席下车照相。毛主席站在人行道上，询问大桥施工情况。桥工队队长刘鸿钧从大桥的历史、桥梁结构、黄河水位及流量，以及五次加固等情况，全面系统地向毛主席作了汇报。毛主席听后很满意。

毛主席结束邙山头视察黄河后，又乘专车到人民胜利渠渠首视察。

毛主席在邙山头视察，虽事隔41年之久，但他留下的足迹，留下的笑语，留下的风采，人民至今记忆犹新。历史永远不会忘记他，人民也不会忘记他。

（作者单位：郑州市原邙山区委、区政府。邙山区即今惠济区）

毛泽东视察七里营人民公社

张献高

1958 年 3 月，成都会议中央《关于把小型的农业合作社适当地并为大社的意见》发表后，各地试办了一些 1000 户以至几千户的大社，新乡县七里营人民公社就是其中之一。1958 年 7 月 4 日，新乡县七里营乡的 56 个高级农业合作社，联合并成一个大社。它拥有 43 个生产大队，3.1 万名社员和 9.1 万亩土地，并于 8 月 4 日定名为七里营人民公社。

"还是去七里营"

1958 年 8 月 5 日上午 11 时，中共河南省委秘书长戴苏理给正在济源县检查工作的省委第一书记吴芝圃打电话说："主席来了，要到新乡视察工作。"接到电话后，吴芝圃和新乡地委书记耿起昌于当日晚 9 时左右赶到新乡。

晚 11 时许，毛泽东的专列到达新乡，停在 760 厂的铁路专用线上。在专列上毛主席听取吴芝圃、耿起昌的汇报后，得知新乡县七里营创建了全县第一个人民公社,决定亲往视察。吴芝圃、耿起昌随即下车对地委秘书长魏玉高说:"主席准备视察七里营,你赶快回去做准备工作。"

6日上午,天下起雨来。吴芝圃、耿起昌考虑到天气不好,从新乡到七里营有四五十里路,便另外安排了新乡市郊区的牧野社和新乡市棉织厂两个单位,请主席视察。工作人员向毛主席请示,是否改为视察新乡市郊区。毛泽东望了望车窗外雨水滋润的田野,有力地挥了挥手,坚定地说:"还是去七里营!"

毛主席来了

6日下午,雨过天晴。毛泽东在吴芝圃和耿起昌等陪同下,乘车前往七里营。汽车沿着人民胜利渠向西南疾驶。下午3点多钟,当汽车途经新乡县东风联社王屯生产大队的棉田时,毛泽东隔窗望着长势喜人的棉花,急令司机停车。毛泽东走下汽车,迈着稳健的脚步向大队的青年试验田走去。毛泽东沿着地里的渠梗走进棉田,见青年试验田的管理组长王正林正在地里弯着腰打疯叉。毛泽东问他:"这块棉花是谁管理的?"

"是我们青年搞的试验田。"王正林回答。

毛泽东说了声"好",便轻轻地拨开稠密的花棵,慢慢地走进棉花丛中。他仔细地观察棉花的长势,还蹲下去看了看底层的棉桃和花蕾。当毛泽东从棉花地北头走到南头,就要离开棉田的时候,王正林才醒悟过来刚才向自己问话的是毛主席,激动地忘记擦净沾满泥土的双手,快步跑上前去紧紧握住毛主席的手说:"毛主席好!"毛泽东说:"好!好!"

毛泽东跨过小渠,走到路南边去看了看玉米的长势,然后又走回棉田。这时社员高志清跑来了。高志清是社里的模范饲养员,刚从水坑边淘草回来,他光着膀子,卷着裤腿,见了毛主席激动地说:"毛主席来了,您好!"

毛泽东握着高志清的手说:"好!好!"

毛泽东接着问他们:"你们的棉花能有多大收成?"

高志清说:"争取亩产籽棉 1500 斤。"

毛主席说:"你们的牌子上写的不是 1000 斤吗?"

高志清说:"是,可是现在棉花长得成色好,可以增加 500 斤。"毛泽东笑了,又关切地问:"可以收到吗?"

高志清和王正林齐声回答:"保证收到。"

毛泽东点点头,告诉他们说:"那可得好好管理呀!"这时候,一位陪同人员指着王正林问高志清:"他是做什么工作的?"高志清说:"他是我们的棉花专家——技术员。"

毛泽东一听说王正林是棉花技术员,便指着他身边的一位女同志说:"我们带的也有专家。"那位女同志笑了。

毛泽东离开棉田向回走去,王正林和高志清一直把毛主席送上河堤,直到汽车开动后,毛泽东还向他们招手告别。

下午 4 时 22 分,毛主席的汽车停在七里营人民公社门口。车门打开,毛主席第一个走下汽车,"啊,毛主席来了"!站在公社门口的新乡县委第一书记胡少华一眼就认出了毛主席,他迅速向毛主席走去,院内的人听说毛主席来了,也都拥向门口。

"毛主席好!毛主席万岁!"人们怀着难以抑制的激动心情,幸福地仰望着伟大领袖毛主席,热烈鼓掌,纵情欢呼,争着抢上前去和毛主席握手。

"你们的口气很大啊"

在人们的簇拥下,胡少华等同志陪同毛主席走到公社的大门前,毛主席仔细看着门上挂的牌子——新乡县七里营人民公社。胡少华随即向毛主席说:"这是全县第一个人民公社。"耿起昌问毛主席:"这个名字可以吗?"

毛主席用肯定的语气说:"人民公社这个名字好!"

毛主席走进公社院内,看到迎面屋门口挂着"政治系""气象系"两个小牌子,很有兴趣地问:"这是什么?"

"这是公社的红专学校。"公社党委书记徐占奇回答说。

毛泽东微笑着问:"谁是红专学校的校长?"

胡少华答:"公社党委书记。"

毛泽东走进会议室,坐在正中间。耿起昌将在场的县、社领导一一向毛泽东作了介绍。

当毛泽东问到全县有几个这样的公社时,胡少华回答:"全县原来有60多个小乡,成立了60多个高级社,后来合并成10个联社,七里营是我们县第一个人民公社。我们正在开战地会,准备都改成人民公社。"

毛泽东问:"人们喜欢这个名字吗?"

徐占奇答:"喜欢。"

毛泽东又接着问公社种多少棉花,产量多少,社长是谁。

公社干部王文生说:"今年七里营种了10200亩棉花,保证单产

400斤,争取500斤,按2000斤做工作。"

毛泽东听了后说:"你们的口气很大啊!"

毛泽东又问公社有多少土地,多少人口。

徐占奇回答说:"有6100户,31000人。"

徐占奇接着汇报了高级社成立以来的农业增产情况,"大跃进"以来建立了公共食堂、托儿所、敬老院、面粉厂、机械厂和养猪场等。

毛泽东又问:"社这么大,管理不容易,有没有困难?"

一位公社干部随口回答说没有困难。

毛泽东在会议室停留约10分钟,站起来说:"走,去看看。"

"老人们在这里满意吗"

毛泽东从公社院里走出来,聚集在门口的人群,向敬爱的领袖热烈鼓掌,高呼:"毛主席万岁! 共产党万岁!"毛泽东频频向欢呼的人群招手致意。

出了公社大院不远,就来到公社的敬老院。这是一所宽敞干净的院落,居住着一些鳏寡孤独的老人。这些在旧社会无依无靠的人,今天在公社里过着幸福的晚年。

毛泽东迈步跨进敬老院的大门。一个拄着双拐的中年人迎了上来,紧走几步握住毛主席的手,激动得很久说不出话来。他向毛主席问好,毛主席也亲切地向他问好。徐占奇向毛主席介绍说:"他原是二野的战士,是在渡江作战中负伤致残的。"

毛泽东过了二道门,走进西屋。马林海老两口迎上前去说:"可盼望到了,您老人家好啊!"

毛泽东笑了笑说："好。"又到里屋看了看老人睡的床铺。

毛泽东从西屋出来，走向东屋。70多岁的李学正老人握住毛主席的手走了十几步，激动得半天说不出话来，热泪夺眶而出，当毛主席亲切地向他问好时，他才连声说："毛主席好！毛主席好！"

毛泽东向敬老院门外走去时，关怀地问身边的公社干部："老人们在这里满意吗？"当听到回答"他们很满意"的时候，毛泽东高兴地笑了。

赞扬社办工厂

毛泽东来到了公社新建的面粉加工厂，机器的轰鸣声老远就能听见。毛泽东走进机房，两部电动小钢磨正在磨面。毛泽东问徐占奇："几部机器？""四部电动小钢磨。"徐占奇回答。

"哪里出面粉？"毛泽东又问。

徐占奇很快走到正在磨面的机器旁，揭开了面粉箱。毛主席迎着扑面而来的面粉末，细心地观看圆箩箩面的情景。

这时毛泽东抓起一把麸皮，用手捻了捻，认为磨得很干净。毛泽东满意地和磨面工人招手告别。

从面粉厂出来，毛泽东大步登上滚珠轴承厂大门的台阶。这时警卫员递过一条毛巾，主席擦了擦汗，问："这个厂建立多长时间了？"

徐占奇回答："两天了。"

"一天出多少？"毛泽东又问。

徐占奇回答说："一天出2000多个滚珠。"

毛泽东饶有兴趣地观看了一群青年人用土法制造滚珠的过程。徐占奇这时端出一盆不同规格的滚珠给毛泽东看,毛泽东从盆子里拣出一粒看了又看,对这个小厂自力更生、土法上马制造滚珠的精神十分赞扬。

和孩子们在一起

毛泽东来到幼儿园,几十个天真活泼的孩子一下子就认出了毛主席。他们蹦蹦跳跳地围拢在毛泽东身边,齐声说:"毛主席好!毛主席好!"毛泽东慈祥地抚摸着每个孩子的头:"你好!你好!你好!你好!"孩子们一张张幸福的笑脸,像一朵朵绽开的鲜花,明亮亮的大眼睛,望着敬爱的领袖。他们齐声歌唱赞颂毛泽东爱儿童的歌曲:

毛主席,爱儿童。年纪小,志气高。长大能把祖国建设好!

毛泽东听了连连夸奖孩子们唱得好,并向在场的保育员李淑英说:"谢谢你们。"

离开幼儿园时,孩子们依依不舍,齐声高呼:"毛主席好!毛主席万岁!"

毛泽东一边挥手,一边回过头来说:"再见!再见!"

"收到手里才算数"

在村头，毛泽东迈着稳健的步子越过一座木板小桥，又穿过一片绿葱葱的豆地和菜地，来到了一望无际的棉田。社员们正在打棉花顶，毛泽东指着女社员张伯青风趣地说："你把它的头打了，它不反对你吗？"

徐占奇说："打棉花头是为了多推果枝，多结棉桃。"

毛泽东望着这绿色的海洋，十分高兴。他详细询问了这块棉田的亩数、施肥多少、耕作以及管理情况等。然后兴致勃勃地用手拨开棉桃成串的果枝，走进齐肩深的棉花丛中，笑容满面地向在场的人们环顾了一下，用手平着棉顶比了一下肩膀，连声称赞棉花长得好。毛泽东指着耿起昌笑着说："这棉花长得跟我差不多，比你还高呢！"

毛泽东走出棉田，问："这棉花能收多少？"徐占奇说："保证1000斤，争取2000斤。"

来到红旗试验田，徐占奇和劳动模范吕书墨分别向毛泽东介绍了干部参加劳动，管理这块棉田的情况。毛泽东看到长得这样好的棉花，兴奋地拨开棉垄，再次走进棉田，观察棉花生长情况。这时跟随毛主席的一位同志数了数，每株已有30来个棉桃了。计算了一下，告诉毛主席说："按现在已经结的棉桃，每亩就可以收1000斤籽棉。"

毛泽东郑重其事地说："收到手里才算数。"

"你们河南都像这样就好了"

8 月的天气,又闷又热。毛泽东上身穿着一件白衬衣,下身穿一条灰裤子,头戴大草帽,满面红光。喜悦的面孔上直淌汗珠,衬衫都给浸透了。有人向毛泽东建议回公社去,毛泽东却仍然兴致未减地说:"不,再少走走,少走走。"说着继续沿着田间小道阔步向南走去。

在棉田里喷洒杀虫药剂的女社员,看见毛主席走来,她们站在田间热烈地鼓掌欢迎。毛泽东也热情地向她们招手,并问道:"她们是干什么的?"

一位公社干部说:"打药治虫的。"

毛主席招招手,亲切地说:"做给我看看。"

6 个女社员,熟练地操作着喷雾器,为毛主席表演。她们为了多看看敬爱的领袖,便面对着毛主席倒退着操作。

毛泽东看过女社员的实地操作后,赞扬她们的工作搞得好。

看过棉田,毛泽东非常高兴。问公社干部:"你们这里过去收入多少? 今年收入多少?"

徐占奇说:"解放前这里劳动农民每年每人只收入 30 来元,去年收入 84 元,今年要大搞积累,仍然维护去年的水平。"

毛泽东马上就说:"今年要 100 元,100 元。"一连说了两个100 元。

在回村的路上,毛泽东面对着一片丰收的景象,满意地对吴芝圃说:"吴书记,大有希望,你们河南都像这样就好了!"吴芝圃说:"有一个这样的社,就会有更多这样的社。"毛泽东赞同地说:"对,有一个这样的社,就会有好多这样的社!"

祝毛主席身体健康

毛泽东回到七里营村,七里营村的街头、路口,处处人山人海。毛泽东走到哪时,哪里就一片欢呼声:"毛主席万岁! 毛主席万岁! 毛主席的身体健康是我们的最大幸福!"

毛主席向欢迎的群众边鼓掌边说:"同志们好! 同志们好!"

上了汽车,从西向东,穿过七里营村大街,再次来到公社门口。沿街欢迎群众的口号声、掌声,此起彼伏,欢乐幸福的气氛激荡在整个村庄。

在公社门口,有两位社员抬着一块玻璃镜框,上面写着"祝毛主席身体健康"八个大字。毛主席下了汽车,亲手接过镜框说:"谢谢同志们!"这时,掌声、欢呼声再次响起。

毛泽东向热烈欢迎的群众频频招手致意,同近前的群众亲切握手。70 岁的女社员林玉芳拉着 4 岁的小孙孙,从人群中挤到毛主席跟前,紧紧握住毛主席的手说:"好! 好! 你好!"林大娘感动得流出了热泪。

汽车慢慢开动了,人们仍然高举着双臂向毛主席欢呼致意,毛主席也向热烈欢呼的群众挥手告别。汽车向前驶去,毛泽东仍在从车后窗里向欢呼的人群招手。

下午 6 时左右,毛泽东离开了七里营。

(作者单位:原中共新乡县委党史办公室)

毛泽东视察襄城县农村[①]

高秀荣

1958 年 8 月 7 日,是襄城县 74 万人民终生难忘的日子。毛泽东主席亲临襄城县农村视察,并热情洋溢地赞誉"你们这里成了'烟叶王国'了",鼓励襄城人民"要鼓足干劲,力争上游"。几十年来,全县人民牢记毛主席的谆谆教导,艰苦奋斗,励精图治,强化生产管理,主攻质量,为"烟叶王国"的振兴做出了不懈的努力。

"不要光照我,应该照这"

8 月 7 日的早晨,一轮红日从东方升起,万道霞光普照着襄城县绿色的大地。广阔无垠的田野里到处人欢马叫。首山脚下,汝颍河畔,处处可以看到一派丰收在望的景象。这时正是烟叶收烤季节,遍布在百里大地上的一幢幢炕房,冒着缕缕青烟,发出醉人的烟香。

7 点 30 分,毛主席乘坐汽车在颍河南岸许南公路上停了下来。

---

① 此文写于 1993 年。

毛主席在中共河南省委第一书记吴芝圃,省委书记处书记杨蔚屏、史向生和许昌专署专员王延太陪同下,健步走到双庙乡十四农业社郝庄第二生产队的烟田。毛主席看了地头试验田牌子上标明的亩数、计划产量和措施后问:"去年的产量多少?"王延太如实地作了回答。这时,毛主席凝思片刻,屈指计算着烟叶增长的倍数后点头称赞:"很好!"

毛主席顺着烟垄向另外一块田里走去,露水湿透了他的衣服,鞋上沾满了泥巴。几个摄影记者正忙着给主席照相。毛主席指着身边丰收在望的谷子对他们说:"不要光照我,应该照这。"

这块谷子,棵高,穗长,微风过处,频频点头,好像在向毛主席报告:今年又是个大丰收。毛主席兴致勃勃地走进谷地,对吴芝圃同志说:"咱们在这里照个相,叫北京人看看你们这里的庄稼。"记者忙把这个动人的情景摄入了镜头。

这时,襄城县委副书记刘熙民闻讯赶来。他看到毛主席头戴草帽,身穿白衬衣和灰布裤子,脚穿半旧皮鞋,神采奕奕,就匆忙迎上去。许昌专署专员王延太把他介绍给毛主席。毛主席紧紧地握着他的手,刘熙民激动得说不出话来,只是连连说:"毛主席好,毛主席好!"毛主席微笑着问他叫什么名字,多大年纪,以及在襄城县工作的情况等,他都一一作了回答。当刘熙民说到他是"康熙的熙"时,毛主席就风趣地说:"噢:你是康熙的臣民了!"在场的人都笑了起来。毛主席和蔼可亲,平易近人,使刘熙民深受感动。

"要讲究实效不务虚名"

毛主席让刘熙民和他同坐一辆汽车,沿着许南公路向县城方向奔驰。穿过了一座彩门又一座彩门,有一座彩门上写着:"襄城县双庙乡,超鲁(山)、郏(县)、跨许昌"。毛主席问:"这是什么?"

答:"这是跃进门。"

问:"干什么用的?"

答:"组织生产评比,搞竞赛。"

刘庄乡是襄城县东北边上的一个乡,和许昌县搭界。这里工作过去很落后,生产上不去,每次评比都是倒数第一、二,群众生活也不好,干部抬不起头来。后来,他们加强了思想政治工作,开展竞赛,提出了"争上游,赶许昌"的口号,学先进开展了"比思想、比干劲、比风格、比生产"的竞赛,各项工作有了新的起色,成了先进乡。

毛主席听了介绍很高兴。他对刘熙民说:"开展竞赛,要讲究实效,实事求是,不务虚名。"

他接着又问:"你和人家搞竞赛,到外县参观过没有?"刘熙民回答说:"我们的第一书记任焕彬已经出去参观几天了,回来就介绍外县的经验。"毛主席亲切地对他说:"你也要出去看看嘛!不亲自去看一看,比一比有什么差距,怎能和人家搞竞赛呢?"

为了争取秋季农业全面丰收,襄城县各地掀起了热火朝天的生产高潮,不少社员为了节省下地往返时间,把饭送到地里吃。毛主席看到这种情形,就关心地问:"农民休息够不够,生活情况怎样?"刘熙民说:"今年农业大丰收,农民的生活不错,就是休息差点,干起活来起得早睡得晚,一天休息不到8小时。"毛主席听后就关怀备至地说:"要爱护农民的积极性,关心群众的生活,要劳逸结合;要多种一些谷子、豆类,这些粮食营养丰富。"

"你们这里成了'烟叶王国'了"

8点多钟,毛主席乘车来到三里沟乡后梁庄的大面积烟叶丰产田。主席一下汽车就被田间劳动的群众认了出来,人们惊喜万分一齐拥上来欢迎,毛主席微笑着和群众一一握手。人们看到毛主席身体魁梧,红光满面,迈着稳健的步子,都为毛主席的健康而高兴。毛主席握着社员李林头那双长满老茧的手亲切地问:"这是什么庄?你在这里干什么?家里有几口人,几个孩子?"并勉励他:"要好好工作。"李林头一一回答。

毛主席经过打麦场走进烟田,在一个井台上停下来,望着井上安装的"解放式"水车问:"这口井水够浇不够浇,一天能浇几亩地?"三里沟乡副乡长周天顺实事求是地向毛主席作了汇报。毛主席视察村北大面积丰产烟田之后,又到村南参观第三生产队的干部试验田。这块地的烟叶,烟棵已有9尺多高,顶上还没"冒花",烟叶密密麻麻,真是撒土不漏。毛主席用手轻轻地分开烟叶,探身向地里望了望,说:"这不透风,用绳子攀起来就好了。"然后,他又详细地询问了烟叶的品种、收烤时间以及管理措施。当毛主席走到二茬烟旁边时,刘熙民告诉他:"这是二茬烟,头茬烟也长得很好。"毛主席指着二茬烟风趣地说:"孩子长得比妈妈还高。"周围的人都笑了起来。

长期以来,襄城县烟叶以质优量大驰名中外,尤其是"里川烟叶"在国内外享有盛誉。毛主席看着眼前长势喜人的烟叶问王延太："你们这里烟叶好,还是山东潍县的烟叶好? 你们比较了没有?"王延太说:"现在,全国12个省烤烟会议在这里召开,他们说这里的烟叶长得不错。"毛主席满意地说:"在你们这里开会,你们这里的烟叶一定不错。"

毛主席走出试验田,健步登上田间路埂举目四望,只见烟田一块连着一块,一块比一块强,真是烟林、烟海无边无际。毛主席兴致勃勃地说:"你们这里成了'烟叶王国'了。"

"你们要鼓足干劲,力争上游啊"

汽车进城之后,缓缓通过东大街、北大街,向十里铺乡薛园农业社驰去,到小张庄生产队烟叶丰产田停下来。当时,在这里开会的乡、社干部和在田间劳动的社员,看到毛主席来了,人人欣喜若狂,从四面八方拥来。青年干部刘天顺、赵春田等跑在最前面,首先和毛主席握手。他们望着毛主席慈祥的面容,激动地说出:"毛主席好!"

毛主席沿着通往小张庄的田间生产路,视察了小张庄生产队的丰产烟叶,李庄、下徐等生产队的玉米、红薯和田间的水利设施。当看到一块红薯地搭了架,上边爬满了红薯秧时,刘熙民说:"今年红薯身子长得太深,社员们怕不透风,影响红薯生长,就在地里搭了红薯架,让秧子在上边长,薯块在下边长。"毛主席很幽默地说:"你们看,红薯也住高楼了!"在场的人听了都哈哈大笑。毛主席一边走一边看,所到之处,庄稼一块强似一块,烟棵高过人顶,烟叶肥大油润。

他看到我国完成农业社会主义改造后的农业丰收景象,是那么高兴,那么兴致勃勃。他吸着烟,激情满怀地说:"应该让吸烟人都来看看。"

毛主席要进村了,新华社摄影记者侯波还在红薯地里拍照。毛主席兴高采烈地对她说:"你不要走了,把你留在这里吃红薯吧!"一语逗得周围的人又都笑了起来。侯波爽朗地笑着,跟着毛主席向小张庄走去。

毛主席来到小张庄村,在一个布棚停下来,并与闻讯赶到的周围村庄的干部、群众不停地握手。小张庄村的群众看到毛主席在日理万机中不辞劳苦到农村视察,非常感动。生产队队长李代岭看到毛主席热得满脸是汗,急忙回家端来一盆清水,请毛主席洗脸,又倒了一杯开水,请主席喝。社员黄中仁搬了一把老式椅子,请毛主席坐下,社员张发祥的母亲听到救命恩人毛主席来到家门口了,高兴万分,急忙带着儿子、儿媳、孙子来见毛主席。毛主席看到他们祖孙三代非常高兴,亲切地向他们全家问好。这个在旧社会被人看不起的人,今天却受到伟大领袖毛主席的关怀和问候,此时此刻,她什么话也说不出来,只是含着眼泪,高呼"毛主席万岁!"一呼激起万人情,顿时,"毛主席万岁! 毛主席万万岁!"的欢呼声,响彻小张庄上空。毛主席站起来微笑着,不断招手,向群众致意。

小张庄学校的师生听说毛主席来了,马上排成整齐的队伍过来。同学张国卿到毛主席身边,恭恭敬敬地向毛主席敬礼问好,献上了一朵大红花。李深义、张国卿、张英妮等同学凝视着毛主席,高兴地把手一齐伸过去,毛主席一下子把三只小手握住,和蔼地笑了。毛主席从李深义手里接过一本初级小学算术课本。一边看一边问:"你多大了? 叫什么名字?"李深义回答:"我 10 岁了,叫李深义。"毛主席把课本递给他,亲切地教导说:"要好好学习。"

"中伏"的骄阳,散发着烫人的炽热。毛主席休息片刻就又去视察炕房。正在炕房里修理火垄的烟叶土专家、省农业科学研究所特邀研究员梁运祥,听到毛主席来视察炕房,就赶忙从里边出来,恰好在门口与毛主席相遇,他沾满泥巴的手还没来得及洗就被毛主席紧紧地握住。

毛主席看了这个炕房之后,又到东炕房。里边装的200多秆烟正在用大火烘烤,炕内温度已达到华氏120℃。梁运祥把掩盖炕门的草苫子掀开,毛主席不顾高温灼烤,走进炕房,当他看到满屋金黄色的烟叶,脸上露出了满意的笑容。他从炕房出来问梁运祥:"炕烟好、还是晒烟好呢?"梁运祥回答道:"炕烟质量好、色气黄、油分大、叶片厚、香味浓,炕烟比晒烟好。"主席听后,点头表示赞同。

这时襄城县县长张庆雯赶来了,在场的王延太同志把他介绍给毛主席。毛主席知道后,反客为主,他拿出了自己的香烟递给这位在基层辛勤工作的同志,并握住他的手亲切地询问在襄城县工作的情况。两人一问一答,谈得十分亲热。

毛主席视察小张庄的喜讯不胫而走,很快传遍了周围的村庄,很多干部、群众纷纷赶来看望毛主席。三里沟乡副乡长周天顺还特意送来了一个大西瓜。毛主席用手拍了拍西瓜,称赞说:"这个西瓜真大,谢谢!"

11点多钟,毛主席就要离开这里,广大干部、群众多么想请毛主席在这儿多停留一会儿啊!多么想再听一听他的教诲呀!

毛主席似乎知道群众惜别的心情,依依地向大家频频挥手,登上汽车后又从窗口伸出手致意,向干部群众告别。

车慢慢地开动了。人们跟在车后,鼓掌欢呼,送呀,送呀,一直送到看不见了,还是久久不肯离去。汽车沿着公路向许昌方向奔驰,将要离开襄城县境时,刘熙民从车上下来,问:"主席还有什么指示?"毛主席握住刘熙民的手说:"你们要鼓足干劲,力争上游啊!"刘熙民再次向毛主席表示:我们一定鼓足干劲,力争上游,保证完成今年农业生产计划。

(作者单位:原中共襄城县委党史办公室)

毛泽东视察长葛农村^①

冀殿卿

紧急准备，迎接视察

1958 年 8 月 7 日凌晨 1 时许。中共长葛县委值班室内响起了一阵急促的电话铃声，把正在值班的县委书记处书记李江烈从熟睡中惊醒。李江烈伸手抓过电话，传来中共许昌地委办公室的紧急通知：8 月 7 日中央重要领导同志到长葛视察，一是勤工俭学成绩显著的长葛三中（后归属尉氏），二是中共八届二中全会上曾受毛主席表扬的深翻土地夺高产的胜利一社（今坡胡乡孟排村），三是坡胡乡。电话中还询问了长葛到开封的公路通车不通，李江烈回答：由于 8 月 2 日降暴雨，洧川双洎河大桥被冲毁，公路中断，三中去不成。

接完电话，李江烈立即通报在家的县委领导同志，召集有关人员，连夜开紧急会议，对中央领导同志来县视察的路线、接待、保卫等作了详细的研究和布置。

上午 10 时许，许昌地委监委书记纪忠良等四位同志受地委委

---

① 此文写于 1992 年。

托,带来两部吉普车到长葛协助作迎接中央领导同志的准备工作。

"你们长葛无'葛'啊"

下午一时半许,呜……火车鸣笛声划破长空,毛泽东乘坐的专列徐徐驶入和尚桥车站,迎接的同志一齐拥上站台。车停稳后,中共河南省委第一书记吴芝圃首先下车,对纪忠良、吕炳光说:毛主席上午已在襄县视察了几个小时,因天气炎热,为照顾主席身体,下车后就在近处看看,不到坡胡等地了。随即,他领吕炳光、王连安上车晋见毛主席。吴芝圃把吕炳光介绍给毛泽东,说他在今年5月召开的八届二中全会上作了关于深翻改土夺高产的经验的报告,并受到主席的表扬。毛泽东同王连安握手时,亲切地问:你叫什么名字?什么职务?哪里人?何年来的河南?王连安一一作了回答。当王连安说他1948年来河南工作时,毛泽东屈指一数,说:"呵,你来10年了,算是河南人了。"一句说得大家都笑了,也赶走了吕炳光、王连安的拘束。

接着,毛泽东说:咱们下车看看吧。吕炳光问王连安到哪里去,王连安说去就近的宗寨"五·四"农业社吧。

2时许,毛泽东头戴细草帽,上穿白衬衣,下着银灰色裤子,脚蹬一双旧皮鞋,神采奕奕,红光满面,精神焕发,迈着稳健的步履走下火车,向前来迎接的同志招手致意,大家一阵热烈的鼓掌,表示对毛主席的欢迎。

毛泽东和秘书在吕炳光、王连安的陪同下乘一辆吉普车,吴芝圃陪同毛泽东的其他随行人员乘另一辆吉普车,中共河南省委常务书记杨蔚屏，书记处书记史向生，新华社记者侯波、杨震河和公安部的同志以及其他新闻记者，在纪忠良、李兴华、王遂川、李江烈等陪同下，步行跟在吉普车后向北走去。没走多远，从驻军3655部队借来的卡车赶到，李江烈招呼大家上了卡车。

当毛泽东乘坐的车行驶到往宗寨田间的交叉路口时，发现路面被暴雨冲坏，吉普车无法通过。王连安急忙下车对毛泽东说："我去叫人修路。"毛泽东连忙阻拦，说："不要找人了，咱们下车走过去。"

毛泽东在吴芝圃、吕炳光陪同下漫步在田间小道上，察看庄稼的生长情况。当他们走进一块约40余亩的玉米地时，只见玉米长得叶茂秆粗，田间管理精细，没有病虫侵害，没有杂草。毛泽东望着长势喜人的玉米，连声称赞长得好，并诙谐地说："长（chang）葛，长（zhang）葛，你们长葛无'葛'啊！"

"要多给大家照嘛"

不一会儿，王连安把宗寨"五·四"农业社的党支部书记赵献章领到毛泽东身边，并向毛泽东作了介绍。毛泽东微笑着点了点头，并与赵献章亲切地握手。

雨过天晴的酷暑，上有烈日晒，下有热气蒸，步行在齐腰深的玉米地里，显得特别闷热。毛泽东衬衣被汗水浸透，紧紧地贴在了身上，豆大的汗珠顺着脸颊往下滚。大家劝他休息一下，毛泽东却一直往前走，连说：再看一会儿，再看一会儿。

当走到一条沟底上坡时，纪忠良、吕炳光上前要搀扶毛泽东。毛泽东却摇摇手说："不用，我可以上去的。"说着，他迈着矫健的步子跨上了土坡,然后又进了一块谷子地。毛泽东伸手托起谷穗仔细观看,这时摄影记者侯波按动相机的快门,乘机给毛泽东照了几张。毛泽东见状,打着手势说:"别光给我照相,要多给大家照嘛!"

穿过谷地,毛泽东一行来到一块玉米试验田。他看到整齐粗壮的玉米发育良好,用手抚摸着叶子看了又看,不停地点头。随后,又向玉米地深处走了40余米停下来,擦了擦汗,双手叉腰,向东方眺望。毛泽东那高大的身躯,在嫩绿肥壮的玉米丛中更显出他的雄伟气魄。侯波和杨震河敏捷地为毛泽东和其他同志拍下了许多珍贵的镜头,给长葛人民留下了历史的纪念。

"拿到手才算数"

回过头,毛泽东问跟在身边的赵献章:玉米地翻多深?分层施了多少肥?浇没浇塌地水?犁耙几遍?什么时间播种子?计划亩产多少?赵献章详细地作了回答。当赵献章说到计划亩产2万斤时,毛泽东又仔细问了每亩种多少株?每株长几个棒子?每个棒子有多重?那时,正值"大跃进"高潮中,高指标、浮夸风盛行,毛泽东的问话,巧妙地既不挫伤群众的热情,又引导大家把主观愿望同科学精神结合起来。而后,毛泽东又问吕炳光全县玉米亩产多少?吕炳光说:保证亩产1500斤,争取亩产2000斤。毛泽东听后满意地笑了。

走出玉米田,接近了宗寨村。毛泽东问:这是什么村?王连安回答:这就是宗寨村。他唯恐毛泽东听不清,就用手指在地上写"宗寨"二字,请毛泽东看。毛泽东接着问:有多少户?王连安说:有200

多户,是一个高级农业社。

毛泽东又问:"有没有食堂?"

王连安说:"有。"

"食堂是常年的好,还是农忙时好?"

"农忙时好。"

毛泽东又问赵献章:"你说生产队大的好,还是小的好?"赵献章说大了好。

在往回走的路上,毛泽东指着路旁的一棵桐树问:"这是桐树吗?"吕炳光说是。毛泽东接着说:"桐树好长,可以出口,日本要我们的桐材。"吕炳光说:"这里的桐树不够好。我们县最好的桐树在大墙周,既直顺又粗壮,都支援国家出口了。"

不知不觉,众人已回到吉普车前。毛泽东结束了田间的视察,同陪同的省、地、县同志一一握手话别,乘车返回火车站。途中,吕炳光继续向毛泽东汇报全县深翻改土和农业生产情况,并一再向毛泽东说,今年全县玉米保证亩产 1500 斤,争取 2000 斤。毛泽东笑着问:"能达到吗?"吕炳光激动而胸有成竹地说:"一定能达到,保证秋后到北京向主席报喜。"毛泽东仍微笑着说:"拿到手才算数。"

到火车站后,毛泽东再次与地、县同志握手告别。在吴芝圃陪同下,毛泽东健步登上专列。汽笛响了,列车缓缓滚动的车轮向北驶去。这时,已是下午 4 时了。

今日"视察村"

毛泽东深入实际调查研究的作风,给长葛人民留下了深刻的印象。几十年来,一直激励着长葛人民建设社会主义。

为了纪念毛泽东视察长葛,1968 年 8 月 7 日,县委请示许昌地委批准,将宗寨村改为八七村。同年,又在八七村修建了毛泽东视察宗寨纪念馆。八七村党支部以纪念馆为基地,经常对党员、干部和群众进行社会主义教育,大力发展社会主义集体经济。特别是十一届三中全会以后,八七村党支部坚决贯彻执行党的一个中心、两个基本点的基本路线,大刀阔斧地进行改革,大胆引进资金,引进人才,发展经济。截至 1991 年年底,该村与省内外 10 所大专院校挂钩,引进 26 名专业技术人才,兴办了 14 个工商企业,年产值达 1.132 亿元,全村人均纯收入 1200 元,是河南省闻名的"亿元村"。

如今,"八七"人正以昂扬的姿态阔步向更高的目标迈进。

(作者单位:原中共长葛县委党史办公室)

毛泽东视察商丘农村

王传新

1958 年 8 月 8 日，毛泽东视察了商丘县道口乡黄楼村。然后，又乘车前往山东省历城县视察。

"就去中华农业社看吧"

8 月 8 日，天气晴朗，豫东大地碧空如洗。这天上午，中共商丘地委第二书记任秀铎，副书记王林、史宏泉；商丘专署副专员王欣甫；中国人民解放军第六步兵学校黄校长、钟政委；商丘军分区司令员杨志雅；中共商丘县委第一书记刘学勤；中共商丘市委第一副书记唐阔如等下午 3 时来到了商丘火车站。

一辆轨道车驶进商丘火车站，20 分钟后，毛泽东主席乘坐的专列，由西向东缓缓驶入商丘火车站。列车停稳后，首先走下来的是中共河南省委书记处书记史向生（主管农业），他对任秀铎、刘学勤说："毛主席是否下车还不清楚。"要他俩上车去晋见毛泽东。

在毛泽东乘坐的铺有深红色地毯的车厢里，史向生向毛泽东介绍说:"这位是地委书记任秀铎、这位是商丘县委书记刘学勤。"毛主席从座位上站起来,同任秀铎、刘学勤一一握手。史向生又说:"地委第一书记王培育因病住院,任秀铎是地委第二书记。"毛泽东说:"信任的任,山清水秀的秀,金字边的铎。"任秀铎回答:"是。"片刻一位女服务员手捧茶盘,端上来4杯浓郁的香茶,端给每人一杯。

毛泽东点燃香烟,轻轻地吸了一口,然后说:"商丘是原归德府,古宋在这里建过都,还有什么古物?"

刘学勤说:"还有文雅台、三灵台、阏伯台、八关斋、壮悔堂。"并简要介绍了现存状况。

毛泽东接着问:"今年夏季收成怎么样?"任秀铎说:"夏粮丰收。"

毛泽东的目光转向激动而又有点紧张的刘学勤,便问:"你们县主要农作物有哪些?"刘学勤说:"全县180万亩耕地,110万亩种小麦,占总耕地面积的60%以上。大秋有高粱、谷子、玉米、棉花,晚秋有大豆、红芋、夏玉米等。"史向生说:"主席下车看看吧!"毛泽东伸出左手看看手表,说:"可以,下车到附近看1个小时。"刘学勤接着说:"市北郊外,商(丘)单(县)公路旁有道口乡黄楼村中华农业社,有四五公里的路程,十几分钟就到了。"

毛泽东说:"好吧! 就去中华农业社看吧。"

说完,毛泽东便起身和同志们一起走下车厢。前后车厢里随同毛泽东来的部分工作人员和记者也先后下了车。这时,站台上已停有10多辆大小轿车和吉普车。

毛泽东和刘学勤还有一名保卫人员来到六步校的一辆"华沙牌"轿车旁,刘学勤向前打开车门说:"请主席上车。"

毛泽东同刘学勤坐在汽车的后排座上,一名保卫人员坐在同司机并齐的前排座上,其他人员分乘各辆汽车。车队缓缓地离开火车站,沿着商丘市人民路向北驶去。

"要挤时间学习《苏联社会主义经济问题》"

车队行驶在商丘市人民路上,街道两旁翠绿的树枝不断划过车头,熙熙攘攘的人群匆匆地流动着。车队驶出市区,来到包河桥上,毛泽东问刘学勤:"这是什么河?"刘学勤说:"这是包河。"毛泽东又问:"为什么叫包河?"刘学勤说:"听说是老包运粮时挖的河。"毛泽东说:"有老包吗?"刘学勤说:"听说有老包,但是没有包青天。""你听说他是哪里的人?""据说是卢州府,合肥人。"

毛泽东又问:"现在还有时间学习吗? 你读的什么书?"当刘学勤说他工作紧张,学习时间抓得不紧时,毛泽东认真而又和蔼地说:"要挤时间学习《苏联社会主义经济问题》。"刘学勤听后深感毛泽东对社会主义经济发展规律和对社会主义商品生产、价值法则等经济范畴里的重大问题的远见卓识。两个多月后,第一次郑州会议期间,毛泽东在给县以上各级党委委员的一封《关于读书的建议》的信中,针对当时已经出现而又正在发展的浮夸风、"共产风",建议他们认真阅读斯大林的《苏联社会主义经济问题》和《马克思恩格斯列宁斯大林论共产主义社会》。并说:"现在有很多人有一大堆混乱思想,读这两本书就可能给以澄清。"

汽车离开市区,在商单公路上平稳前进,一望无际的秋田映入眼帘。一阵阵秋苗禾草的芬芳,随着迎面的微风送进汽车里。毛泽东坐在汽车里两眼不时地注视着地里的庄稼。道路两边郁郁葱葱的田野,苗壮而茂密的秋苗,展现出豫东农村风光。

毛泽东看到公路两边长势很好的高粱、谷子、豆子等秋粮作物,便问刘学勤:"高粱一亩田能产多少斤?全县种多少亩?谷子种多少亩?每亩产多少斤?"刘学勤都一一作了回答。

毛泽东问:"农民喜欢吃小米吗?"刘学勤说:"农民很喜欢吃小米,小米是秋粮中的好品种。"毛泽东说:"我们靠小米加步枪打败了日本侵略者,打垮了蒋介石,农作物改革不要把谷子改掉了。"刘学勤向毛泽东保证说:"不能改掉。"

毛泽东看到一些社员在田里锄豆子,地头上插着一面红旗,便问刘学勤:"这些人在干什么?还插红旗?"刘学勤说:"社员在锄第三遍豆子,这是他们在竞赛评比中得到的流动红旗。"谈话间毛泽东还问了搞大社了没有,多大规模,叫什么名字,什么性质等。刘学勤都作了回答。这时,汽车已来到道口乡人民委员会驻地东边的商单公路上。几分钟后,毛泽东乘坐的汽车停在黄楼村的乡人委的大院里。早已等候在这里的中共商丘县委宣传部副部长苏学诗将车门打开。苏学诗一看是毛泽东,十分激动,一时竟不知说什么才好。毛泽东跨出汽车,先同前来迎接的道口乡乡长唐崇举握手。毛泽东一行在乡干部带领下,缓步走进道口乡人民委员会办公室。

毛泽东来到黄楼村的消息好似春雷、闪电,迅速从屋里传到院里,从院里传到全村、全乡。激动的人们不知所措,只感觉身上的血液似乎比平时流得快,体温似乎也比平时高。人们都想早一点再早一点看到朝夕敬仰的毛主席慈祥的面容。

"先看农业"

随同毛泽东走进道口乡人委办公室的有史向生、任秀铎、王林、刘学勤、苏学诗、唐崇举,还有摄影记者侯波以及服务人员。毛泽东进屋落座后,苏学诗先给毛泽东献上一杯清茶。毛泽东说:"谢谢!"然后点燃一支"白猫牌"香烟,边吸边环视办公室的陈设,稍停片刻,又从座位上站起来,向东墙边走去,仔细观看了东墙上挂的 6 面锦旗,最北边的一面红底黄字的锦旗引起了毛泽东的特别注意。这一面锦旗是 1957 年 7 月湖北省洪湖县文教参观团赠送的,上面写着:"你们是向文化技术革命进军的一面红旗,向你们学习。"毛泽东低声念了一遍上面的字,然后转身问刘学勤:"懂不懂这面旗上写的意思,什么叫文化技术革命?"刘学勤说:"学习文化知识搞技术革新。"毛泽东听了似乎在沉思文化革命的深刻含意,之后便走出了办公室。

毛泽东信步走出院子,即向村里走去。大家以为要去食堂看看"大跃进"的"新生事物"。紧随其后的刘学勤便问毛泽东:"主席先看食堂还是先看农业。"

毛泽东对"共产风"刮出来的食堂并不感兴趣,肯定地说:"先看农业。"

唐崇举在毛泽东身后说:"看农业,请毛主席到七一试验站去看看吧,在东边。"毛泽东一行转身向东,朝着中华一社七一试验站走去。前进中毛泽东不时地注视着路旁的庄稼。当走近"跃进门"时,中华一社七一试验站的青年小伙子,早已在"跃进门"两边排好了很长而又整齐的队伍，队伍中有一名学生首先认出了毛泽东，他情不自禁地高呼："毛主席来了！毛主席万岁！"列队中立即齐声欢呼："毛主席万岁！毛主席万岁！"毛泽东扬起大手向他们致意。毛泽东又向前走了几步，停在"跃进门"前，便问刘学勤："这是什么门？"刘学勤说："跃进门，是欢迎中央军委检查团时搭的，一共搭了4个，一是表示欢迎的意思，再者是表明黄楼村人一个跃进接着一个跃进，一个高潮接着一个高潮。"

毛泽东上下仔细打量了"跃进门"，仰首默读了贴在门上方的"道口乡中华一社七一试验站"12个大字。然后问："为什么叫七一试验站？"刘学勤说："为了纪念党的生日，所以叫七一试验站。"毛泽东一行越过"跃进门"继续向前走。

毛泽东对兴修农田水利非常关心，他离开"跃进门"，直向打井队的工地走去。

正在黄楼村打井的打井队，是1956年成立的，全队16名队员在两年多的打井实践中，积累了不少打井经验。为了加快兴修农田水利步伐，他们已先后打成了15眼机井，当时正在热火朝天地打建第16眼机井。队员们看到毛主席来了，干劲更大，热情更高，决心以实际行动来接受伟大领袖毛主席的检阅，让敬爱的毛主席亲眼看看商丘人民进行农田水利建设的干劲。

毛泽东来到打井队的工地上，笑着问打井队员："这井能打多深？得打多少天？"队员说："要打12丈深，20天可以打成。"毛泽东又详细了解了打井情况，有一个青年小伙子主动介绍了打井过程，毛泽东说："你们这口井打多少天了？""已经打了5天了。""现在打多深了？""已打了3丈6啦。""多长时间能打好？""打15丈深，要25天。"

站在旁边的乡长唐崇举补充说："他是才学习打小井的。"毛泽东上下仔细打量一下这个小伙子。"你多大了?"他回答说:"18岁啦!"

毛泽东对这位充满青春活力的年轻人的谈吐及兴修农田水利的冲天干劲表示满意,点了点头说:"很好!"

"不要放水拔草"

毛泽东和陪同人员一起离开打井队,来到中华一社七一试验田,对田里的各种农作物看得非常仔细。毛泽东走到红芋地北头,便问:"这是谁搞的试验田?"乡党委书记徐家林说:"这是社干部摘的试验田,两亩麦茬红芋,翻地 2 尺深,每亩种 500 棵,计划亩产13000 斤。"

谈话间,王林扒出来一块小红芋,史向生感到不满意,他又扒了一块,也不很大。王林又找到一棵撑地较高的红芋,将要动手扒时,毛泽东早已明白他们的意思,便说:"红芋长势很好,不要再扒了。"

毛泽东沿着红芋地边向南走,来到一块架起秧子的只有 3 分地的红芋地边,这块高出前块红芋地半尺多的红芋地,叶梗葱绿,秋意盎然,在阳光的照射下,粗秧大叶更显得一派蓬勃生机。毛泽东看到这片长势很好的试验田非常高兴,便问大家:"这是谁搞的?"徐家林说:"这是我搞的。"毛泽东点了点头表示满意,接着徐家林又介绍了种植情况,并补充说:"施肥 30 万斤,计划亩产 13900 斤。"毛泽东似有疑惑地说:"亩产 13000 多斤,秋后我再来看。"

毛泽东继续向前走,来到一片青绿茁壮的稻田旁边,仔细观看了稻田里的秧苗长势,然后说:"稻田里为什么没有水?"徐家林立即回答:"刚断水一晌,现在拔草哩!"毛泽东接着说:"不要放水拔草,用脚把草踩下去作肥料。"在场的人们知道毛泽东是湖南人,熟悉种稻技术,深感敬佩。

毛泽东又问:"一亩有多少墩?亩产多少斤?"徐家林说:"3万墩,计划亩产1500斤。"毛泽东一言未发,又沿着田埂走到稻田中间,停下来对大家说:"北头很好,中间这一片有些稀啦!"

毛泽东走到地南头,仔细观看了地头上插的几块牌子,轻声念了牌子上写的施肥数字和预计产量,凝思片刻。将要向西走时,又转向东南方向。隔着引水渠望见一块高粱地,茂密的高粱弯着腰,头部深深地向客人们躬着,似乎在向参观者表示最崇高的敬意。

毛泽东问:"这里种九头鸟秫秫吗?"任秀铎说:"正在推广种,地委院里东南角还种了一片哩。"毛泽东又问了豆子、棉花等作物生长情况,边向西走边谈,不觉来到人造尿池旁边。毛泽东停下脚步,细看了人造尿池的结构,详细询问了人造尿的制作方法和肥的效能。陪同人员一一作了回答。毛泽东对这个小小"化肥厂"很有兴趣。谈话间有人向前站得近一些。毛泽东说:"当心点别掉里边了。"人们都自动向后退了几步。在场的地、县领导人又补充介绍了人造尿的制作方法和肥效。4时55分毛泽东转身向商单公路上走去。

"你相信他那亩产13000斤吗"

毛泽东来到商单公路上,几辆轿车、吉普车早已在此等候。欢送的人群从村头、地里、路上像潮水一般涌到毛泽东周围。二三百人团团围住毛泽东将要乘坐的汽车,人们欢呼:"毛主席万岁! 祝毛主席身体健康!"毛泽东不时地向欢呼的群众挥手致意。这时靠近毛泽东的人们,还想再靠近些,期盼着能和最敬爱的伟大领袖握握手;站在稍后边的人使劲向前挤,总想再靠近些;后边来迟的人们还拼命地向这里奔跑,人人都想拥到毛泽东面前说上几句祝愿的话、告别的话,但是谁也没有说出什么。动作快劲头大的打井队员杨邦福,挤上前去,手伸到车窗里同毛泽东握了手。此时此刻,杨邦福心情过于激动,把原先想好了向毛泽东问候的话忘到了九霄云外。他连连高声向欢送的人群喊着:"我与毛主席握手了! 我与毛主席握手了!"

下午5时20分,汽车启动了,毛泽东又从汽车里伸出硕大的手掌向欢呼的群众招手致意,情绪沸腾的群众更加激动,一时领袖和群众的情感交融在一起,很多人在欢呼声中不由自主地流下惜别的泪花,车队在一片欢呼声中,徐徐离开黄楼村,愈走愈远,激动的人们久久不肯离去,直到连踮起脚也看不到车队的影子时,才恋恋不舍地回到各自的工作、生产岗位上。

在返回火车站的路上,毛泽东问刘学勤:"你相信他那亩产13000多斤的试验田吗?"

刘学勤说:"不相信。"

毛泽东说:"脑子太热。没有科学根据,不符合实际。"毛泽东又问:"你们种多少亩红芋? 过去亩产多少斤?"刘学勤作了回答。毛泽东又接着说:"过去亩产2000斤,今年真能搞四五千斤,就翻了番,当然很好了。给下面打招呼,不要提万斤口号。"

毛泽东走后的当天,地、县、乡三级党委召开了会议,传达贯彻毛泽东不让提万斤口号等谈话精神,会后,又分别召开干部大会,传达毛泽东视察实况和关于头脑不要太热的指示精神。在当时"大跃进"的大气候下,人们的头脑只能热不能冷,一个比一个吹得大,一个比一个热度高,惟恐吹小了数字不革命。因此毛泽东亲切而又坦率的谈话和科学的实事求是的精神没有得到很好地贯彻落实。

汽车沿着商单公路向市区行驶,穿过市区进入了火车站。车停稳后,刘学勤首先下车为毛泽东打开车门,并说:"请主席下车到车站会客室休息。"毛泽东一边同刘学勤握手,一边说:"不用到会客室了,好了,谢谢!"这时,史向生、任秀铎等人来到毛泽东面前,毛泽东同地、县领导人一一握手。然后,登上专列。

毛泽东站在车厢门口,向站台上欢送的干部、群众招手致意,大家以热烈的掌声感谢伟大领袖对商丘地区人民的亲切关怀。

毛泽东步入车厢,随同毛泽东前来视察的工作人员、记者也先后进入车厢。专列徐徐开动,向东方驶去。

为了缅怀伟大领袖毛主席对商丘地区人民的亲切关怀,在道口乡黄楼村修建了纪念馆,并将道口乡改名为双八镇,黄楼村改名为双八村。每年的 8 月 8 日,人们都在这里举行隆重的纪念活动,当地的党政军主要负责人都到会讲话,毛主席的亲切关怀和伟大教导,永远激励着商丘地区人民胜利前进。

(作者单位:原中共商丘地委党史办公室)

毛泽东在郑州观看曲剧演出

李红霞

河南曲剧团成立于 1943 年,在长期的艺术实践中,形成了自己的独特的艺术风格,在河南艺坛独树一帜。新中国成立后,在党的"百花齐放""推陈出新"文艺方针指引下,更是青春焕发。曾参加 30 多次重大演出活动,多次进京汇报演出。毛泽东主席、周恩来总理等党和国家领导人也多次观看演出,并接见演员,给予了很高的评价。

1958 年 11 月,中共中央在郑州召开会议期间,毛泽东、刘少奇、邓小平等党和国家领导人在河南军区礼堂观看了曲剧团演出的《小二姐做梦》《装箱》(《风雪配》中的一折)。朱德委员长观看了《花庭会》。毛泽东在观看《小二姐做梦》时,戏中有句唱词"吃窝窝",主席不知"窝窝"是什么东西,问陪同看戏的省长吴芝圃:"什么是窝窝?"吴芝圃向主席作了解释。

《风雪配》是河南曲剧传统的讽刺喜剧。毛主席观看的是其中的一折《装箱》,由王秀玲清唱。王秀玲古装扮相,在军区礼堂等候着为主席表演。随着乐器声响,王秀玲清秀、委婉、甜美俏丽的唱腔,细腻逼真的表演赢得阵阵掌声。表演结束,毛主席站了起来,向王秀玲走来。王秀玲激动、紧张地望着主席。主席身穿银灰色中山装,脚穿棕红色皮鞋,脸上挂着微笑走到了王秀玲面前,向她伸出了手,王秀玲霎时觉得一股热流贯通了全身。伴随着优美的音乐声,她陪着主席踩着节拍起舞。主席操着湖南话问:"你唱这叫什么剧?"王秀玲回答:"曲剧。"主席带着疑问又重复了一遍:"曲剧?"王秀玲看主席似乎不明白什么是曲剧,接着解释:"曲剧就是河南的一种地方戏。和豫剧并称河南的两大地方戏。"主席听后点了点头,表示清楚了。主席微笑着对王秀玲说:"你演得很好。""我演得不好。"

王秀玲由于心情紧张,连话都不知该怎么说了。舞曲一停,主席停下舞步,微笑着对王秀玲点点头,说:"谢谢!"主席离开后,大家争先恐后地和王秀玲握手、跳舞。

1959 年 5 月 31 日晚,省曲剧团在河南人民剧院演出《王金豆借粮》。毛主席观看了演出。由于演员们事先接到通知演出后主席不上台接见,因此演出结束后就回后台卸妆了。就在这时不知谁喊了声:"主席来了!"演员们一听,慌忙放下手中的用具,站起来鼓掌欢迎。主席神采奕奕地走到后台,和大家一一握手,连声称赞戏演得好。大家沉浸在幸福的欢乐之中,千言万语化作雷鸣般的掌声,表达了大家对主席的无比崇敬和热爱。

(作者单位:中共郑州市委党史和地方史志研究室)

难忘的会见

——记毛泽东接见遂平卫星人民公社的干部

熊应民　燕天友

遂平县委1958年在原杨店乡进行了小社并大社的重点试办。4月中旬,将杨店、土山、槐树、鲍庄4个乡和张堂乡的一部分共27个高级合作社合并为一个大社,定名为嵖岈山卫星集体农庄(不久改称嵖岈山卫星人民公社)。5月中旬,全县所有高级社分别合并成为25个大社;6月上旬,将25个大社合并为16个社;6月中旬,又将16个社合并为包括工农商学兵五位一体的10个大农业社。这时期,一些人片面强调人的精神因素,把想象当现实,农业产量指标一再增高,放出了遂平县前所未有的所谓小麦试验田亩产3821斤的"卫星"。这种浮夸的做法,当时不但没有被一些人怀疑,还被视为敢想敢干的革命精神,《人民日报》以号外消息予以报道,在全国产生了巨大的轰动效应。7月中旬,遂平县委根据试点经验,把全县农业社都改名为"人民公社";8月初,全县10个人民公社合并为一个大型的遂平县卫星人民公社。原嵖岈山卫星人民公社成为一个基层社。

嵖岈山卫星人民公社同遂平的小麦"卫星"携手横空,照得人民眼花缭乱,加之遂平县搞劳动工资改革、大办食堂,引得全国各地纷纷前来参观。毛泽东也十分关注,南行途中,在停于遂平火车站的专列上接见了遂平卫星人民公社的几位领导干部,听取遂平卫星人民公社有关情况的汇报。

难忘的激动人心的会见

11月13日下午,天下着小雨,当遂平县委书记蔡中田、嵖岈山管理区党委书记陈丙寅接到将被中央领导同志接见的通知后,坐着拖拉机风雨兼程从几十里外的嵖岈山赶到火车站时,县委书记处书记娄本耀和县委副书记兼县长张庆林已在那里等候。

晚上7时30分,毛泽东乘坐的专列由北而南徐徐地开进了车站,在月台边稳稳地停下来。等候在月台上的人们怀着激动的心情迎了上去。车门开处,中共河南省委书记处书记史向生走下来,向等候的人们打过招呼,随即把大家领进毛泽东的专列,示意大家在车厢内的沙发上坐下来。史向生拿过一张白纸,递给蔡中田:"请把你们的几个名字写下来。"蔡中田接过白纸,在上面记下蔡中田、娄本耀、张庆林、陈丙寅几个人的名字和各自的职务。在史向生的引导下,走过四节车厢,来到毛泽东的办公车厢。

毛泽东会客的车厢内,白色的四壁,明亮的电灯,灰色的地毯,居中放一长条桌,桌两边放着单人椅子,一切都是那么平常,朴素自然。当毛泽东满面笑容地从车厢的一头走出来时,四位基层干部抑制不住激动,齐声说:"主席好! 主席好!"毛泽东连声说:"好!! 你们好! 你们好!"边说边和大家一一亲切地握手,然后掏出香烟递给每个人一支,示意大家坐下。随同毛泽东的胡乔木、谭震林和廖鲁言等也都在座。

毛泽东最关心的是群众

毛泽东最关心的是群众,他首先问道:"你们社里每个社员一年吃多少粮食?"

"每人一年吃 500 斤。"

"500 斤社员吃了吃不了?"

"吃不了。"

"群众高兴吗?"

"群众可高兴啦。每顿吃 4 个菜,还有 4 个汤,群众高兴得快要跳起来啦!"

毛泽东听完几位同志的回答,好像并未放心,似乎自言自语,又如心有疑虑:"是不是像你们说的那个样?"

陈丙寅接着介绍:"群众吃的有小糖糕、油馍、点心……我们在张店还开了现场会,谁搞得好就拿出来展览。"

毛泽东听后,只是笑笑,接着问道:"群众喝热水怎么办? 是不是食堂都吃一样菜? 能不能炒个小菜、鸡蛋啦?"

蔡中田回答说:"群众有热水瓶,吃小菜有小锅,有的自己搞点大椒、炒个鸡蛋吃着很方便。"

毛泽东接着说:"到夏天可以弄茶罐。天冷了社员烧炕不?"

"这里群众不住炕,睡的是床,这边不冷。"娄本耀向毛泽东解释。

毛泽东看了看大家,略有所思,问:"供给制群众吃饭不要钱,是怎样个不要钱？"

蔡中田回答说："吃饭不要钱，吃菜不要钱，吃油盐不要钱，洗澡不要钱，治病不要钱。我们还打算算个大账，以后穿衣也不要钱。"

毛泽东听了，又问："这么多的不要钱啦，社员理发怎么办？"

"社员理发也不要钱，给理发员发工资。"陈丙寅回答。

"是不是有女的理发员？"毛泽东问。

"有，不多。"蔡中田回答。

毛泽东说："可以让女的学理发。社员吃饭有没有饭厅？"

蔡中田回答："有。有的饭厅可容四五百人。"陈丙寅补充道："嵖岈山管理区有一个饭厅可容 1000 多人，里面有代销店、俱乐部。"

"饭厅内还可演电影、跳舞。"娄本耀也在一旁说。

"群众会跳舞吗？"毛泽东问。

娄本耀接着回答："会，和兴管理区麦收后就学会了四五个舞。"

谈起群众的文化生活，毛泽东意犹未尽，接着问道："县里有剧团吗？"

"有剧团，共 80 多个人。"

"都在哪里演戏？"

"在乡下演戏，群众看戏不要钱，剧团的演员也是发工资。"蔡中田回答。

"下边有剧团没有？"毛泽东又问。

"有，和兴管理区有个文工团，能为各项工作服务。还有宣传队，发现好人好事，就及时地宣传、表扬，群众对它很喜欢。"

毛泽东听后，点点头，笑着说："很好。"

"妇女是半边天哪！"

话题转到社员的组织生活,毛泽东问:"社员的组织生活是怎样组织的?"

陈丙寅说:"我们是军事化。"

"嵖岈山几个连?""71个连。""多少营?""8个营。""管理区是个啥?""是团。"陈丙寅一一回答。毛泽东听后笑着说:"啊,你们还是团长啦。"

毛泽东接着又问:"女的有当连长的没有?""有。""几个正职?""16个正职。"陈丙寅又接着回答。

"女的也能当正职连长?"毛泽东笑着问。

"女的还有当营长的哩。"陈丙寅语中带有几分赞美。

毛泽东听后,笑容满面,接着问道:"女的会生产吗?"

蔡中田说:"会,这个地区的妇女过去就会生产,锄地、收割、送粪、浇地样样都会,有的也学会了耕地。"

娄本耀补充说:"现在男劳力都炼钢铁去了,田间管理大部分是妇女干的。"

毛泽东听了,又笑了笑,说:"行,妇女行,是半边天哪。"接着又问:"社员一天休息多少时间?"

蔡中田说:"每天休息8个小时。"

听到这里,毛泽东转过话题问:"幼儿园是怎样管理的?"

"小孩白天上幼儿园,晚上就送回去跟他母亲一块睡觉。"蔡中田回答。

毛泽东听后,点点头说:"好!很好!"

谈到这里,毛泽东又关切地问到公社的文教卫生事业:"社内有多少中学?"

蔡中田汇报:"有一所完中,两所中学,每年毕业800个学生,有

600 人升学,200 人参加生产。"娄本耀接下去介绍:"现在各管理区都作了规划,都有中学,还有红专大学。"毛主席听得十分专注,不时地还用笔记一下。

陈丙寅接着说:"嵖岈山办了一所民办中学,学农业技术,共有250 名学生。"

"几年毕业?"毛泽东问。

陈丙寅回答:"3 年毕业。给学校 200 亩地,10 犋牲口,养的有猪,自己理发。另外还办了一所工农大学。"

毛泽东听后,连声说:"很好!很好!社内有几家医院?"

张庆林告诉毛泽东:"社内有一个人民医院,各管理区也有医院,社员治病不要钱。"

陈丙寅接着说:"各大队也有医院,连队内有门诊室。"

毛泽东问:"现在社员生病的多吗?"

蔡中田说:"现在生病的不多了,有些感冒病和炼铁的小碰伤。"

陈丙寅回答:"嵖岈山管理区的社员,夏天时,女的穿裙子,男的穿裤头、背心,上面还印有字。"

娄本耀接过话:"老婆也穿上了裙子。"陈丙寅接着说:"社员陈世俊的爱人,43 岁了还穿裙子哩。"

毛泽东笑笑,不无幽默地说:"啊,裙子化啦。"惹得在座的人都笑了。

发展 15 万头猪不可能吧?

在轻松愉快的交谈中,毛泽东问的全面具体,显得兴致很高,又问起社内副业生产方面的情况："社内养多少猪?"

蔡中田回答："全社养 12.6 万头猪。"

陈丙寅接着说："嵖岈山管理区养 9 万多头猪,过中秋节杀吃一部分,卖给国家一部分,现在还有 2 万多头。明年计划发展到 15 万头。"

毛泽东听后,若有所思,说:"不可能吧?"

陈丙寅解释说："一个母猪一个窝产 14 个猪娃,有可能。"

毛泽东点点头说："啊,这是明年的计划。"接着又问:"生猪是怎样管理的?"

"是放的。"

"放猪不吃庄稼吗?"

"因为是山区,有放牧坡,今后还准备种牧草。"

"养的有羊吗?"

"有,大部分是山羊,绵羊很少。"

陈丙寅一一回答了毛泽东的问话。

"养鱼了没有?"毛泽东又问。

张庆林告诉他："全社养了 30 多万尾鱼,现在主要是缺鱼苗子。"

"社内喂鸭子没有?"

"喂的有,但很少。"

"喂的有鸡没有?"

"有。"陈丙寅又一一回答了毛泽东的提问。

"巴黎公社是世界上第一个公社,遂平的卫星公社是第二个公社。"

接下去,毛泽东问起嵖岈山卫星公社的情况："嵖岈山多少户?多少人?"

陈丙寅回答："9396 户,43263 人。最初叫农庄,以后到省里给谭震林书记汇报,谭书记说叫公社,我们回来就改成公社了。"

坐在一旁的谭震林接着说:"那时候他们汇报了,我说过去有个巴黎公社,中央也没研究,他们回去就干起来了。"

接着,毛泽东算了算说:"1871 年到 1958 年,共 87 年,巴黎公社是世界上第一个公社,遂平的卫星公社是第二个公社,现在全国都有公社了。"说完,毛泽东又问:"现在来参观的多吗?"

娄本耀告诉毛泽东来参观的已有 18 万多人了。毛泽东"呀"了一声说:"这么多的人,你们忙过来了吗? 照顾得了吗?"

"我们有招待所,人多了到群众食堂吃饭。"

"从啥时开始来参观?"

"从 6 月。"蔡中田回答。

毛泽东说:"你们放出了小麦、公社卫星。"蔡中田马上接着说:"还是主席指示的公社好。"

这时,毛泽东看看表,说:"一个半钟头了,耽误你们的工作了,麻烦你们了。你们还有什么困难没有?"

陈丙寅说:"俺缺机器。"

张庆林说:"俺医院缺电机。"

毛泽东笑着指指史向生说:"机器嘛,向你们书记要。"又指着廖鲁言说:"他是农业部长,向他要。"

大家听了,都会心地笑了。毛泽东站起来,大家也一起站起来。毛泽东同坐在对面的蔡中田等四位同志一一握手告别。

毛泽东就是这样接见了遂平卫星公社的领导干部,他没有打扰群众,悄悄地来,又悄悄地走了。一切都那么平平常常。

（作者单位:原中共驻马店地委党史办）

毛泽东 1960 年 5 月在郑州

薛庆超

1960 年 5 月 7 日至 11 日，毛泽东主席到河南视察工作，在郑州度过了令人难忘的一周。

5 月 7 日下午：毛泽东在郑州接见非洲 12 个国家和地区的各方面人士和代表团。在接见中，各个代表团都作了热烈的发言，介绍了他们各自国家的人民多年来遭受帝国主义压迫的苦难和反帝反殖斗争的情况，表达了争取彻底解放的决心和信心，并且表达了他们对中国人民的深厚感情和对毛泽东主席的敬爱。毛泽东代表中国人民对于非洲人民反帝反殖的英勇斗争，表示完全同情和支持；同时还表示同情和支持南朝鲜人民、土耳其人民的反帝爱国主义斗争。毛泽东说，全世界各国人民的正义斗争，都是互相支持的。毛泽东表示感谢非洲朋友们对于中国人民的深厚友情，祝贺中国人民和非洲人民之间的伟大团结，并且确信在反帝反殖的共同斗争中，一定会取得最后的胜利。

同日，毛泽东与刘少奇主席、朱德委员长和周恩来总理一起，打电报给德意志民主共和国党和国家领导人，祝贺德国从法西斯奴役下解放 15 周年。

5月8日下午:毛泽东在郑州接见拉丁美洲八个国家的朋友;同时接见的还有一位古巴客人及他的夫人。接见时,毛泽东首先表示对拉丁美洲朋友们的热烈欢迎,并介绍了中国人民在革命斗争和社会主义建设中的经验。拉丁美洲朋友们向毛泽东谈了在中国访问的观感,热烈称赞中国人民在社会主义建设中取得的成就,称赞中国人民对于世界和平和人类进步事业所作的贡献,并表示要与中国人民和全世界人民团结起来,夺取反帝斗争的最后胜利。毛泽东感谢这些朋友对中国人民的友谊。指出,中国人民和拉丁美洲人民一样,长期受着帝国主义的压迫和剥削。中国人民依靠自己的团结,依靠各国人民的支援,进行了长期艰苦的斗争,终于推翻了帝国主义、封建主义和官僚资本主义在中国的统治,现在正在建设着自己的国家,改变着"一穷二白"的面貌。中国人民完全有信心把自己的国家建设好,因此需要时间,需要和平,需要朋友。毛泽东在谈到各国人民反帝斗争时还指出,人民是决定的因素,依靠人民的团结和斗争,必能战胜帝国主义和它们的走狗,取得世界的持久和平。

同日,毛泽东与刘少奇主席、朱德委员长和周恩来总理一起,打电报给捷克斯洛伐克党和国家领导人,祝贺捷克斯洛伐克解放15周年。

5月9日下午:毛泽东在郑州接见正在中国访问的伊拉克、伊朗和塞浦路斯的朋友们。毛泽东同客人们交谈了各国人民反对帝国主义及其走狗的斗争形势和经验,并对当时各国人民正在兴起的反帝斗争给予了高度评价。毛泽东指出,世界各国人民的正义斗争,都得到并将继续得到中国人民的坚决支持。毛泽东还指出,为了战胜帝国主义的反动统治,必须结成广泛的统一战线,必须团结不包括敌人在内的一切可以团结的力量,继续进行艰巨的斗争。被接见的朋友们感谢毛泽东的接见和谈话,并且表示要和中国人民以及全世界人民一起共同反对帝国主义。最后,毛泽东在宴会上举杯,祝贺世界人民的进一步团结,祝贺世界人民反对帝国主义及其走狗的斗争的新的胜利。

5月10日下午,毛泽东在郑州接见正在中国访问的古巴军队总督察威廉·加尔维斯·罗德里格斯少校和他的夫人,并同他们进行了亲切的谈话。在每次接见以后,毛泽东都亲切地与客人们合影留念。在前三次接见中,中共中央书记处候补书记、中央办公厅主任杨尚昆,中华全国总工会主席刘宁一等在座;在最后一次接见中,杨尚昆陪同。

毛泽东主席此次到河南视察工作的消息,河南省委机关的干部们都有所闻。大家有一个共同的心愿,希望能够有机会亲眼见一见伟大领袖毛泽东主席。省委有关部门的负责人将大家的这种愿望向省委负责同志作了反映,省委负责同志又在一次向毛泽东汇报河南工作时,将大家的这种愿望转告了毛泽东。5月10日,省委办公厅接到有关方面通知,要其转告省委机关各单位:机关干部们要集中起来,一般不要外出,准备明天"听报告"。听到这个消息,省委机关的干部们一个个喜上眉梢,大家嘴里虽然不说,心里却都有数:这一定是毛主席要接见我们了。5月11日上午,毛主席将要接见省委机关干部的确切消息已经在省委机关内部不胫而走……

5月11日下午:河南省委机关广大干部盼望已久的日子终于来到了。

这天下午,郑州市晴空万里,风和日丽。省委北院花香四溢,喜气洋洋。河南省直属机关和郑州市直属机关的干部以及省直机关中的先进工作者共1.3万多人,怀着十分激动的心情,很早就排着整齐的队伍,等待着伟大领袖毛泽东主席的接见。

5时许,当毛泽东主席由中共中央书记处候补书记、中央办公厅主任杨尚昆,中共河南省委第一书记吴芝圃,省委书记处书记杨蔚屏、赵文甫、史向生、宋致和、李立、吴皓,省军区司令员毕占云等同志陪同,从省委南院健步走进省委北院,来到广大干部面前的时候,大家欣喜若狂,热烈鼓掌,向毛泽东主席致以最热烈的欢迎。经久不息的掌声像春雷一样久久回荡在万里长空。毛泽东容光焕发,神采奕奕,笑容满面,高高扬起右手,频频向大家挥手致意。然后,在热烈的掌声中毛泽东缓缓迈开步伐,时行时停,在省委北院环绕一周,一边走一边不时地向大家亲切地说:"同志们好!同志们辛苦了!……"

在这次会见河南省直和郑州市直机关干部之前,毛泽东参观了郑州市东郊公社燕庄大队正在茁壮生长的小麦良田,听取了大队党总支负责人关于麦田管理情况的汇报。他称赞小麦的长势很好,勉励农村干部要努力增产。此外,毛泽东还参观了郑州市郊区农村的部分公共食堂。

在会见河南省直和郑州市直机关干部以后,毛泽东又参观了河南省工业展览馆。他详细观看了河南省技术革新和技术革命运动中的最新成果和工人们的操作表演,对一些比较先进的项目很感兴趣,边看边问,细致入微。他还详细听取了新郑县辛店公社一位工人关于土发电机制造经过的介绍,勉励他好好工作和学习。

毛泽东这次在河南视察工作,亲切会见河南省直和郑州市直1.3万多名干部的消息,在全省广大干部和群众中传开以后,给河南人民以极大的鼓舞和激励。至今,河南省委机关的许多老同志都还保存着毛泽东主席这次视察河南时,接见河南省直和郑州市直机关干部时的照片,对这段往事记忆犹新。

　　(笔者查阅了当时的有关文献和历史资料,访问了当时在河南省委办公厅工作的省委党史工作委员会副主任傅振武等同志,对毛泽东此次在郑州的活动情况有了一个基本的了解,将其整理成此文。)

　　(作者单位:原中共中央党史研究室宣传教育局)

毛泽东主席在豫轶事

李振华

毛泽东主席生前十分关怀河南人民及河南的建设事业,1952 年至 1971 年先后来河南视察、开会、听汇报 20 余次,作了许多重要指示,接见了河南党政军广大干部和很多人民群众,给河南人民以极大鼓舞和鞭策,也是河南人民的无上光荣。我过去长期在省委办公厅工作,曾荣幸地参加过毛主席来河南的接待服务工作,亲身经历的几件小事,迄今记忆犹新。

伟大领袖的风范

1960 年 5 月 6 日至 12 日,毛泽东主席在中共中央书记处候补书记杨尚昆陪同下,来河南省视察工作。毛主席在郑州停留期间,日理万机处理党和国家的大事,夜以继日地为党为国为民操劳,忘我工作,每天工作长达十几个小时,很少休息。为了让他老人家能够得到适当休息,省委特意组织河南地方戏剧晚会和舞会,请毛主席参加。他老人家爱看地方戏,也喜欢跳舞。舞会乐队是省歌舞团的,舞伴除省歌舞团、郑州国棉四厂少数女工之外,还有省委机关的少数妇女干部。毛主席先后参加了五次舞会,主席舞姿优美,舞步稳健,风度翩翩。他喜欢民族歌曲,爱跳慢四步或慢三步舞。参加舞会的女舞伴,都争先恐后地排队同毛主席跳舞,感到跟毛主席跳一次舞是最大的光荣。她们跳舞的技巧大多数是比较好的,但也有个别人舞技不高,也争着同毛主席跳,毛主席完全理解舞伴的心情,没有表露丝毫不高兴。主席利用跳舞接触一些普通群众,询问舞伴生活、工作、生产情况,倾听人民群众的呼声,关心人民的疾苦。有一次在军区礼堂舞厅举行戏剧晚会和舞会,河南省戏剧界一些著名演员,如常香玉、王秀玲、侯桂先等,得知毛主席在舞厅跳舞,还没有卸妆就赶到舞厅同主席跳起来。她们跳舞的技术虽然不很高,毛主席也很乐意同她们跳,边跳边谈话,问这问那,谈笑风生,表现了伟大领袖毛主席密切联系群众的优良作风和伟大风范。

毛主席每次跳舞时间一般是晚上 8 时至 10 时左右,个别时候到 11 时。来时不让迎接,走时不让送行,来去从不惊动群众,都是跳至门口悄然离去。有时毛主席已经走了,舞场上的人还不知道。

万余干部齐欢笑

1960 年 5 月 11 日,是河南省及郑州市直属机关党政军干部永远难忘的日子。就是这一天,伟大领袖毛主席接见了省市党政军机关干部。渴望见到毛主席是河南人民和广大干部的夙愿和强烈要求,省委领导向毛主席反映了大家的要求,出人意料地得到毛主席同意,确定在 11 日下午接见省直机关干部。省委立即进行了周密的组织工作。召开专门会议进行具体部署,拟订方案,规定注意事项,分配人数,精心组织,分工负责,省直机关干部由省直党委负责组织;省军区及驻郑部队军官由省军区政治部负责组织;郑州市直机关干部由郑州市委负责组织。共计参加人员 1.3 万余人,下午 1 时在省委北院办公大楼周围柏油路两旁,排列整齐的队伍,已等候在那里。大家怀着万分激动的心情,迎候幸福时刻的来临。5 时许,毛主席精神焕发,神采奕奕,在省委第一书记吴芝圃、书记处书记杨蔚屏、赵文甫、史向生、宋致和、李立、吴皓和省军区司令员毕占云等陪同下,迈着矫健的步伐,走进省委北院绕院一周。当时,群情沸腾,掌声雷动,毛主席满面笑容,频频向群众招手,时行时停,特别是看到年龄大的同志停下招手以示尊敬老人。这次被接见的干部绝大多数都是第一次见到毛主席,每个人的眼睛里都流出激动的热泪,当毛主席走过之后,人们仍然目送着领袖的高大身影依依不舍。被接见的人员都是各单位的少数代表(每个厅局 5—20 人,省委机关参加人数多一些),回机关后奔走相告,深感无比自豪,没有参加接见的人,特别是因某种情况未让参加的人,更是感到终生遗憾。这一次是毛主席在河南接见干部群众人数最多的一次,可以说是空前未有的,是对河南人民极大鼓舞,河南人民永远怀念毛主席。

(作者单位:原河南省地方史志编纂委员会)

毛泽东在燕庄麦田

孙炳坤　劳建新　成小波

1960 年 5 月 11 日，伟大领袖毛泽东主席和中共中央书记处候补书记杨尚昆在省委第一书记吴芝圃等领导同志陪同下，到郑州市郊区燕庄大队麦田视察。

到农村去看形势

当天上午 10 点，中共郑州市郊委办公室接市委传达省委电话通知，说毛主席要到农村去看形势，主要是了解小麦生长情况。

那时，毛主席已来河南视察工作一周时间。在此期间毛主席除听取省委汇报工作外，还先后接见了亚洲、非洲、拉丁美洲等 20 个国家和地区各方面的人士和代表团。尽管工作繁忙紧张，但他还挤出时间，深入到农村去进行调查研究。

按照电话通知精神，区委把视察地点安排到近郊燕庄大队的麦田。燕庄，位于郑州市城东，西靠环城铁路，东临郑州飞机场，郑、汴公路穿街而过，是城乡接合部。这个大队的农作物，主要有小麦、玉米和水稻,也是闻名城郊的莲菜生产基地。

"民以食为天"

下午 3 时,阳光灿烂,和风徐徐,一行 5 辆小轿车,开到燕庄大队麦田地头的公路边上停住,从第二辆车里走出一位身材魁伟、红光满面的人,他就是我们敬爱的领袖毛泽东主席。

"民以食为天"是那时毛主席经常讲的话,也是他老人家最关心的事,老百姓的吃和穿,他都时时刻刻惦记心上。为此,毛主席不顾工作疲劳,到燕庄大队麦田视察,了解小麦长势。

"啊,毛主席来了!"在麦田公路边等候的大队党总支书记吴玉山、东郊人民公社党委书记孙庆元、郊委第一书记杜德新和书记处书记阎雪臣等同志,急忙上前迎接。

毛主席身穿银灰色中山服,脚穿一双半旧的皮凉鞋,健步走去同吴玉山等同志亲切握手,并指着路边的小树问:"这是什么树?"吴玉山回答:"是枫杨。"

"我唱的是低调"

毛主席漫步踏入麦田,站在麦田的田埂上,双手插在裤袋里,低头仔细观察小麦的长势。

5 月的天气,风和日丽,麦浪起伏,绿中透黄,麦香扑鼻,令人心旷神怡。这是落实农村政策,纠正"五风"错误,实行科学种田的结果。

　　毛主席观察小麦生长情况后,从施肥、整地到播种,进而问到田间管理等情况,站在旁边的大队党总支书记吴玉山一一作了回答。当毛主席抓住一把麦穗问这麦子能打多少斤时,吴玉山回答说能打600斤。毛主席摇了摇头,伸出三个指头说:"我唱的是低调,300斤吧。"毛主席这句话,是针对1958年以后出现的"浮夸风"而发的,含义十分深刻。

　　接着,毛主席又问吴玉山:"这块地去年是什么茬?"吴玉山说是"玉米茬",毛主席一时没有听明白,吴玉山连忙用手比了个玉米棒。毛主席会意地点了点头,笑了。

"一麦一稻好啊"

　　毛主席在公路南边麦田视察后,转身走向北边的麦田,问道:"这块麦子是什么茬?"吴玉山说是"稻茬麦"。

　　那时,燕庄大队因地势低洼,再加上用城市污水浇地,大片土地出现盐碱化现象。在这种情况下,他们试种麦茬稻,虽然历史不长,但收成还好。当毛主席问稻茬麦亩产能打多少斤时,吴玉山说:"稻茬麦比玉米茬好,稻子亩产500斤,麦子400斤,年亩产八九百斤。"毛主席听后高兴地说:"一麦一稻好啊!"从此以后,燕庄大队种稻茬麦的面积越来越大。

　　毛主席深思了一会儿,转过身来指着公路南边的麦田说:"那边为什么不种水稻?"吴玉山回答说:"现在水利条件达不到,将来打井有了水,也可以种稻茬麦。"毛主席点了点头,赞成他们从实际出发,因地制宜的种植。

毛主席临走时,勉励在场的干部要努力增产,把粮食搞上去,千方百计渡难关。

转瞬之间,32 年过去了。但是,毛主席在燕庄麦田视察的情景,城乡人民仍记忆犹新。如今,在燕庄村民中还流传着一首歌谣:

小麦扬花油菜角黄,

毛主席来到咱村庄。

家家户户传喜讯呀,

领袖的关怀永不忘。

(作者单位:郑州市原邙山区委、区政府)

毛泽东视察喷气织机

徐步行

郑州国棉四厂是一个拥有 11 万枚纱锭,3200 余台织机,亿元固定资产的大型棉纺织企业。它坐落在"二七"名城——郑州的西郊。1958 年,四厂的干部、职工遵照毛主席关于"自力更生,艰苦奋斗"的教导,大搞技术革新,成功地研制出我国第一台喷气织机。

第一台喷气织机的问世,标志着郑州国棉四厂纺织工人伟大气魄和创造精神,它在全国同行中,引起巨大反响。同时也惊动了中南海一位伟人——毛泽东。1960 年 5 月,党中央在郑州召开工作会议,毛泽东主席兴致勃勃地在河南省工业展览馆视察了四厂研制的喷气织机。他老人家看后,赞不绝口,给予了高度评价。

当年担任喷气织机的讲解员兼操作手女工施耀屏,幸福地回忆了毛主席视察喷气织机的情景——

5 月 11 日下午 5 点 25 分。毛主席驱车来到展览馆,在省、市委领导同志陪同下,徐步走进纺织馆。毛主席身着银灰色派力司中山装,右手挽一件灰色薄大衣。当他看到展厅中矗立着一尊巨大的白色"毛泽东塑像"不知为什么笑了。他将大衣转换到左手,举起右手向厅内工作人员招手示意。顿时,展厅内响起一片热烈的掌声,毛主席走近机台见讲解员施耀屏身穿夹克衫,此服装当时内地人穿者甚少显得突出。便问:"你是哪里人?"施耀屏回答:"上海人。""你为什么在河南工作?""支援国家建设。"毛主席赞许地伸出宽厚的手与施耀屏握手。年仅26岁的施耀屏紧握着毛主席的手,激动不已。

讲解员向主席详细地介绍了原1511型织机改造研制喷气织机的经过。主席风趣地说:"天上有喷气飞机,地上有喷气织机。"接着,讲解员以敏捷娴熟的动作将喷气织机开动起来了,一时机声隆隆。稍许,主席提出减速。施耀屏将360转/分减速为180转/分,车速减慢,随着气流喷射引纬纱来回窜动,织成棉布。过了一会儿,主席又提出开快车。讲解员一连为主席表演了三快一慢一快动作。工作人员担心主席站累了,搬来藤椅请他坐下。毛主席边看边问,连连称赞不简单。最后,主席说:"几千年来用梭子织布给革掉了,全国人民的穿衣问题可以解决了。"言简意赅,表明主席对全国人民的穿衣问题是多么的关心啊!

太阳偏西了,时针指向了7点。毛主席在展览馆视察快两个小时了,身边的工作人员几次催促主席上车返回住地,主席才恋恋不舍地离开展览馆。

就在毛泽东主席亲临河南省工业展览馆观看喷气织机前后,刘少奇主席、朱德委员长、邓小平总书记、彭真副委员长、陈毅副总理、聂荣臻副总理等党和国家领导人也曾多次到厂参观喷气织机。

1960年3月19日下午,朱德委员长亲临四厂参观喷气织机。他详细询问了纱的支数和气流引纬情况。临走时热情地和在场的试验人员握手,勉励大家不断努力。

1960年4月,国家主席刘少奇和王光美同志亲临四厂参观喷气织机。刘主席看了表演以后,高兴地赞扬道:"搞得很好!要不断提高,继续改进。"少奇同志还询问了表演者的籍贯,什么时间到郑州来的。王光美同志听不懂那位表演者的方言,少奇同志还给她作了翻译。少奇同志还问陪同的一个女同志是做什么工作的? 当得知她是厂长时,少奇同志说:"纺织厂由女同志当领导,这个好!"

党和国家领导人对纺织工业技术革新的重视,给四厂广大干部、职工以极大的鼓舞,大闹技术革新的劲头更足了,喷气织机经过不断的革新试验,在技术工艺上日趋完善,获得了众多的荣誉,1959年获纺织工业部科技成果奖。1969年国庆,科研小组的代表顾春宝赴首都参加国庆观礼,受到党和国家领导人的接见。1978年4月,喷气织机科研小组被评为全国纺织工学大庆先进集体。顾春宝被评为先进个人。同年3月,喷气织机科研组作为先进集体,获全国科学大会奖。

随着喷气织机和其他科技项目在生产中的广泛应用,产生了巨大的经济效益。过去四厂仅能纺低支、中支纱,现在能够纺高支纱,平均纱支达27.85支。过去只能织大路货平布,现在能够织高档织物。产品除供应全国27个省(区)外,还远销美国、英国、法国、瑞士、日本和中国香港等国家和地区。1980年以来有1个国优产品、2个部优产品、6个省优产品。工厂从1957年投产以来到1992年共创税利8.6742亿元,相当于建厂时投资的23.9倍,为国家作出了重要贡献。

(作者单位:原郑州国棉四厂)

毛泽东视察河南省工业展览馆

张丽侠

1960年5月11日下午,满园花香、绿树成荫的河南省委机关大院里,绿茵茵的草地上站满了人,每个人都怀着激动的心情,共同等待着一个幸福的时刻。5时许,当大家盼望已久的毛泽东主席神采焕发地出现在大家面前时,群情激昂,大家热烈鼓掌,向心中崇敬已久的领袖致敬。毛主席微笑着绕场一周,频频向人们招手。受毛主席接见的有省直机关和郑州市的干部及省直机关中的先进工作者1.3万多人。

会见了省、市机关干部以后,毛主席又来到了位于郑州市交通要道新通桥路口的河南省工业展览馆。迎接的人群顿时沸腾起来,掌声像春雷滚过,一阵高过一阵。毛主席时行时停,不时向大家点头招手致意。站在前排的老工人任永华激动得一颗心都快要跳出来。当毛主席同他握手时,他憋在心头的千言万语,只汇成了一句话:"毛主席万岁!"

毛主席在展览大厅,高兴地观看了我省技术革命运动中的最新成果和工人的操作表演。主席对一些尖端项目以及土法制造的机器和设备都很感兴趣,边看边问,细致入微。并认真听取了新郑县辛店公社工人赵福堂关于土发电机制造经过的介绍。主席勉励他和在场的技术革新骨干要好好工作和学习,研制出更多更好的机器和设备。

毛主席视察省工业展览馆,极大地鼓舞了广大干部、工人、技术人员技术革新和技术革命的热情。当时,我省邮电系统的技术力量和通信设备都还很落后,90%的机器设备是外国进口的。主席视察后的不长时间里,大家就群策群力,土法上马,自制成功了200门准电子交换机,60路载波机和摩托车等许多现代化的通信设备,从而大大改善了我省邮电系统的工作条件,提高了工作效率和通信质量。在轻工业系统,毛主席视察时,无梭织布机刚刚在我省试制出来,很不完备。纺织系统的干部、工人和技术人员在以后的几年里,大胆进行了新的试验,终于使无梭织布机在全省普遍推行,并由原来只能织平布达到能够织华达呢、卡其等多种产品,生产效率大大提高。

毛主席这次视察,对河南省的科学技术革新产生了重大影响。在他提出的"土洋结合""大中小结合"和"两条腿走路"的方针指导下,全省科技人员、工人群众发扬自力更生、艰苦奋斗的精神,大搞技术革新和技术革命,取得了丰硕成果,从而加速了我省经济建设的发展。

(作者单位:河南文艺出版社)

珍藏的记忆　巨大的动力[①]

——记毛主席接见工人赵福堂

高尚廉　郑中智　孙顶立

一张珍藏了 33 年的照片,记载了中国共产党中央委员会主席、中国人民的伟大领袖毛泽东同志接见一个乡办小厂里的工人的事。这个工人的名字叫赵福堂。

1960 年 5 月 8 日午夜,中共新郑县委工业部电话通知,赵福堂制造的土发电机送河南省工业展览馆展出,汽车马上就到,赵福堂随车进省城。

接到电话通知,赵福堂就忙着拆卸电机,准备出发。他没来得及换掉工装,洗掉手上的油腻,汽车就把他拉到了郑州市河南省工业展览馆。

在工业展览馆待了两天,10 日上午,展览馆的领导告诉他,下午中央一位负责同志来馆参观,要他做好讲解准备。

下午 3 时许,门外响起了热烈的掌声。赵福堂站在发电机旁,循声望去,见毛主席在吴芝圃等省委领导同志陪同下,健步走入展览

---

① 此文写于 1993 年。

大厅。他心里激动不已。毛主席走到赵福堂跟前,脚步停下了,向他伸出了右手。这当儿,赵福堂涌满泪水的眼,一直望着毛主席,愣愣地站在那儿,一时不知所措。直到吴芝圃快步跨上去,说:"毛主席和你握手哩!"他才慌忙把手伸出来。毛主席连声说:"你好,你好!"

赵福堂忙说:"主席好,主席好!"

毛主席在赵福堂制造的发电机对面坐下来,看着发电机上"河南省新郑县辛店机电厂赵福堂制造"的标牌,轻轻地念了三遍,脸上带着慈祥的笑容,问赵福堂:"你能不能给我讲一讲啊?"

赵福堂有点拘谨,话说得也不流利,像在背书:"好,我向主席汇报,这是台机电整流式发电机,是在您的光辉思想照耀下,俺厂工人经过几十次试验制造成功的。"

主席又问:"你们那里都有哪些匠人呢?"

赵福堂答:"有铁匠、木匠、修车工……"

看着毛主席温和的面容,赵福堂慢慢恢复了常态,回答主席的问话自然多了。

主席接着问:"你上过几年学?"

"四年。"

"你叫什么名字?"

"赵福堂。"

"你手中的本子让我看看好吗?"

赵福堂恭恭敬敬把那个画有发电机线路图的本子递给毛主席,主席一页一页地翻看,问赵福堂:"是你画的吗?"

"是,画得不好。"

听到一个只上过 4 年学的青年工人能够画电机线路图,主席的兴致更高了,幽默地说:"你成了土专家了,以后要当大学教授呀!你是怎样研制这种东西的呀?"

赵福堂把如何依靠工人群众,请教中学物理老师,经过无数次试验才造成发电机的过程,详细地作了汇报。主席仔细听着,还不时插话询问。听完后鼓励赵福堂说:"依靠群众,努力学习,刻苦钻研,前途光明。"然后,从座位上站起来,参观其他工业产品去了。赵福堂凝视着主席的身影,心情久久不能平静……

赵福堂出身贫苦,在旧社会当童工,受尽资本家的欺凌。在新社会能够受到毛泽东主席的接见,和主席握手,和主席谈话,这是他做梦也想不到的事情。主席的接见,使他感到无比幸福,无比自豪。他立志牢记毛主席的话,奋发努力,为祖国的社会主义建设事业贡献自己的力量。

从郑州回到新郑后,赵福堂更加刻苦地钻研科学技术。他想农民之所想,急农民之所需,先后成功地研制出了简易玉米脱粒器、背负式手压喷雾器、50KVA 型和 320KVA 型铝线变压器、YFZ－370 型饲料粉碎机等多种农用机械。

特别是党的十一届三中全会以后,赵福堂更是焕发了青春。他走上了县农机部门的领导岗位,担任农机局副局长兼农机研究所所长。他的劳动、他的研究成果,受到了重视。1978 年,在省科技工作者表彰大会上,赵福堂被评为河南省先进科技工作者。在技术职称评定中被评为农业机械工程师。1983 年,他研制的 2BYM－4 型、2BYM－2 型玉米播种机,获省科技成果三等奖。他还完成了省科委下达的手扶拖拉机耕、耙、播配套项目的研究,研制了单行多用播种机,3 行、6 行小麦播种机,畜力灭茬机,小麦脱粒机,人力水压机等11 种小型农具。其中 3 种送北京展出,1 种已批量生产。

1987 年,赵福堂退休了,但他仍闲不住。为帮助农民致富,发展村办工业,他正在帮助一个村建工厂,还打算再研制一台更加先进的饲料粉碎机,使余热在社会主义现代化建设中闪闪发光。

（作者单位:原中共新郑县委党史工作委员会）

回忆文章

毛主席跟我谈济源

翟作军

1937 年冬,我在中央保卫局特务队手枪连训练结束后,被调到毛主席身边担任特务员工作。当天晚饭后叶子龙科长带我到毛主席办公室窑洞里,把我介绍给主席。当时毛主席刚刚起床,正在洗脸,边洗边问我是哪里人,叫什么名字,家庭情况怎样,何时参军等,我都如实一一回答。从此,毛主席记住了我是河南省济源县人。

八路军到了济源大社村

1938 年夏季,全民族抗日战争已经进行了 10 个月,日本帝国主义三个月灭亡中国的野心完全破产。10 个月的抗战实践宣告了亲日派汪精卫集团"亡国论"和亲英美派蒋介石集团"速胜论"的破产。为了总结抗战以来的经验教训,从理论上进一步批判"亡国论"和"速胜论",系统地阐明持久战的战略方针,指示全国军民进行持久抗战,毛主席发表了他的光辉著作《论持久战》。

在写《论持久战》的过程中,毛主席曾经连续七昼夜没有睡觉。

我们四个特务员每人都轮流值班两次了,每次交班时,都为"主席没睡觉"而发愁、着急,谁劝说也没用。主席昼夜坐在椅子上不是写就是看,或者批发电报文件,全神贯注好像其他什么都听不到看不见。有多次饭菜端去摆到他面前都忘记了吃,一顿饭要热两三次。有天夜里1点多钟,我叫起炊事员周少林给主席做饭,饭做成后,我就把饭菜端给主席,可一直到天亮7点钟大灶开早饭时,主席才吃完这顿饭。6个钟头内我把饭菜热了4次,给洗脸水加了4次热水。平时夜里我除写字看报外,还能打个盹,这一夜真难熬啊。

我分工负责毛主席的全部衣被鞋袜的卫生。主席平时一周才洗一次脚,洗澡也不很勤。写《论持久战》时,主席一个多月才洗个澡,当时我发现主席的衬衣缝里到处都有虱子、虱卵。有半个多月,主席从来不出大门,除解大小便外,连窑洞门也很少出,整天坐在椅子上一动不动。有天他感到四肢发困,脚腿有点抽筋难受,就站起来摸着墙壁走到炕沿边,趴在炕上,叫我给他捏筋、捶背,在腿上胳膊上用力捏关节和肌肉,他才感到浑身轻松一点。毛主席仰卧着,我正在揉捏他的胳膊时,他突然问我:"翟作军,你是河南济源人?"

"是的,老家济源县。"

"八路军小分队到了你们济源大社村。"

"真的? 大社村离我家只有十几里路,不也成抗日根据地了。"我高兴地说。

主席又问:"你们济源离阳城、晋城多远?"

"100多里。"

"哦,接近晋东南根据地。"毛主席像是对我说,又像是自言自语。

第二天,《解放日报》登出了八路军打到济源大社的消息,而毛主席从前线发来的电报上早就知道了。

"1938 年在济源打过一次好仗"

1952 年 2 月,我由成都出差到北京、天津。在京时住在空军西河沿招待所,顺便给毛主席写了封信,问候并说明来京的任务。我由天津返回北京的第二天,接到毛主席的卫士长李银桥的电话,说是来接我去见主席的。当时我非常激动,而且有点不安,想到离开主席这么多年了,主席还记着我这普通的警卫战士;又想到主席工作那么忙,我去见他,不又要耽误他的宝贵时间? 到时向主席汇报些啥呢?

接我的车子经新华门到中南海。李银桥带我走进古老的旧宅院,在会客厅门口,碰见了毛主席的两个女儿李敏、李讷和侄子毛远新,刚讲两句话,主席就从对面办公室出来了。我赶忙转身抢上前去立正敬礼,紧紧握住主席的双手:"主席您好!"主席也握住我的手,眼睛盯着我说:"你还是这么年轻!"我们在会客厅坐下后,毛主席又给我谈起了许多往事,问了我许多问题,他的记忆永远是那么地好。

"你家乡是河南济源?"主席问我。

"是的,主席您还记得。"

"济源靠王屋山、太行山,西边靠中条山。哦,1938 年在济源打过一次好仗。"毛主席似乎陷入深沉的回忆之中。

"1933 年,我离开济源经中条山到侯马。"

"你在侯马学过木匠?"

"是,在古城侯村。"我答道。

"你就是红军东征时参军的?"主席又问。

"是的,红军打到临汾、侯马时,我参加了一军团游击队,后又编到红五团,西渡黄河护送干部一齐到了瓦窑堡红军大学。"

"你打过仗?"主席饶有兴趣地问。

"打过。刚参加红军的第二天,我背着一把大刀。队伍前面打,我跟着队伍后边跑。"

"你不怕?"

"不怕,就怕飞机丢炸弹!"

毛主席哈哈笑了起来。"飞机有啥怕,吓唬人。"

"结婚了吗?"毛泽东又问道。

"结了。"我回答。

"哪里人?"

"河南方城。"

"哦,你们老乡嘛! 回家看过父母亲吗?"

"没有,父母亲灾荒年都饿死了。"

"日本占领以后,老百姓太苦了。"毛主席沉默一会儿说。

这时卫士报告说饭做好了,主席就让我和他一块去吃饭。饭厅位于西北角一间小平房内,最多12平方米,一盏25W的灯亮着,还有一张旧式小方桌。那天是礼拜天,李敏、李讷、毛远新都从学校回来了,加上江青和她姐姐,7个人挤着坐。主席单独坐在一边,我和毛远新一边,李敏和李讷一边。看样子今天是破格招待我这位远来的久别的老特务员,四个菜、一个火锅、大米饭、馒头,两杯白酒,主席一杯,我一杯。主席先举杯:"你喝一杯吧。""主席,我敬您一杯,祝主席健康长寿!"我也端起了酒杯。三个孩子抢着吃,四盘菜吃光了,火锅里的汤也快喝完了,火烧得火锅喇喇响,主席拿小碟子压住火口,怕浪费。没有了菜,主席光吃大米饭,米粒掉在桌子上,便用手捏起吃。李讷说:"爸爸真不讲卫生!"主席指指毛远新向我介绍:"他是毛泽民的小儿子,他爸爸被国民党杀害了。"又指着李讷说:"你爸爸、叔叔在延安时,你才这么高。"毛主席的手距离地面一尺。吃完饭后,毛主席对我说:"我要办公去,你到叶子龙家玩玩,再到国务院看电影,李银桥送你回去。"

新中国成立几年了,毛主席和延安时期没什么变化,还是省吃俭用,艰苦朴素。回到招待所里,我一直在回想着毛主席的过去和现在。

"济源的蟒河水利建设搞得好"

1958 年 12 月的某天,武汉军区和空军团以上的干部在汉口飞机场列队欢迎来访的金日成同志。当时,中共中央正在武昌召开八届六中全会。在金日成的专机降落前的几分钟,参加全会的中央领导同志来到机场欢迎金日成同志。当刘少奇、朱德、周恩来、彭德怀、陈云、陈毅、邓小平、贺龙、罗瑞卿等中央首长走到我们队前时,全体军官热烈鼓掌,表示欢迎。首长们过去了,可唯独没有看到毛主席。

回到单位的当夜,我给毛主席写了封信,通过王任重政委转交毛主席。不久,武汉军区空军党代表大会办公室电话通知,要我晚上七点半准时到东湖高干疗养院毛主席住地,接受毛主席的接见。晚上,司机老胡把车开到疗养院大门口,卫兵看车牌是空军的,便上前问："你是空军的翟作军吗?"

"是的。"

"车子停在外面,你进去吧。"卫兵道。

我进到疗养院后,卫士长李银桥把我带到迎宾大厅,让我稍加等候,说主席刚起床,洗罢脸就过来。

迎宾大厅是毛泽东接见金日成同志的大厅,地上全部铺着红地毯,很宽敞。我坐在大厅西南角的长沙发上,卫士长端来一杯茶。不到一分钟,毛主席就从门外走进大厅,我赶忙上前给主席立正敬礼。毛主席面带微笑,亲切地叫道:"翟作军吗?""主席,您很健康。"毛主席边同我握手,边拉着我的手一起坐到沙发上。毛主席坐在小沙发上,我坐在长沙发一头。主席问:"你在空军医院当政委?"

"是的。"我答道。

卫士长端给主席一杯茶,放一盒大中华香烟。毛主席抽出两根对我说:"你抽一根吧?"

"主席,我不会吸。"

"还没养成这个习惯。"

接着,毛主席谈起了家常,问了我许多问题。我简要地向主席汇报了军区空军部队各飞行师各兵种的情况,并谈了我从延安跟王树声等同志出征中原开辟根据地、中原突围、淮海战役,随刘、邓二野部队渡江解放南京、进军西南、解放重庆、剿匪征粮,一直谈到新中国成立后调空军太原速成中学读书,以及我的家庭情况等。后来,我又向毛主席询问了江青、李敏(姣姣)、李讷、毛远新、毛雪华、毛远耀、毛远芝等学习、工作、身体情况。毛主席简单介绍了江青的身体状况,说她在广州休养。李敏、李讷、毛远新在北大、清华等校读书等。毛主席喝了口茶水,吸了口烟,沉思了一会儿问:"你知道哪个是姣姣？”

“贺子珍1936年在保安县生的小姣姣，后由延安机关合作社的张秀英（管理员爱人）抚养。”我说道。

“哦，你还记得。”主席又问：“你家是河南济源县，济源的蟒河水利建设搞得好，今年的小麦丰产，你知道吗？”

“听说过一点。”

毛主席吸了口烟，靠在沙发上，仰头长长呼出一口烟说：“济源有支留庄民兵营，抗日和解放战争都打得好。”

“是的，我参观过武汉军区展览的留庄民兵沙盘模型，北京军事博物馆也展览过。留庄民兵营打得很英勇，骑葫芦渡黄河，击落敌机，歼灭敌人，狠狠打击了日本鬼子和国民党反动派军队，保卫了杜八联人民的生命财产。”我尽我所知说了起来。

“你们济源有条沁河？”毛主席越谈越有兴趣。

“沁河离我家只有20来里路。”我说。

毛主席又给我谈起了古代两支军队在沁河两岸交战的故事。这个故事我第一次听到，也不懂，只是静静地听讲。后来，毛主席站起来坐到长沙发上，和我并列坐着，左手按在我的右腿上，亲切地问：“你授衔就是少校？”

“是的，授衔就是少校。”

毛主席两手掰指头数，“将、校，属团长一级。”

“是的，相当团级。”

“你和几个领导都合得来吗？”毛主席关切地问。

“合得来，都是老同志，还有是经过长征的。”

“你见到你们司令员刘亚楼了吗？”

“见了，他给我们讲了话。”

"他19岁参军,今年还不到50岁呢!"毛主席对他的部属十分熟悉。

卫士长进来请毛主席进去吃饭,主席站起来对我说:"走,吃饭去。"

饭桌摆在会客大厅的中央,菜饭都摆好了,看样子又是招待我这久别的老警卫战士。我和毛主席对面坐着,只摆两杯酒,大厅里再无第三人。毛主席举杯说:"你喝一杯吧。"我赶忙端起酒杯说:"我有胃病,不敢喝酒,这杯酒我敬祝主席永远健康。"看到桌子上的是带红色的米,我便问怎么不搞些好米吃?主席介绍说这是湖南红米,虽然不白,但味道是不错的。一尝果然如此。卫士长又端来一盘哈密瓜,毛主席说:"你吃两块,我吃两块。"

吃过饭后,我怕在这里时间长影响主席办公,就准备回去,临走时请求主席送给我一张近照,并请求主席见见空军党代表大会的代表。主席随即答应了我要照片的请求,要叶子龙主任打电话给北京,让明天来人时把照片带来。对于会见空军代表,主席说见见容易,但现在还不能决定,什么时候接见,另外通知,让我回去告诉我们司令员和政委。

第二天下午,李银桥专程给我送来了毛主席的单人照片。

第三天,大会办公室发给代表们每人一张晚上8点去省委大礼堂看戏的票,实际是接受毛主席及中央其他领导同志的接见。这次接见规模大,除空军党代会代表外,还有武汉军区和省委开会的干部,各军、师的领导干部也赶来参加接见。为大会服务的一个医生没有票也坚决要去,"这机会错过,我一辈子恐怕也见不到伟大领袖毛主席了"。说着就痛哭起来。最后我把票让给了他。

晚上11点,中央首长在军区礼堂看完罗马尼亚人民军访华团演出后来接见我们。当广播中传出"伟大领袖毛主席来了"的声音时，整个礼堂都沸腾起来，人们高喊着"毛主席万岁！"有许多人把帽子抛到空中，毛主席和金日成、朴正爱并列走出台前向接见的人挥手。刘少奇、周恩来、朱德、陈云、邓小平、彭德怀、贺龙、陈毅、罗瑞卿等中央领导都到场接见了。这次接见是给我印象最深的一次会见。

几十年过去了，无论我走到哪里，都忘不了毛主席对我的教诲，他的伟大品格和崇高的革命精神永远激励着我。

（翟作军，济源市亚桥乡人，1920 年生，1936 年参加红军，1937—1939 年在延安任毛泽东同志的特务员，新中国成立后在武汉空军某部工作；原中共济源市委党史办整理）

毛主席在河南生活片段

郝友三　丁　石

从 1952 年 10 月毛主席视察黄河开始，先后 20 余次来河南视察，在河南召开过两次郑州会议。在毛主席到河南期间，我们分别负责毛主席的后勤供应和安全保卫工作。由于工作的性质，我们得以了解到毛主席日常生活中的一些具体情况。毛主席俭朴的生活作风，给我们留下了很深的印象。值此毛主席诞辰 100 周年之际，我们共同回忆了其中的几件事，以表达我们的怀念之情。

主席每次来河南，基本的生活用品都自己带着。每次来用的被子、床单、褥子都是主席自己的，连洗衣服用的肥皂也是他自己带来的。召开郑州会议时，我们在省委二所西楼给主席准备了房间，特制的木板床及新的床上用品。毛主席没有住，却住在专列上，用他自己带的东西。如若缺少什么急需的物品，他则开个单子，我们只能按单子给主席提供，多送一样东西主席也不要。所有送到专列上的东西，主席一定按单子照价付钱。那时候可没有"送礼"一说。

主席来河南多次，衣着之俭朴使我们不可想象。从外表看来，主席常穿着银灰色中山装，或草绿色呢大衣，神采奕奕。但主席里面穿的毛衣、衬衣可都没有那么"完整"。1958 年 11 月第一次郑州会议期间，主席的卫士长李银桥拿了件驼色的毛衣请丁石找人给补一补，洗一洗。丁石接过毛衣一看，上面已是东一块补丁，西一块补丁，简直快成"百衲衣"了。丁石实在没见过这么破旧的毛衣，心里想破成这样子的毛衣还不如扔了换件新的。李银桥大约看出丁石的意思，他不等丁石开口就说道："这可是主席的毛衣，主席从延安时期就穿着的。"丁石根本没想到是主席的毛衣。我们伟大的领袖，时刻关心着人民冷暖，想不到他自己却穿着这样补丁加补丁的衣服！丁石立即向卫士长建议："我们给主席买件新毛衣，就说原来的毛衣被弄丢了……"卫士长一听急了："那可不行，回去要挨主席批评的，我可吃罪不起。"丁石一看卫士长这么坚决的态度，只得拿着毛衣找缝纫店去补。

毛衣补好后，丁石又请胡增吉同志把毛衣拿到军区洗衣店请人洗。结果洗衣店却不接这件毛衣。嫌它太破，怕洗坏了。没办法，只好给洗衣店说："它是一位首长的。洗这件毛衣也是一项政治任务，必须完成。"洗衣店才接收下来给洗了。

当时中华人民共和国成立已近10年了，不管国家经济怎样不发达，毕竟第一个五年计划已经胜利完成，我们的社会主义经济建设取得了辉煌的成就。作为国家主席，党的领袖，不论是从国际影响考虑还是从人民对领袖的感情着想，毛主席穿件新毛衣和新服装都不为过。然而，毛主席却和全国人民一道艰苦创业，勤俭建国。

1959年3月，第二次郑州会议期间。3月2日，主席准备接见亚非拉十几个国家共产党领导人。晚上主席的卫士拿着衣服请我们找人给熨熨。我们这才发现主席的衬衣领子和袖子是破的。主席就是这样里面穿着破衬衣，穿上整齐的外装健步走在国际友人和人民面前。

也是在这次会议中间,有一天,主席的一个卫士同丁石闲聊了起来,他请丁石看他脚上的皮鞋。这是一双崭新的皮鞋,在当时的经济条件下,这双皮鞋是相当不错的。丁石就称赞说:"这双皮鞋真不错。"卫士笑了:"这是主席的皮鞋,主席让我穿一年他才穿呢。"主席原有一双皮鞋,是在解放军发皮鞋时配发的。就这一双棕色皮鞋,主席一直穿着它接见外宾,到祖国的大江南北视察。第二次郑州会议前夕,毛主席在山东视察,山东的同志们看到主席的皮鞋太旧了,就给主席做了双新的,结果却先穿到了卫士的脚上!

主席生活的俭朴不仅表现在衣着上。他在饮食上的简单也是难以想象,令人尊敬的,使我们永远怀念和敬仰。

1952年毛主席第一次来河南视察黄河,在开封,我们多么想请主席尝尝一些河南的名菜啊,可主席却提出只吃泡菜和辣椒。这么简单的饭菜太好做了,我们请厨师们立即炮制,大白菜在锅内一焯加上醋就当泡菜给主席送上,主席吃得津津有味,后来才知道,主席说的"泡菜"根本不是我们做的那种醋炒白菜,而是现在有名的"北京泡菜"。

从我们多次接触中发现主席吃饭的最大特点,就是简单,从不讲究什么,也不让下面为他破费。每次来河南总是"四菜一汤",都是些家常菜。四菜中少不了一盘辣椒。

另一个让我们永远难忘的是主席来河南吃饭从不让人陪同。而且主席每次吃饭都要让记上账,临走时结账,付钱和粮票。所以主席那时花不了几个钱,一个人能吃多少?何况主席生活又那么简单。主席那时来,不让人作陪,工作人员也不和主席一块吃。工作人员都有他们自己的标准,而且吃多少,大家都自觉付钱和粮票,不收还不行。

　　主席请别人的客,也基本上是四菜一汤,变动不大,辣椒少不了,只是另外换上一个较好的菜。第二次郑州会议时,正赶上三八妇女节。主席为了祝贺女同志的节日,特意在专列上请了周围女同志的客。有摄影的、有女服务员,加上几个作陪的男同志共十几人,开了两桌。我们看到四菜一汤中换上了平日不见的一条黄河大鲤鱼。主席与在座的女同志一人碰了一杯酒,大家兴致勃勃地过了个愉快的节日。

　　主席就是这样以身作则,带领着中国人民艰苦创业,勤俭建国。

　　(郝友三,曾任中共河南省委办公厅主任兼省档案管理局局长;丁石,曾任河南省公安厅副厅长;中共河南省委党史和地方史志研究室孔晓娟整理)

回忆毛主席视察黄河[①]

王化云

一、兰封一夜

1952 年 10 月 29 日,霜降节过去 5 天了。

黄河沿岸的人们,又一次胜利地结束了与洪水的斗争。我们缓了缓气,又着手紧张地赶制彻底征服黄河的计划。这天下午我们提前 10 分钟赶到省委去开会。这时,除了我们,会议室里还没有别人来,我们把根治黄河计划的示意图钉到墙壁上,等候着开会。

墙上的挂钟已经指向 1 点 40 分,开会的时间早已到了,还不见省委的同志来。我们都有点纳闷:平常省委都是准时开会,今天出了什么事?我们猜测着。一会儿,副秘书长韩劲草同志来了,一进门就说:"你们早来了,对不起,今天省委有一件要紧的事,这个会改期再开,你们回去吧,化云同志留一下。"

随后,一位秘书同志请我到省委书记张玺同志的办公室去。一进门,就看见郑州铁路局耿副局长也在那里。我问:什么时候到的,吃饭了没有?他回答说:刚到,还没有顾上吃饭。看他的样子很紧

---

① 此文写于 1952 年。

张。我们说着话,张玺同志和吴芝圃同志进来了。耿副局长说:"早晨刘建章局长来电话,说有几位中央首长来看黄河,今天下午可能到兰封,要我向省委报告一下。"我问:谁来了?张玺同志回答说,省委也不知道。大家就商量如何安排这一件还不十分清楚的重大事情。我心里在想,莫非是毛主席来了?

3点40分我随着张玺同志、吴芝圃同志、陈再道同志到了车站。铁路局为我们准备的小电车已经在第一站台等候。电车一出站就用很快的速度向东方奔驰,马达和车轮摩擦着铁轨发出了轰轰隆隆的响声,两旁树木茂密的村庄,打谷场上忙碌着的人群,一排排地闪过去。这些大平原上美妙的景象,并没有打断我对这一个突然事件的揣测。5点多钟到了兰封。耿副局长把我们带到了车站上一间房子里休息,等待着从东方驶来的列车。

忽然,耿副局长从外面跑进来说:毛主席的专车就要进站了!立时,我的心怦怦地跳动起来,整理了一下衣服,随着他们跑出去,睁大了眼睛向东方瞭望。一会儿,专车缓慢地、安静地停到了站台。郑州铁路局刘建章局长从车上走了下来,把我们带到车上见了罗瑞卿、滕代远部长和杨尚昆同志。

张玺同志说:今天我们想请主席住到开封去。

罗瑞卿部长回答说:这个不必提了,主席怕打扰,原来不让通知你们,我们商量着还是临时告诉你们一下好,主席今天在徐州游了云龙山,很疲劳,已经休息了,让我转告你们,今晚不见你们了,明天早晨请你们吃饭。

这时专车已离开车站,驶进了兰坝支线。

列车员给我们找了一个房间,还给我们送来开水和卧具。我喝了一杯开水,躺在卧铺上,怎么也睡不着,脑子里好像演电影,毛主席的形象,黄河的事情,一幕过去接着又来了一幕,一点、两点,一会儿看一下手上的表,仿佛那天的夜特别长。一看4点钟了,赶快爬起来找耿副局长商量事情。

我走出车厢,天空里闪耀着繁星,觉着身上有点冷,用手摸了一下,啊呀!原来身上还是穿着一套单制服。可是,在我这一生中,这一个最光荣的日子里,我灼热的心,使我忘掉了疲劳和寒冷。

二、在农村

10月30日。专车停在兰坝支线上。

太阳从东方升了起来,天空显得特别晴朗,真是个秋高气爽的好日子。6点30分我们都聚集到专车的客厅里。

一会儿,一位秘书来说主席下车了,我们都离开客厅走出车去。我看见毛主席向西北方向一个小村庄走去,这个村庄距专车约有一二里,一会儿就到了村边,毛主席在村边打谷场上和一位中年农民亲切地谈话。我们赶上去向主席问好。毛主席亲切地和我们握手说:谢谢你们。

毛主席继续和农民谈话:今年收成怎么样?生活怎么样?负担怎么样?

那位农民兴奋地回答说:今年收成还好,只有豆子收得薄。他抓了一把豆子给主席看,接着说:我们的生活比过去一年好一年,负担也不重。

正谈着就聚来了一些人,有老的有少的,大家都望着毛主席笑。一个儿童笑着指着主席说:我家里还有他的相片哩。毛主席也笑着向他们打招呼。

谈完后毛主席就向东走进一个农民家里。这是一户贫农,大门朝西,院里还很干净,靠东边垛着新收的柴禾,盖着三间坐北朝南的草房。老两口过日子,早晨老头儿进城去买东西,老婆婆正忙着在院里收拾玉米。

她看见毛主席进来,后边还跟着一群人,迎上来把毛主席让到屋里,一面让毛主席喝水吃饭,一面说俺的日子好过了,顺手取下馍馍篮子,还指着床上的被褥,请毛主席看。毛主席笑着说:我们来看看你。

毛主席和老婆婆谈了些家常话,就辞别走出来。这时这个院里的另一位主人背着褡子由城里回来,跨进了门,看见主席向外走,惊喜地交叉着两手,连忙说:再在我这儿歇一歇。毛主席含笑说:不坐了。老两口和聚集在门外的人,一直恋恋不舍地送到村边,望着毛主席走了很远才回去。

三、兰坝支线上

专车客厅被太阳照耀得格外明亮。大家都围着毛主席坐下来。我坐在主席的对面,身子挺得直直的。由于激动,心还在强烈跳动着。

毛主席问:化云是哪两个字?

我回答说:是变化的化,云雨的云。

又问:什么时候做治黄工作,过去做什么?

我回答说:过去在冀鲁豫行署工作,1946年3月间调到黄委会工作。

毛主席笑着说:化云名字很好,化云为雨,半年化云,半年化雨就好了。

大家都笑了起来。毛主席这样亲切而幽默的问话,使我刚才紧张的精神,很快松弛了下来。

毛主席又问陈再道同志回过家没有？家乡情形怎样？

陈再道同志回答说:长征以后,我没有回过家。听家乡来人说,解放以后都有了饭吃,土改后闹生产的情绪挺高。不过过去国民党反动派破坏得太厉害了,房子又烧了,年轻的女人都被抢走,男人被杀死的很多,所以现在还是有困难。

毛主席向着我们说:老根据地的人民出了大力,我们要注意帮助他们。

早餐后,专车向东坝头徐徐前进。主席继续着和我们的谈话,问河南农民负担怎么样？土改后农村有了什么变化,转生产转建设怎样？又问治理黄河的工作情况,对治本有什么打算。

谈到三门峡工程的时候,毛主席看着我们说:这个大水库修起来,把几千年以来的黄河水患解决啦,还能灌溉平原的农田几千万亩,发电100万千瓦,通行轮船也有了条件,是可以研究的。

四、在东坝头

11点10分,下火车换乘汽车向黄河边疾驰,不一会儿雄伟的大堤就堵住了我们的去路。毛主席下车向堤上走,河南黄河河务局局长和兰封修防段段长来迎接毛主席,我作了介绍。毛主席问他们管黄河上哪些地方？他们回答了。

毛主席沿堤向东坝头走去。秋风吹着毛主席的草绿色大衣。毛主席向着波浪滚滚的河流,沿着黄河向东北奔腾的方向瞭望着,问:这是什么地方？我回答说:这就是清朝咸丰五年黄河决口改道的地方,名字叫铜瓦厢。

接着,毛主席详细地察看了石坝和大堤。毛主席问:像这样的大堤和石头坝你们修了多少？我回答说，全河修堤 1800 公里，修坝近 5000 道。过去国民党反动派统治时代，这些坝埽绝大多数是秸料做的，很不坚固，现在都改成了石坝。

黄河 6 年来没有决口泛滥，今后再继续把大堤和坝埽修好，黄河是否还会决口呢？毛主席这样问。

我回答说：这不是治本的办法，如遇异常洪水，还有相当大的危险。

主席笑着说：黄河涨上天怎么样？（在火车上我向主席报告过陕县民谣"道光二十三，黄河涨上天，冲走太阳渡，捎走万锦滩"）我回答说：不修大水库，光靠这些坝埽挡不住。

说话间，来到了杨庄险工地段。

毛主席问兰封修防段的段长管多少坝，有多少干部、工人，他们的生活怎样？

由坝上下来，走进了杨庄村。毛主席看了场上晒着的花生，垛着的谷子、豆子。往西转弯是一座小学校，年轻的教员在给儿童讲世界和平大会的情形。毛主席在窗子外面听了一会儿说：教员讲得还不错。

我默默地想，毛主席对黄河流域千百万人民和黄河职工是何等的关怀。

五、难忘的午餐

火车开回兰封车站，由兰封向开封行驶。下午 1 点 20 分我们走进了餐车，毛主席含笑招呼我："'黄河'坐这边。"我高兴地坐到主席的对面。桌子上已摆上了咸鸭蛋、青菜各一小盘，另外还有一小盘鱼、一碗汤、一碟辣椒。我心里想毛主席这样朴素的生活，真是我们的榜样。饭后主席也没有休息,仍然询问着黄河的各种情况,我向主席报告了勘查队行走万里勘查黄河源,同时为了了解从长江上游引水入黄是否有可能性,也勘查了金沙江上游通天河的情况。

毛主席笑着说:通天河就是猪八戒去的那个地方吧! 大家都笑了。

毛主席说:南方水多,北方水少,如有可能,借一点来是可以的。

毛主席一面谈着,一面看着大平原上深秋的景色。不大一会儿,开封城内那座高耸入云的雄伟铁塔映入了我们的眼帘。

六、这就是悬河

在开封车站下了车,就换乘汽车,驰往柳园口。北门外高与城齐的沙丘,是黄河淹没过这个古老城市的标志。汽车在沙路上前进,过了护城堤,远远地看见由西向东北蜿蜒千里的大堤,不多时汽车就开到大堤跟前,由堤脚爬到了堤顶。

毛主席从汽车里走出来,在两行柳林夹着的堤面上,大步地踏着如茵的绿草,向西走着。毛主席弯腰拔了一根草问:这是什么草? 一位同志回答说:这叫葛芭草,群众特在堤上种这种草护堤,群众说它的好处是"堤上种上葛芭草,不怕雨冲浪来扫"。毛主席笑着说:喂牲口也是好东西。

毛主席站在大堤上看到大堤北边的黄河在地面上奔流,大堤南边的村庄树木、农田好像落在凹坑里,高大的杨树梢,比大堤还低。毛主席问:这是什么地方,这里河面比开封城里高不高? 吴芝圃同志回答说:这叫柳园口,斜对岸是陈桥,就是赵匡胤陈桥兵变黄袍加身的地方,现在这是渡口。我接着说:这里水面比开封城地面高三四公尺,洪水时更高。毛主席说:这就是悬河啊。

说完话,毛主席下了大堤向河边走,沿黄河边折向东方,抓了一把泥沙细细地看,问:这是什么地方来的? 我回答说:都是西北黄土高原地区冲刷下来的。又问:有多少? 我回答说:据陕县水文站测验,平均一年就通过该地到下游 12.8 亿公吨,由于大量泥沙的淤淀,造成了黄河改道泛滥的根源。

谈着话继续向东走,一只很大的摆渡船停在那里。毛主席登上了这只木船,问道:这船如何使用,需要多少人驾驶? 我们回答:横渡过河用,使用艄锚和橹,二三十个人驾驶着才行。又问道:能否装机器? 我们回答:能。下了船看到船工们正在那里修理船,毛主席又问了他们的工作和生活。工人们都笑着一一地回答了。

回到城内,看了北宋时建筑的铁塔,又转到龙亭,毛主席在这里瞭望了这座古城。回到住地时,西方已露出暮色。虽然从早晨到现在已经活动了十一二个小时,可是主席的精神仍然十分饱满,毛主席笑着说:这还该怎么办。我们一齐回答说:该请主席休息休息了。

七、要把黄河的事情办好

31 日早晨 5 点多钟,天还没有亮,毛主席已经坐到专车的客厅里。我随着张玺同志、吴芝圃同志、陈再道同志赶到了车上。毛主席吩咐我们要把黄河的事情办好。我们回答说:一定遵照毛主席的指示,治好黄河。一会儿,专车发出了开车的讯号,毛主席亲切地向我们招手。我们高举着手,向主席致敬,眼睛望着西方,一直到看不见专车才回来。

(王化云,曾任黄河水利委员会主任)

毛主席视察黄河

袁　隆

　　毛泽东主席 1952 年 10 月 30 日,第一次视察了黄河兰封东坝头、开封柳园口,还看了开封铁塔和龙亭。我荣幸地陪同毛主席视察,亲聆主席指示,受到极大的鼓舞和教育,使我决心献身治黄事业,除害兴利,为人民服务。毛主席的教导及其音容笑貌都深深地印在我的脑海中,每每回忆起来,都给我以战胜艰难险阻的无穷力量,使我胜利地完成了党和人民交给的任务。

　　当时省政府和黄委会还驻在开封。1952 年 10 月 29 日夜 11 点,电话铃急促地响起来,听到是省政府秘书长贺崇升的声音。他说:王化云同志从兰封打来电话:(1)要你派四部小吉普,一部中吉普,两部卡车,由得力干部带领和公安厅一个警卫排,在天亮前赶到兰考东坝头待命;(2)要你带黄河地图和重要材料,马上去兰封县委找王化云。火车站有辆电车,专程送你去兰封。我随即向黄委会秘书科科长邵华作了安排,由他负责带车和警卫排去兰封,天亮前务必赶到,隐蔽待命。我登上电车直奔兰封,王化云同志站在出站口等我。一见面,他拉住我的手便走,到软席卧铺车厢里,对我说:"毛主席来视察黄河了,明天看东坝头。你是河南黄河河务局局长,你向主席汇报河南治黄情况,全河的情况由我汇报。"我听后甚为振奋,然后我俩就商谈起向主席汇报的事来。随后,各自休息。我总是睡不着,一直想河南解放后的治黄情况,像演电影一样,一幕幕想个没完,我就起来了。王化云见我起来,便问:"天不亮怎么起来了?"我说:"睡不着,光想向主席汇报的事。"化云笑着说:"我也是想汇报什么,主席会问什么。"于是我俩又商谈起汇报的事来,直至天亮。

第二天(10月30日)6点钟,省委书记张玺、省人民政府主席吴芝圃、军区司令员陈再道和黄委会主任王化云,四人一同去见主席。据王化云说:他们先到中央办公厅主任杨尚昆、公安部部长罗瑞卿、铁道部部长滕代远、第一机械工业部部长黄敬等领导同志的车厢会客室里,王化云将安排主席视察东坝头的准备工作情况做了汇报,领导都表示同意。这时有位同志进来说:主席下车了,向西北小村庄走去,张玺等便随杨尚昆、罗瑞卿、滕代远、黄敬等下车赶去,主席在打粮场里和一位中年农民谈话,问收成、问负担、问生活等,农民说了很多情况。谈完后,主席又向东去,进入许贡庄农民孟宪德家里。这家只有两口人,老汉赶早集去了。主席向老婆婆问话,看他们吃的什么,看床上的被子怎样?正谈时赶集老汉回来了,主席又问了很多生产、生活情况,但他们都没认出是毛主席。后来一位小学生进来,脱口喊出:毛主席!两位农民夫妇,非常感激毛主席对他们的关心。杨尚昆主任小声说:天不早了,请主席回去吃饭吧!

回到火车上,主席问王化云名字是哪几个字?化云回答后,主席幽默地说:半年化云、半年化雨就好了。还问了张玺、吴芝圃工作情况,然后关心地问陈再道回老家没有?家乡生产怎么样?陈再道说一直没有顾上回家,听说现在群众有饭吃了,过去国民党摧残太苦了,短期难以恢复。主席说:我们集中搞城市,对老区群众照顾不够,以后要帮助他们。这时已经8点多钟了。开饭时,主席说:今天我请客,我天天请客。饭后进入客厅,主席问黄河治理情况,化云一一作了回答。火车也随即开动。我和铁路局耿副局长还有警卫,乘轧道专列进入兰坝支线,主席专列跟随前进,开向东坝头。上午10点多钟,轧道车进入黄河大堤里边,我看到邵华所带吉普车隐蔽在堤根柳树下,即请轧道车停下,我把吉普车调到大堤上等候,主席乘坐的专列随后也正好停在汽车附近。

主席下火车后,王化云向主席介绍说:这是河南黄河河务局局长袁隆同志,专来向主席汇报。我见主席大步走来,才敢立即跑过去和主席握手问好,主席问:袁隆是哪两个字? 我说土字头的袁,兴隆的隆。主席习惯地在手上写、嘴里念:袁隆、袁隆。又问我管辖黄河哪些地方,我作了回答。然后请主席和各位领导上汽车。我和化云主任在前头引路,汽车直开到东坝头顶端停下来,这是主席要看的关键部位。

主席下车后问:这是什么地方? 我回答:这就是铜瓦厢,清朝咸丰五年黄河决口改道的地方,这岸是东坝头,对岸还有西坝头。主席说:正是要看看这个改道的地方。化云说:当时决口的原因,一是清朝的腐败,二是社会环境混乱,太平军已经过来了。主席说:那时太平军还没有过来吧? 吴芝圃向前说:已经过来了,太平军是咸丰二年到河南的,咸丰五年正在混乱时期。黄河决口说是太平军扒的,还需考证。毛主席站在大坝上,纵观黄河上下河道,黄河从西奔腾而来,直冲东坝头大坝后,骤然折向东北,形势十分凶险。主席说:这里的坝一定要修好。又问:什么叫埽? 作用是什么? 化云同志引用古书上的话说:埽者扫也,御溜外移也。又问:过去的治河古书都看了吧? 化云答:为了向前人学习,看了一些。我接着向主席汇报了新中国成立后河南加修堤防、秸草坝改石头坝以及防汛斗争的情况。

主席说:从蒋介石堵住花园口,黄河归故道算起,已有 6 年黄河没开口了,今后再把大堤、坝埽修得好一些,黄河就不会开口了吧?主席笑着进一步说:黄河涨上天怎么样?我说:不行,洪水太大,现在工程顶不住,就是加修大堤,悬河靠两岸土堤束水排洪入海实在太危险!化云说:还得在上边想办法修水库才行。边走边说,走到修防段门外,段长伍俊华正等着迎接主席,我向主席作了介绍。主席问他:你管多少坝,管多长大堤?伍俊华答:管 32 道坝,管兰封县境内的大堤。又问,现在黄河上有过去国民党的治河人员吗?化云主任答:遵照主席的政策,都接收下来了,原工资待遇不变,安排了工作。那天伍俊华段长,穿一身新毛呢服,毛主席开玩笑地问他:你是国民党还是共产党?伍俊华答:我是共产党。我补充说:他是从解放区调过来的老同志,解放后咱们每个县修防段,配了一名段长、一名秘书股长和一名工程队指导员。

随后上汽车顺堤下行,到杨庄最后一道坝。主席下车走到滩地上,看淤积的泥沙问道:一年来多少泥沙?我汇报了一年来水、沙的数字,汇报了黄河出邙山进入平原,河宽水浅流速慢,泥沙就逐渐沉,所以平原河道淤积严重,平均河槽每年淤高 10 厘米左右。化云补充说:这样修堤就是和河道淤积比赛,实在不是好办法,现在是被迫干,从长远来看还必须在西北黄土高原,发动群众开展水土保持工作。黄河冲下来的泥沙,都是西北高原的肥沃表土。上边水土保住了,既有利于西北人民的生产,又有利于下游治河。毛主席说:这是个好办法。

回头向大堤走的时候,化云向毛主席汇报了已派办公室副主任项立志带队,到青海查勘黄河源头的情况,河源的水量、地形已弄清楚,查勘队已到长江上游的通天河,测量那里的水量、地形情况,准备将来从通天河引入长江水入黄河,以补给西北、华北水源的不足。毛主席听后笑着说:你们的雄心不小啊!还幽默地说:通天河就是唐僧西天取经和猪八戒路过的地方。随后说:南方水多,北方水少,如有可能,调一些是可以的,能多调些更好。

走上大堤,毛主席想找群众谈谈,便走到堤外的杨庄。进村后走了几处打粮场,没遇上一个群众,走到一所小学后边,听到学生在上课,主席便在窗外停下听讲课,一直听了一刻多钟,主席临走时说:讲得不错,讲世界形势、和平大会;讲抗美援朝打美帝。走出杨庄上堤乘车,回到火车上已是下午1点钟了。

上火车后,耿副局长拿着小铁锤和我仍在前边轧道车上,负责引路和行车安全,火车返回兰封车站没停,就驶向开封。

下午3点多钟,火车到开封车站,我和耿副局长下车后,看到主席的专列徐徐进站。停车后,王化云第一个跳下车,向我跑来说:主席要看"悬河",到柳园口大堤上坐汽车行吗?我想虽然开封城北门外都是沙丘路,给司机动员一下,汽车可以开过去。我向化云说:请主席坐咱们的卧车,可以开过去。我便向司机贾佩然说:毛主席去柳园口看"悬河",北门外沙丘多,用一挡不停车,慢慢冲过去,你给各车司机说一下,沉住气要保证开过去。主席和各位领导分别上车后,我和化云坐上吉普车,在前头开路。司机听到毛主席来了,个个精神振奋,劲头十足,结果所有汽车(当时都是破旧车)都一鼓作气冲过沙丘,开上了柳园口黄河大堤。

上堤后,因我们突然来到,堤上还没人。主席下车后,站在大堤上左看右望,仔细揣量,说:噢!现在黄河的水面比堤外村里树顶还高,真是悬河!悬河!吴芝圃向前对主席说:开封城历史上被黄河淹没过多次,明朝崇祯十五年淹的最苦,全城 37 万人,葬身鱼腹的达 34 万,仅有 3 万人幸免。原来开封铁塔建在土丘上,现在土丘和第一层塔均被淤没在地下。打井、钻探发现开封地下已有三层房子。主席听后说:大水时,要好好防守,不要出事。

然后主席下大堤,走向渡口登上一只大木船问:这船怎样操作?舵工老汉说:我们 30 个人,一边 14 个撑篙,前边一人测水,后边一人掌舵,在急流中再加上艄锚配合,就可渡到对岸。还说:这船是国家的,现在主要是为黄河运石头。主席说:这大船能乘多少人?有位年轻人站起来说:刘邓大军过黄河打老蒋,这船上一个团解放军,船头上架着机关枪,天上国民党飞机丢炸弹,对岸还打炮,我们也不管,一股气冲到南岸,解放军上堤就把国民党军队打垮了。那时比现在运石头来劲。接着船工们七言八语说开了……

主席说:你们在解放战争中立了功,现在运石头修坝治黄河,是为了保卫家乡。船工们都说:对!主席说:这大船装上机器不更好吗?有位船工说:那玩意不行,不如人当家(当时在社会上机器很少,一般看不到,所以也没有开机器的知识)。化云补充说:装过两次没弄好,还准备请造轮船工人来帮助。毛主席在船上跟船工们谈得很热闹,他们都没认出毛主席。

随后毛主席走到渡口一个小饭铺,一位老汉在锅台后站着迎接客人。主席笑着说:我们可以在这里吃饭了。问卖的什么饭?老汉说:面条。主席说:我们可以吃一碗吗?老汉说:欢迎、欢迎。毛主席说:谢谢。

随后,主席又走到河边看了正在修船的,然后走上大堤。主席问这是什么地方?吴芝圃回答这里往东 30 里,是陈桥渡口,也就是赵匡胤陈桥兵变、黄袍加身处,现在还有一座庙,一个石碑和一棵赵匡胤的系马槐。主席说:没时间去看了。顺堤走着,主席看到堤两边的青草长得很好,问这是什么草? 我向主席汇报说:这草叫作葛芭草。农民有个顺口溜说:"堤身种上葛芭草,不怕风吹雨来扫。"主席说:喂牲口也是好东西。这时张玺同志请示主席是否回开封? 主席说:到开封再看看吧。大家上车,我和化云的车仍在前头引路,进北门往东先去看铁塔。主席对挺拔刚劲的铁塔建筑很赞赏,问是何年修建起来的? 吴芝圃对主席说:铁塔建于宋皇祐元年(1049 年),印度人传教来开封时修建的,塔高 54 米多,八角 13 层,周身用铁色琉璃砖扣砌而成,故称铁塔。主席看到北面上部有遭破坏处,吴芝圃说:是日本进攻开封时炮击的。主席说:炮弹穿了洞未打倒,证明建筑得很坚固,应当把它修好。张玺说:抓紧修好。然后到了龙亭,进大门后,主席看到孙中山铜像上有四个弹坑说:打不倒! 登上龙亭向东转,看到东门石柱上有康有为写的诗,主席让秘书记下来。然后向后转,看到华北运动场,由西边回到龙亭大厅前,俯瞰开封全市,这时已是万家灯火,夜幕降临了。主席说:还有什么看的,今天都看完。张玺说:天黑了请主席回去休息吧。于是一同走下龙亭,乘车到军区红洋楼,毕占云副司令员(井冈山时期为毛主席的警卫营长)正在院内等候。毛主席看到他,很亲切地说:多年不见了。毕占云赶快迎上去问主席好。主席回头让大家都去休息。毕占云即引主席进屋。

是夜,滕部长又叫化云去军区说,这次主席出来,看黄河是重点,明天到新乡还要看引黄济卫人民胜利渠,要张玺、化云布置一下,并告知平原省委潘复生和晁哲甫。化云回来后对我说:咱俩都见了毛主席,明天看引黄人民胜利渠,叫赵明甫副主任去吧。我赞成,并提议天亮前将赵明甫副主任送过黄河,赶到胜利渠首等候。

化云同意,便请赵明甫来办公室,请他连夜渡河,到渠首等候毛主席。明甫二话没说,立即出发,随后我给郑州修防段段长孟江九打电话,要他马上集合船工,赵明甫副主任到后,连人带车天亮前保证送过黄河。

10月31日天还没亮,张玺就来电话,催化云去军区。王化云和张玺赶到军区,看到主席住处很寂静,以为主席还没起床。其实主席早已起床,并看了《河南通志》《汴京志》和龙门二十品碑帖,五点半钟就和司令员去火车站了。他们随即赶去,主席见到他们,笑着说:化云化雨化的不错啊!张玺、吴芝圃让化云陪主席看人民胜利渠。主席说:那边有人,化云不必去了。滕代远部长说:车就要开了。吴芝圃、陈再道、毕占云和化云,向主席告别下车,火车徐徐开动,他们肃立在站台上,向主席举手致敬。主席在车厢尾向他们招手,并说:你们要把黄河的事情办好。这就是毛主席的号召。

10月31日早晨6点钟,主席的专列开动,由开封经郑州,到黄河南岸车站停下。主席下车后,正好碰上铁路局工程师刘洪钧,他向主席作了自我介绍。主席亲切地和他握手(至今他家还存有和主席握手的照片),问了他铁桥建设历史,然后主席健步登上小顶山。在登山途中,经过农民刘宗贤的窑洞门前,刘宗贤见到主席,心情很激动,捧出一碗热水,主席警卫也从随身带的壶中倒出一杯水,毛主席推开警卫员递过来的茶杯,接过农民刘宗贤的粗碗一饮而尽,连说谢谢。后来刘宗贤的窑洞,被命名为"光荣洞"。主席登上小顶山,纵观大河上下,进入了深深的思索之中。在这里,毛主席留下了视察黄河的珍贵照片。我们每看到这张照片,都引起许多亲切的回忆。

(袁隆,曾任河南省黄河河务局局长、黄委会主任)

幸福的回忆

刘洪声

1952 年 10 月 29 日中午,我正在午睡。电话铃一个劲儿地响起来,我拿起电话,就听对方责备道:"小鬼,你干什么去了,连电话也不接,快!快请张玺同志接电话,我有重要的事情向他汇报。"

我一听是省公安厅厅长宋烈同志打来的电话,以为是哪里出了大事,不敢怠慢,赶快喊醒张玺同志。他拿起耳机,只听到先是嗯、嗯,后是好、好。宋烈同志向他讲了一些什么话,我一点也不知道。不过,从张玺同志的神色上看,宋烈同志向他讲的是一件令人兴奋的好事。

张玺同志放下耳机,对我说:"马上请省委常委到这里来开会,就说有重要事情,要立即来。"

要请的人很快就到齐了。会议从下午 2 点多开到 5 点多钟,除剩下张玺、吴芝圃、陈再道和裴孟飞同志外,其他人都面带喜色,急匆匆地走了。

"有啥大喜事啊!大家都是匆匆而来、又喜形于色地匆匆而去。"我心里想。正在这时,看到裴孟飞跟张玺等同志耳语了几句,他们几个都点头,裴孟飞同志便对我说:"小刘,毛主席要来了,你快去行政处借两万元①,就说我们讲的,要急用。"

我一听兴奋地要跳起来,说了声:"好!"就急忙跑到行政处。不巧,出纳不在,钱未借来。裴孟飞同志立即从家里拿出两万元②给我,并送我们上了汽车。到达开封火车站时,一辆公务车已准备好,我们便乘车向兰封车站进发了。

坐在车上我不禁联想起来,毛泽东这个伟大的名字,我是在1937年七七事变后才知道的。

我正在遐想,张治国同志说:"兰封车站快到了,准备下车吧!"

下车后,到了站长室,迎接我们的是郑州铁路局调运处处长。他说:"火车刚从徐州站出发,一时还来不了,先休息会儿,吃点东西吧。"

张玺同志说:"肚子是有点饿了。"他转过脸去,又和吴芝圃、陈再道同志商量,是不是买点烧饼夹牛肉,先垫补垫补。他们都说好。一顿饭就这样凑合了。

晚上9点多钟,兰封火车站灯火通明,张玺同志他们三个人,一面散步交谈,一面不时张望。突然一列火车鸣着长笛开过去了,接着,第二列车在兰封车站徐徐停了下来。

车门打开了,中央办公厅主任杨尚昆和郑州铁路局副局长耿一凡同志站在车门口,同张玺、吴芝圃、陈再道同志握手并互致问候后,一起进了车厢。我随一位卫士到了一位军人坐的包厢里。

第二天上午,张玺、吴芝圃、陈再道、王化云等在专列会议室里,向主席汇报了河南的工作和治黄情况。毛主席说:"抗美援朝、土地改革和'三反''五反'运动的情况,就谈到这里。听邓子恢同志讲和从一些材料上看到,河南这几年的工作搞的是蛮不错的嘛!下面主

---

① 系指未改革前的旧币。
② 当时已实行小包干制,每个干部手里都有了点钱。

要谈谈黄河治理的事情,这件事办不好,我睡不着觉哩!"

张玺同志讲:"主席要想知道更详细的情况,是不是请黄河水利委员会的同志汇报。"毛主席说:"好。"张玺、王化云等同志汇报到11时左右,主席和大家换乘汽车到坝头视察黄河。

我和张治国等同志抢先跑上大堤,直愣愣地盯着毛主席上了大堤,我们兴奋的眼泪又夺眶而出。要不是保密纪律约束着,我们就会高喊"毛主席万岁"了。

毛主席站到黄河猛拐弯的地方,面对汹涌澎湃、翻着巨浪的黄河水问道:"这里还安全吗?"

"解放后河堤年年加固。"黄河水利委员会主任王化云答,"这几年虽出现过几次大洪峰,但都安全下泄了。"

毛主席看到河堤是用青石砌成的,堤两侧树木成行,……点头表示满意。他老人家从此又想到被祸国殃民的蒋介石害得家破人亡的黄泛区人民,关切地问道:"黄泛区人民现在生活的怎么样?"

"很好。"张玺同志回答,"今年麦收我到那里看了一下。逃出去的群众大都回来重建了家园,土改后群众发展生产的劲头很大,生活一年比一年好。国民党在那里搞的那个农场,我们接收过来后,已经有了很大发展,农村的互助合作运动也开展起来了。"

"那就好嘛!"毛主席说,"反动派制造黄泛区,我们建设黄泛区。他做坏事,我们做好事。谁好谁坏,群众一比较,就看得更清楚喽!"

张玺同志称:"是。"

毛主席顺着大堤,向东坝头村走去。两个卫士急忙上前搀扶,他摆了摆手,表示用不着。到村边,他看见一片蓖麻地,问道:"这是什么? 长得如此高大?"

"蓖麻。"吴芝圃同志回答,"可以制作机器用的润滑油。蓖麻籽摘完了,只剩下光秆啦!"

"啊!那搞工业它可用得上。"毛主席说着就进了村。街上空无一人,甚是宁静。走到一所学校门口,我们要进去,他摆了摆手,不让惊动教师上课,他侧耳细听老师讲课的内容。他听了一会儿说:"这是在讲抗美援朝啊!这很好嘛!让娃娃们开始就受爱国主义的教育。等他们长大,美帝国主义就不敢再欺辱我们了。"接着又问:"农村教育办的怎么样?"

"80%以上的学龄儿童都上学了。"张玺同志回答,"现正在普及农村教育,三年后做到100%的学龄儿童入学。对成年人的扫盲工作也开展起来了。"

"这样就好。"毛主席说,"要力所能及地多办些小学,把基层教育搞好。成人扫盲工作也要搞好,使每个人都有一定的文化知识,改变落后面貌,更好地建设新中国。"

毛主席到开封,乘汽车到了柳园口。他要看开封正北这段"悬河"。他顺着大堤的一条小路向下走的时候,遇到一位用右手托着一些面条的老大爷。毛主席问:"老人家,干什么去呀?"

"买面条去啦!"老大爷回答。

"你的面条可以给我吃吗?"毛主席又问。

这位老人直盯了毛主席一会儿,他好像认出来了,真的认出来了。顿时,他那饱经风霜的脸红润了,爬满皱纹的眼湿润了,呈现出无法形容的喜悦,回答:"毛主席领导俺穷人翻了身,甭说吃面条,就是掏出心来给他吃,也报答不了他老人家的大恩大德啊!"这位老大爷过于激动,使他在说话的时候,嘴都不听使唤了。毛主席走后,他瘫坐在原地,过了好一会儿,才清醒过来,拔腿向村里跑去。

毛主席到柳园口那天,正逢集日,人很多。他先去看黄河,后就和一些修船和等渡船的人谈起来。大家似乎都认出了毛主席，都以惊喜异常的眼光望着他。突然，"毛主席万岁"的欢呼声，由远及近地喊起来，村里人从四面八方拥来，赶集的人们也向毛主席拥来了。群众愈集愈多，他们把对无比爱戴的领袖毛主席的思想感情凝结成一句话"毛主席万岁"。口号越喊越响，密密麻麻的人群，紧紧把毛主席围在中间，毛主席站在一只底朝天的船上，手拿帽子不住地向群众挥手致意。这一欢声雷动的场面，一直持续了十几分钟。罗瑞卿同志指挥警卫战士，肩并肩地开辟了一条通道，毛主席一行才离开了柳园口。

毛主席回到开封，先看了铁塔。他问："这座塔是什么时代建的，为什么坏了一块？"

"是北魏时期修建的。"张玺同志回答。吴芝圃说："是1938年日军侵占开封时用炮打的。"

"中华民族的勤劳智慧有多伟大，远在那个时候就能修建这样的塔了，真不简单哟！"毛主席说，"要把打坏的那块尽快修好嘛！"他看着铁塔又问："这塔是不是歪了？"

"不是。"我答道，"是它太高了。"毛主席为了证实这一点，他又走到塔的对面，向上望了望，说："是这样。"

随后又到龙亭，毛主席健步走上20多米高的龙亭，绕亭转了一圈。他听说能看到黄河，便手搭凉棚，极目远眺北方，看到的是一条黄龙——黄河大堤。接着，他说："来过开封的人都说这里风沙很大，这回我算亲身领教了。远望黄河堤防是光秃秃的，铁塔周围也是光秃秃的，龙亭周围还是光秃秃的。一出北城，沙丘比城墙还高，黄沙要把开封吞没了。这是国民党遗留下来的，你们要在绿化上多动些脑子，打一场持久战，每年都栽些树，情况就会一年比一年好一些。对于铁塔和龙亭也要很好修缮一下,以改变这种破旧不堪的样子。龙亭很适中,铁塔在市内,把它们修好,多种些树木花草,再把黄河水引来,将龙亭旁这两个湖疏通一下,栽些藕,一来可供游人观赏荷花,二来也可供群众一些鲜藕,岂不是两全其美吗?"

张玺、吴芝圃和陈再道同志一一称是。接着,陈再道同志说:"我们部队对绿化、引黄和清除两湖淤泥可以出些力。"

"那好。"毛主席高兴地说,"解放军是战斗队,又是生产队嘛!"

龙亭一侧,竖立着一块石碑,毛主席问:"那是块什么碑呀?"

"康有为写的咏黄河的诗。"吴芝圃同志答。

毛主席凑上去观看了一会儿,因为有些字迹已损坏,看不清了。吴芝圃同志便照碑文并根据记忆念了一遍。

毛主席说:"别看康有为作过保皇党,可他的诗和字写的还蛮不错嘛!"他又让吴芝圃同志念了一遍,并让秘书逐字逐句地记录了下来。

毛主席乘车到达他的临时住地——河南军区司令部的一栋小楼。这时,已是下午 5 时许,然而,我们敬爱的领袖毛主席,依然精神饱满。

毛主席走进院里,省委副书记裴孟飞、河南军区副司令员毕占云、省人民政府副主席牛佩琮同志,排成一行,站得笔直地在那里迎候。张玺同志边作介绍,毛主席边和他们握手。当张玺同志向毛主席介绍毕占云同志时,毛主席已认出他,紧紧握住毕占云同志的手说:"你不就是井冈山上的那个特务营长毕占云同志吗?"

"是。主席,您好。"毕占云恭恭敬敬地向毛主席行了个军礼。

"离开井冈山后,你到了哪里? 一别 20 多年,你的身体好吗?"

毕占云同志简要叙述了他这一段的经历后,回答毛主席:"我很好。主席身体可好？"

"很好,很好。"毛主席微笑着点头表示。他和毕占云同志交谈了好几分钟,才走进室内。

离别多年,毛主席能一下认出毕占云同志,并同他进行亲切的交谈,是出乎毕占云同志以及在场所有人的意料的。大家对毛主席惊人的记忆力,赞叹不已;对毛主席关心老部下的语重心长的问话,深为感动。毕占云同志更是如此。这位身经百战的将军,见到久别重逢的毛主席,欣喜的眼泪大滴大滴地流出了眼眶。

毛主席大步跨进了会客室,坐在一个沙发上,其他负责同志也进来了。这时,我才弄清,陪同毛主席前来的有中共中央办公厅主任杨尚昆同志、公安部部长罗瑞卿同志、李烛尘先生,还有一机部部长黄敬同志等。

下午4时许,毛主席正在和张玺等同志谈话。电话铃响了,我赶快去接,是省委行政处处长苗化铭同志打来的,他说:"柳园口的农民抬着两缸鱼,说是要送给毛主席,怎么办?"我去小声请示张玺同志,他又同杨尚昆同志商量,最后决定收下,并要我去办理。我回到省委传达室,毛主席在柳园口看到的那位老汉,还有四五位农民正等在那里,我同苗化铭同志请他们到省委会议室,以茶、烟、糖果招待了他们,他们谈了送鱼的经过:"俺们在柳园口集上见到了大救星毛主席,回到村里都高兴得哭了。过后,大家一商量,毛主席来了,总得让他老人家尝个鲜。给他送啥呢? 俺们住在黄河边,河里有的是鲤鱼。俺们就架起小船下河了,今天的鱼也凑兴,网网不空。俺们从里边挑了50条一斤大小的鲤鱼。同志你一会儿看看,个头儿有多齐整。一直抬到省委来了。"

苗化铭同志和我听到这里十分感动。广大翻身农民对毛主席的朴实感情,真比海深,比山高,比黄河还长。

我们要付鱼钱时,他们发怒了,说:"要说买,就是两缸金子也不卖。这是专门献给毛主席的礼物,除了他谁也别想得到。"我们只好作罢。最后,我说:"张政委让我代表他谢谢你们。毛主席很忙,正在讨论国家大事哩!他没空再见你们了,让问你们好。谢谢你们。"

我带着鱼回到军区司令部,已是晚上8时许。张玺同志几次提出请毛主席休息,可他的谈意很浓。直到凌晨1时,张玺等同志才告辞。

1952年10月30日,毛主席到开封这一最有纪念意义的一天就这样过去了。尽管29日夜我兴奋的没有怎么睡,30日夜一躺下还是睡不着,迷迷糊糊睡到晨5时许,张玺同志又隔着窗子把我叫醒了。我们乘车到达河南省军区司令部,毛主席等人也陆续起床了。在吃早点的时候,毛主席特别爱喝开封的豆腐脑,一再让多放些辣椒,一连喝了两碗。张玺同志与杨尚昆同志耳语了几句后,便对我说:"去让人买两担豆腐脑,一直送上火车。"我把这件事交给了栗春友同志。

毛主席正在与河南省委的领导同志话别,豆腐脑还没有送来,我有点急了,眼睛直往车站门口看。这时,陈再道同志把张玺、吴芝圃等同志拉到一边说:"毛主席在建国后,头次出巡,就来视察黄河。可见,黄河在主席心中的地位有多么重要,你还是代表我们把毛主席送到郑州好,看看还有什么指示,回来好贯彻执行。"大家都说:"这个主意好。"

张玺同志正向毛主席请求,允许他代表省委的几位主要领导同志,把毛主席送到郑州,有些事情还要向主席请示,毛主席同意了。正要一起上火车,栗春友送豆腐脑的汽车也到了站台上。我给毛主席的那个卫士一说,他指挥人把豆腐脑抬上了餐车。栗春友在站台上笑着说:"刘秘书回来见。"他兴奋得面颊通红,满头大汗,边擦汗边对我小声地讲。他的意思我明白,他也见到毛主席了。火车也随之轻轻启动了。

专车到达邙山头,停了下来。郑州市委书记赵武成、市长宋致和同志,早在站台上恭候。毛主席下了专车,张玺同志又向毛主席一一作了介绍,赵武成、宋致和同志边同毛主席握手,边向主席问好。随后,毛主席便向邙山头的一个小山坡爬去。脚下无路,杂草丛生,毛主席并不管这些,而是一步一步地向前走去。他到了一个小山头上的一块石头上面北而坐,瞭望黄河和铁路大桥,指点着说:"黄河是养育中华民族的摇篮,又是连年征战、乱砍滥伐造成的一条害河。俗语说得好,黄河九曲十八湾,富了前后套,害了山东和河南。它一出三门峡,就像一匹收不住缰的野马,放纵奔腾,搞不清会在哪里闯乱子。历史上不知黄河决口有多少次,使多少万人的生命、财产毁于一旦。现在到了我们手里,一定要驯服它。无论在任何情况下,绝不能再让它出乱子,要确保黄河的安全,确保黄河铁路的安全,你们要把黄河的事情办好。不然,我是睡不着觉的。"

张玺等同志一起点头称:"是。坚决按主席的指示办。"毛主席又瞭望了一会儿,便下山登上专列,往北驶去。我们一直目送火车,直到看不见了,始返回郑州。

毛主席如果在天有灵的话,可以欣慰地看到:几十年来,黄河堤防年年加固,宽阔的堤面已变成公路,堤两旁杨柳成行,春秋季节果木飘香。黄河两岸的人民,正迎着改革开放的强劲东风,建设着美好的家园,奔向小康。您老人家可以放心了。

(刘洪声,曾任中共河南省委书记张玺秘书)

毛泽东主席视察安阳

刘方生

1952 年 10 月 31 日,毛泽东主席在视察黄河之后,在平原省的省会新乡市短暂停留。这天下午,中共平原省委第一书记潘复生亲自给安阳地委书记曹幼民打电话说:明天上午毛主席返京途中路过汤阴县看岳飞庙,在安阳下车看殷墟和袁世凯墓。曹幼民马上打电话通知我(当时我任安阳市委书记),到安阳地委共同研究部署接待、保卫工作,并立即动员组织党员干部在铁路沿线及殷墟、袁坟等地做保卫工作。

11 月 1 日上午 9 时左右,我和曹幼民、市公安局局长杨建三等同志到安阳火车站迎接毛主席。10 时许毛泽东主席乘坐的专列徐徐开进安阳车站。曹幼民和我赶忙迎上前去。潘复生、公安部部长罗瑞卿、铁道部部长滕代远等陪同毛主席先后下车,潘复生把曹幼民和我介绍给毛主席、罗瑞卿等。罗瑞卿说:"毛主席来安阳看一看殷墟和袁坟。"毛主席、罗瑞卿等在潘复生、曹幼民和我陪同下走出车站,乘坐汽车穿过安阳市区直接到小屯后,一下车看到一位农民在地里干活,毛主席让随行工作人员把他找来,问他这里出过什么东西?农民回答:出过甲骨文、铜器、玉器、陶器等,小屯及周围遍地都有。

有句俗话说"遍地都是宝,单等有福人",毛主席诙谐地说:"我们都是有福人嘛!"我们从地里捡了一些陶瓷片给毛主席看。毛主席问:"殷纣王当时为什么在这里建都?"我们没有作出满意的回答,只是说,殷纣王建都在淇县朝歌,这里是他的墓地。

毛主席对我们的回答感到不满意,又让身边工作人员找来一位农民问。这位农民说,殷纣王在这里建都,是因为安阳是一个好地方,有山有水。毛主席笑了笑,点点头。毛主席说:看过殷纣王了,我们到袁坟看一看吧!这时小屯村的农民有的已认出是毛主席来了,有十几个人都围过来。我们陪着毛主席很快离开小屯,坐上汽车直奔袁坟。在袁坟看了石坊、石像生,进入碑楼,简单看了一看碑文,登阶而上,看了袁世凯墓。这时天已过午,毛主席下来在石阶上休息。陪同人员端上来事先准备好的水果,热水是我和曹幼民同志从机关掂来的。把香蕉、苹果、茶水端到毛主席面前。

毛主席让大家吃,在场的同志都不肯吃。毛主席很风趣地说:"平分胜利果实嘛,一人一份,潘复生你给大家分。"休息中间,毛主席讲述了袁世凯的历史。在场有的同志提出袁世凯墓有没有保留的必要?毛主席说,可作反面教材。

我们请示罗瑞卿是否向毛主席汇报安阳的工作。罗瑞卿说:"毛主席来安阳主要是看一看殷墟、袁坟。不再听取工作汇报了。"毛主席说:"在路过安阳市大街时,看到安阳市市场恢复得还好!"休息后,毛主席坐汽车经过市区大街直接返回车站,我们送到车站,罗瑞卿对杨建三说:"你们工作做得不错,不要送我们上车了。"

（刘方生,曾任中共安阳市委书记）

回忆在汤阴火车站见到毛主席

王庭文

1952 年 11 月 2 日下午 3 点多钟,中共汤阴县委主要领导和县委全体委员,正聚集在县委会议室开会,研究汤阴县第十届各界人民代表会议的具体事项。

突然,我接到安阳专员公署打来的长途电话,通知我马上到火车站迎接中央首长。我迅即带上通信员,赶赴位于县城西南角约 2 里的火车站。当我迈步踏上车站门台时,隔着玻璃窗向站台里一望,20 来个身着黄呢子服装的人,站立在站台和站台东南方小碑林旁,其中一个身材魁梧,满面红光,神采奕奕的高大身影映入我的眼帘,仔细再看,我惊喜万分,啊!我们伟大领袖毛泽东主席来汤阴了。我快步上前,当脚步刚跨入车站门口时,一位穿着与主席一样的人上前拦住我问道:"你是谁呀?"我答:"我叫王庭文。"他连问:"县长来了吗?"我答:"我就是。""请你一人进来,别的同志请留步。"我怀着万分激动的心情走进车站,当走近毛主席身边时,他微笑着首先伸出手来与我亲切握手。两手相握时,一股暖流涌上了我的心房。主席那平易近人、和蔼可亲的作风,使我不知所措,也不知先说些什么好。还是他老人家首先问我:"认得吗?"我才赶紧回答:

"认得。"这时毛主席眉头一振,好似在想……"在出席华北县长会议时见过。"站在主席一旁的平原省政府主席晁哲甫介绍说。"是的。"毛主席作了认定。

毛主席时时处处关心着人民的疾苦。第一句就问我:"汤阴县有多少人口?"我答:"27万人。"毛主席又问:"怎么样?"我向主席汇报说:"这里一开始经过土地改革,人民分到土地和一些斗争果实,得到了实惠,但是人解放了,心没解放,因这儿先后经历了三次解放,前两次的反复,国民党、土匪,还乡团的反攻倒算,对人民无情摧残,给人们留下了创伤,他们怕地主再反攻倒算,怕反革命残余分子暴乱,后经过颁发盖有政府官印和我签名的土地证,再又经过镇压反革命、收缴民间枪支等运动,群众的心踏实多了,生产积极性也调动起来了。过去群众是怕字当头,关起门来说共产党好,现在街谈巷议'翻身不忘共产党',我来这里工作三年多了,没有出什么大问题。"

说到这里,毛主席面带笑容连声说:"这还好,这还好。"当毛主席问我:你们现在做什么? 我汇报说:"县里正在开第十届各界人民代表会议,总结生产救灾,安排冬季生产。"

毛主席问过汤阴县人民生产、生活和政府工作情况后,问起岳庙怎么样? 我说:"还好,汤阴解放后,我们花了3000斤小米的价款,修补了一次。"

"你们给群众办了件好事。"毛主席满意地说。

接着我将岳庙的基本情况简要地向主席作了汇报,我说:"岳庙内有岳飞像,大门里御碑亭外铸有奸相秦桧夫妻,张、王二俊和万俟卨,五个铁像对门而跪。门东有乾隆皇帝写的碑文,岳飞写的诸葛亮前后出师表碑文及旧社会名人撰写的碑文等存放完好,外地不断

有人来观看,还拓走岳飞书写的诸葛亮前后出师表,我也存有一份
这个拓文。岳家后世还存放一份岳飞的绣像,我在岳庙看过,当时
岳家提出把像交给我,由政府保管,我随即给他们讲,汤阴刚解放,
一切还没就绪,怕损坏了,还是由你们岳家保存好,今后政府需要
时,你们再拿出来。现在岳家后世有个名叫岳建军的青年。据我们
所查,岳家没有人当过汉奸的,为了使他们继承发扬岳家的光荣历
史,我们动员岳建军参加政府工作,现任县政府办公室干事。"

当我汇报这些情况时,毛主席接着问我:"你看过岳飞写的《满
江红》没有?"我说看过,他让我给背读一下,我便将原词背读了一
遍。背读《满江红》词后,毛主席又让我背读一下《出师表》,我接着
背道:"先帝创业未半而中道崩殂,今天下三分……"

这时,主席高兴地笑着向我发问:你读过大学吗? 我说:"高小
没读完即参加了抗日革命。"主席赞扬我说:"你学得很好。"我说:
"我是参加革命后,在党的领导下边工作,边学习的。"

"岳庙离车站有多远?"主席发问。我说大约 2 里,主席转问随
他来的人:"怎么办?"看样子,主席想参观岳庙,可是随行人员回答
"天不早了",劝主席赶路。主席这时又对我指示:"要保护好岳庙,
岳飞是爱国主义的大好人,不要毁坏古物,以教育后人,天不早了,
有机会我再来看岳庙。"言毕,主席再次与我握手告别,我送主席到
火车上,潘复生同志(平原省委书记)让我回去,我即走下火车,站在
站台上,目送主席的专列徐徐向北方开去。

(王庭文,曾任汤阴县县长;原中共汤阴县委党史办公室秦德文
整理)

回忆毛主席的亲切接见

王黎之

　　1953 年 2 月 16 日（农历正月初三），瑞雪纷飞，爆竹声声，人们正在欢度新春佳节。突然信阳铁路分局打来电话，要我立即赶到车站，说是中共河南省委书记潘复生同志指示转告的。我到车站不久，下午 6 时左右，一辆专列由北向南进入了信阳站。这时我才知道是毛泽东主席来到了信阳，并且要接见我。当时我是中共信阳地委书记。

　　专列停稳后，罗瑞卿部长首先下车并将我引到站台。此时，毛泽东主席正在下车。经罗瑞卿介绍，毛主席紧紧握住我的手，笑着说：我们一起到车站走走。那时，天已黄昏，飞着雪花，我紧跟着毛主席。主席兴致勃勃地边走边问：京戏《四进士》那个故事是不是发生在这里？宋士杰是信阳州人吗？我回答，传说是这里的人，他住在信阳西门一带。毛主席说："宋士杰主持正义，打抱不平，一状告倒了三个贪赃枉法的进士，可不简单呀！"主席谈笑风生，使我完全消除了初见时的拘束，处于亲切与轻松的气氛之中。

　　回到主席的车厢里，主席取来一张地图摆在办公桌上，手拿一支红铅笔，问我信阳地委下属哪些县，多少人口，边问边画，并开玩笑地说:"你管着几个国家啊,古时的上蔡、息县、固始、商城都曾经是个国家。"接着,我汇报了豫南解放后剿匪反霸、土地改革及群众生产、生活情况。

当我谈到一位国民党高级将领起义前在信阳烧了不少民房,在河南做了一些损害人民利益的事,因此,在各界人民代表会上,信阳的代表对他仍在河南省当官反映很强烈时,毛主席说:"河南群众有意见,那就让他到北京做官好了。"后来,这位起义将领就被调到北京任职了。这说明,毛主席对国民党起义将领的安排十分重视,既体现了党的统战政策,博大胸怀,又倾听人民群众的呼声,不损伤大家的积极性。

毛主席问:你去过北京吗? 我说:1951 年去过一次,是参加党中央召开的全国第一次组织工作会议,那时我当地委组织部部长。当地委书记后就没去过了,因没人召集我们开会了。毛主席稍加思索后说:"部门的会议多,干线不通噢!"当时毛主席很重视这个反映。要上情下达,也要下情上达。1955 年中央召开农村工作会议时,就通知了全国的地委书记参加。

记得后来一次毛主席在郑州见到我时说:"干线不通"那个意见,不是你提的吗? 问题解决了。由此可见,毛主席非常重视中央与地方党委领导的直接联系,亲自听取意见。后来几次到郑州了解关于农村"以生产队为基础"等情况时都找过部分地、市委书记交谈过。毛主席非常重视调查研究,并且亲自听取各种意见和反映,为我们领导干部作出垂范。我们应当保持和发扬党的这个好传统。

毛主席很重视年轻干部。毛主席问我多大了,任地委书记多久了。当他知道我 31 岁时,便问,河南省像你这样年龄的地委书记还有几个? 我回答"三人"。他很高兴地连声说好。

　　记得 1960 年,我陪同毛主席视察河南省工业展览馆,他看得很仔细。每见到青年知识分子和青年工人的创造发明和技术革新时,总是停下脚步来,详细询问,热情鼓励,大加赞赏,说:"要破除迷信,解放思想。"

　　毛主席亲切地问我是哪里人,什么时候参加革命工作,在哪里念书?我说是山东人,因抗日战争,书读不成了,1938 年参加了革命队伍,文化程度不高。毛主席说:那没关系,你还年轻,在革命队伍里是可以学习提高的。你知道谭震林吧?原来也没有文化,他很注意学习,现在很不错嘛。我们共产党队伍里像你这样的人不少,问题是要努力学习。

　　谈话已一个多小时,火车仍在行进。此时,毛主席说:我们去吃饭吧。我随他走到另一节车厢里,我们两人面对面坐在一个餐桌旁。服务员端来四个小盘,两荤两素,另加一个汤,两杯葡萄酒。主席怕我拘束,不断地让我吃菜,我没有想到毛主席生活如此俭朴。饭后又在办公车里随便聊天,飞驰的火车已从信阳开到湖北广水车站。毛主席说:你去过武汉吗?我回答:去过。他风趣地说:"那你就回去吧!大概你出来时,家里人还不知道你到哪里去了!大年初三风雪之夜王黎之失踪了,那还了得,说不定家里人正到处寻找你呢!"毛主席这段亲切幽默的话,说得我心里热乎乎的,一个伟大的革命领袖多么富有浓厚的人情味啊!

　　毛主席的这次接见,使我深受鼓舞,他的音容笑貌和教诲,永远留在我的记忆之中。

　　　　　　　　　　　　　　　　(王黎之,曾任中共信阳地委书记)

回忆三次见到毛主席

杨　珏

1955年4月12日，中共中央决定调我任河南省委副书记。省委分工让我分管党群、文教方面的工作。刚到河南，对黄河以南的情况不熟悉。我便经常下乡调查研究，了解情况，以便尽快适应、参与省委领导工作。这年6月21日晚上，我正在宿舍门前乘凉，接到省委办公厅口头通知，说明天毛主席来郑州，让我参加向主席汇报工作。我非常高兴，激动得一夜没有睡好觉。我是共产党、毛主席培养出来的干部，对党和毛主席有深厚的阶级感情，对主席无限崇敬和敬仰，参加革命几十年，还没有见过毛主席呢！明天能亲眼见到毛主席，向他老人家汇报工作，聆听主席的指示与教诲，怎能不使我兴奋和激动啊！

22日上午10时许，我同省委第二书记吴芝圃、副书记赵文甫和省军区司令员毕占云等一起前往郑州火车站迎接主席。专列停下后，由公安部部长罗瑞卿同志陪同主席下车，同我们见面后，换乘汽车直接到省委北院办公楼二楼会议室（因为省会刚迁到郑州，没有宾馆，只好在省委办公楼会议室休息）。

毛主席走进会议室一一询问每一个人的名字，主席问到我的名字时说:"杨珏名字不错,两个玉字,古书上有这个字,一个玉好,两个玉更好。"主席看到王化云同志说:"化云呀!你这个名字么,把云都化了,怎么下雨呀!"本来大家见到主席很尊敬,有些拘束。主席幽默的谈话,顿时使气氛活跃起来了,大家就无拘无束地笑了起来,接着由王化云同志向主席汇报治理黄河的情况。

当化云同志汇报到修建三门峡水库时,主席说:"黄河每年流入三门峡水库十几亿吨泥沙,泥沙淤积怎么办?历史上治理黄河有堵、疏的争论,有两种不同的治理办法。"当化云同志谈到在黄河上游搞水土保持试点时,主席说:"这是治本的办法,但黄土高原面积大,人口少,任务艰巨,堵、疏、水土保持都可搞。"黄委会是治理黄河的专门机构,省委要支持把治理黄河这件大事办好。当化云同志谈到治理贾鲁河时,主席说:"贾鲁①是一个人的名字,治河有功,后人称为贾鲁河。历代王朝都治理黄河,都没治好,我们共产党人一定要把黄河治理好,你们的责任很大呀!"

新中国成立后,我们党和国家领导人一向十分重视黄河治理工作,采取了许多重大而有效的治本与治标相结合的措施与办法,取得了巨大成就。

记得1965年8月2日,我调任国家经委副主任不久,曾参加过一次周总理主持召开的黄土高原植树造林会议,专门研究黄土高原机械化造林问题,以解决黄河上游水土保持,减少黄河泥沙问题。中央拟从陆军抽调三个师,改为林建师,成立黄土高原造林指挥部,让林业部副部长惠中权同志任政委,进行黄土高原机械化造林工作,但因第二年"文化大革命"开始了,这一重大工程也就夭折了。

———————————

① 元朝监察御史、工部郎中。河东高平(今属山西)人,是水利专家,因治理黄河有功,故将这条河命名为贾鲁河。

毛主席、周总理多次视察黄河,听取汇报,作出治理黄河的重大决策,使黄河变害兴利,造福子孙后代,功垂千古。

王化云同志汇报完治黄工作后,吴芝圃同志汇报了全省发展初级农业合作社和农业生产情况,主席说:"河南是农业大省,既要积极发展初级农业合作社,又要注意做好巩固工作,特别要注意培养干部,学会经营管理工作。"

汇报结束后,就请主席在会议室里吃午饭,午饭准备得很简单。因为罗瑞卿同志事先再三交代,不要做那么多菜,菜做多了,主席要批评的。午饭只是四菜一汤,其中有一个河南名产黄河鲤鱼。吃饭时,吴芝圃向主席介绍黄河鲤鱼的特点,黄河鲤鱼在三门峡只有一斤多重,肉很细,吃着很嫩、很好吃。主席很满意地说:"黄河鲤鱼很香啊!"饭后,主席回到专列上离开郑州。

第二次见到毛主席是1958年1月初,主席去南方开会,路过郑州,在郑州火车站停留两个多小时,在专列上听取了省委工作汇报。参加这次汇报的有吴芝圃、杨蔚屏、赵文甫、毕占云和我等。我们登上专列,主席看了参加汇报的名单说:"小毕!你来了。"毕占云说:"我也老了。"主席说:"那你还是小毕吗!"这时,我才想起《毛泽东选集》中曾谈到过毕占云同志是井冈山的特务营长。

主席说:"开讲吧!"吴芝圃汇报了河南一年实现"十化"的问题(水利化、机械化、良种化、绿化等)。这是毛主席在批评右倾保守思想,提出15年赶上和超过英国,多快好省地进行生产建设的指导思想之后。因此,毛主席听汇报时很高兴,但同时,也对河南省年产粮食750亿斤和一年实现全省绿化问题提出疑问。看来毛主席听了汇报既高兴,又对一些不切实际的数字和时间要求不相信,主席说:"那么多荒山、荒地,你们一年怎么实现绿化呀!"吴芝圃说:"飞机播种。"主席说:"就算活了,那么个小苗苗也不能算绿化呀!"汇报结束后,我们下了火车,主席坐的专列离开郑州去武汉。

第三次见到主席是 1963 年 6 月 13 日。这天凌晨 3 时主席乘坐的专列到达郑州,停在省委第三招待所火车专用线上。17 时,中共河南省委第一书记刘建勋、第二书记何伟、常务书记文敏生和我,及被指名参加的洛阳地委书记纪登奎、新乡地委书记耿起昌、许昌地委书记赵天锡等,在专列上向主席汇报了工作。刘建勋向主席介绍了参加汇报的人员,当介绍我时,刘建勋说:"杨珏同志是错划为右倾机会主义分子的。"主席说:"哪有那么多的右倾机会主义分子?"这次汇报,主要由刘建勋汇报了河南省农村社会主义教育运动情况,其他同志也谈了一些意见。当谈到农村人民公社生产队增产包干、三年不变时,主席说这个办法好。当汇报到生产队财务不清、仓库不清时,主席说:"要帮助基层干部'洗手洗澡',主动'下楼'啊!"

回忆我三次见到毛主席的情况,深受教诲,终生难忘。特别是毛主席经常深入基层调查研究,密切联系群众的工作作风;生活艰苦节俭,衣着简朴的生活作风;日理万机,夜以继日为党和国家大事操劳的忘我工作精神,都给我留下了深刻的印象,是我学习的榜样和楷模,使我永远难以忘怀。

(杨珏,曾任中共河南省委副书记、书记处书记)

毛泽东主席的亲切接见

路宪文

20 世纪 50 年代中后期,在我任中共信阳地委书记期间,有幸先后 5 次受到毛泽东主席的亲切接见。如今 30 余年过去了,他那魁梧的身材,仍似在眼前,朗朗的笑声犹在耳旁。

第一次见到毛主席是 1955 年的秋天。当时我正带着几个人在信阳北黄家乡蹲点,制定水利、卫生等方面建设事业的规划,省委电话通知我到郑州。在火车专列上,毛主席接见了中共河南省委第二书记吴芝圃、第一副书记杨蔚屏和河南的几位地委书记耿起昌、赵天锡、林晓、张申和我。毛主席接见我们谈话的主要内容是针对已拟定的"农业十七条"征求意见,讨论当前农村工作应该做什么。我们根据自己了解的情况发表了意见。这次接见之后,我回信阳向地委和所驻点上群众传达了"农业十七条"。"农业十七条"是关于农业、水利化、合作化的,当地群众听了很兴奋,迅速得到了贯彻落实。关于"农业十七条"的传达情况,我写了一篇文章,刊登在《河南日报》上。河南日报社的编辑在编稿时将题目改为《毛主席十七条指示到了黄家乡》。

是年 10 月,我作为河南省列席代表之一参加了在北京召开的中国共产党七届六中全会(扩大),会议的中心议题是讨论农业合作化问题。会议前夕,毛主席在怀仁堂小会议室召集参加会议的全国各地的30余位代表,开座谈会。河南省有几位代表参加,记得比较清楚的有吴芝圃、杨蔚屏、耿起昌和我。是时全国农业合作化已全面展开,主席主张加快合作化的速度,对在座人员提出了很多问题,我清楚地记得当时主席连问几个能不能办,对合作化,灾区能不能办?山区能不能办?干部没有经验能不能办?这些正是我们在实际工作中面临的问题。我根据自己在信阳工作的实际,发言说:灾区能办,组织起来搞副业对救灾更有利;干部没经验可以边办边学,在实践中逐步摸索积累组织合作化的方法、经验。会上每个人的发言都整理成不超过1500字的发言稿,刊登在这次会议的文件汇编上。

1959年初春,河南省委召开的四级干部会议期间,我又一次见到了毛泽东主席。毛主席到河北、山东视察,发现各地程度不同地存在"一平二调"的"共产风"。主席在郑州主持召开第二次郑州会议,会议期间,接见参加会议的河南各地地委书记,吴芝圃、杨蔚屏也参加了接见。毛主席讲了沿途发现的"一平二调"的情况,问河南有没有这种情况。各地向主席如实作了汇报,如调群众的猪、鸡、木料及各种东西,修万头猪场,强迫命令,群众很有意见。听了汇报,主席严肃地说,"一平二调"是错误的,严重脱离群众。主席建议省委把这次会议扩大为六级干部会议,听听大队、小队干部的意见。我记得当时各地公社书记以及大队、生产小队干部代表共几千人参加了省委召开的扩大会议。主席写了一篇题为《当前的主要危险》发言稿印发与会同志。文章说当前存在的"共产风"、浮夸风、强迫命令,如不制止可能发展成冒险主义,是十分危险的。

会后省委开会写会议总结,主席让秘书胡乔木亲自参加省委会议,帮助省委写大会总结。其间,一个晚上,主席又在国际旅行社召集各地地委书记,询问他讲话后的讨论情况,大队、小队干部的意见。

最使我难忘的是1958年的深秋,主席路经信阳,专门接见信阳地委和专署机关负责同志,使信阳干部有机会亲聆主席的教诲。

毛主席到郑州时,我们已经知道了,省委电话通知让做好保卫工作。主席沿路又先后接见许昌地委书记赵天锡、遂平县委书记蔡中田等。主席乘坐的列车到达信阳时已是夜晚,停留在信阳铁路的一个岔道上。听说毛主席要接见我们,大家都很高兴,当时在家的书记都去了,有杨玉璞、王达夫等,我把他们一一介绍给主席。主席身着灰色中山装,脚穿红色皮鞋,见到我们,忙迎过来,伸出温暖的大手同大家一一握手。车上随行的是罗瑞卿同志。

待大家坐定,主席第一句话便问:"你们的人民公社会不会垮台?我听说好多人民公社是空架子,挂人民公社的牌子,土地、经济还没统一。你们是不是也光挂个牌子,垮了垮不了?"

我回答道:"我们这里的人民公社不是花架子,做到了劳力、土地、资金、财经等方面的统一。现在正派干部下乡充实,加强领导,做巩固工作,垮不了。"

主席用很高的声调说:"不对,你说不垮台就可能垮台,你思想上准备垮台不一定垮台。思想上准备垮台,就派人去做工作,工作做好了,就巩固了;你脑子里没有准备,工作放松了,就会出现问题。"

主席阐述这两方面的辩证关系,使我们很受启发。接着主席问及信阳的历史情况。主席多次接见,除了谈工作,还叙谈历史,闲话风土人情。主席谈笑风生的风采,使我们很受感染,紧张情绪顿消。

主席饶有兴趣地讲息夫人、孙叔敖的故事,问蔡国、息国现在是啥地方,我们一一作了回答。

信阳历史悠久,名人辈出,即使生于斯、长于斯或长期在此工作的同志未能知道信阳历史多少人、多少事!而主席日理万机,还熟谙各地风俗民情、历史典故,他那博大精深的才识真让我们叹服!

谈起孙叔敖治水,我们想起了一件事,便向主席作了汇报:淮委会修正阳关间河大坝,淹了几个县,一直停工没解决。

主席听了马上说:还有这样的事情,请谭震林同志会同河南、信阳、阜阳的同志一起解决。后来,张树藩到武汉,由谭震林主持搞了退赔。

毛主席在信阳停车一个多小时,对如何建设人民公社作了重要指示,给信阳人民以亲切关怀,我们回去后向干部、群众作了广泛传达,对信阳的干部、群众是一个莫大的鼓舞。

(路宪文,曾任中共信阳地委书记)

难忘的回忆[①]

戴苏理

全国解放之后,毛主席多次到河南来视察工作,20 世纪 50 年代我在省委工作,多次接待过毛主席,也参加过一些会议和座谈。现将回忆起来的片断写在下面。

毛主席注重调查研究

1956 年春季,毛主席从北京来到郑州,吴芝圃、杨蔚屏、赵文甫、宋致和和我到车站迎接,在车上进行了座谈。

我第一次亲眼见到毛主席,抑制不住激动和尊敬的心情,精神相当紧张,整个车厢里充满严肃的气氛。毛主席身着有补丁的睡衣,慈祥地微笑着和大家一一握手,边问姓名边插话:"你是宋致和,和气致祥。""你是赵文甫,还有一位赵明甫吧!他在黄委会工作。""你们这里有一位嵇文甫吧,是历史学家。"这样一问一答,大家的精

---

① 此文写于 1993 年。

神顿时放松了,空气活跃了。这是毛主席联系干部和群众的最好方式。

接着,毛主席将写在信纸上的农业发展十七条,交给大家看,并一起讨论。这十七条是毛主席征求了很多同志的意见,陆续写成的。粮食亩产在 12 年内能否达到"四、五、八",全国按农业自然条件,划成三个区域:黄河以北达到亩产 400 斤,长江、淮河以南达到亩产 800 斤,黄河以南长江、淮河以北达到亩产 500 斤。大家谈到,河南省这三个区域都有,粮食亩产平均要达到 500 斤左右,现在只二三百斤。这个任务不轻啊!必须做很大努力才行。大家和主席一起商量了需要采取的一系列措施。当提到除"四害"时又热烈起来,要消灭老鼠、苍蝇、蚊子等,大家说光农村不行,要城乡一起动手,让这些害虫无藏身之处。还谈到消灭麻雀问题,主席说有的专家讲麻雀损害庄稼,可是也吃害虫,能否消灭是个问题。在座谈中很自然、很愉快,大家认为有个发展纲要很必要,但也觉得任务重。

这个"十七条",毛主席又经过多次调查研究,听取各方面意见,最后形成了《全国农业发展纲要四十条》。

毛主席到各地视察大都乘火车,多次经过河南,在铁路沿线找省委、地委、市委、县委的领导同志座谈,询问情况,研究问题。毛主席还下车到农村亲自看了农田并和农民交谈。曾经到七里营公社看棉花;到长葛县了解深翻土地的情况;到襄县视察了烟田,见到这里烟叶长势很好,说真是"烟叶王国";还到商丘县七一试验站看过水稻、红薯;在郑州郊区燕庄看过麦田;等等。

毛主席了解了很多实际情况,也发现不少问题,如到新乡时,地委汇报在大办钢铁中日产钢铁 100 万吨。毛主席说,有几吨好钢就好嘛!对粮食放"卫星",亩产小麦几千斤……毛主席并不相信。这就为后来纠正"大跃进"、公社化中"左"的错误掌握了不少材料。

毛主席异(非)常重视调查研究,很注意调查方法,他的作风伟大而平易近人,这是值得我们永远学习的。

一国能否首先实现共产主义

1958年11月2日至10日,毛主席在郑州亲自主持开了第一次郑州会议,我是这次会议的接待者,同时也参加了会议的讨论,聆听、阅读了毛主席的讲话和文件。

这次会议是在1958年农业大丰收、大办钢铁、大办水利热火朝天时召开的。参加会议的领导同志大部分头脑很热,都认为《全国农业发展纲要四十条》已提前实现,要制订新的《十五年社会主义建设纲要》四十条,讨论得很热烈,对工业、农业和人民生活等方面提出很多很高的不切实际的要求。

送到会议上的材料不少,有范县实现共产主义的规划,嵖岈山公社章程草案,要取消商品,实行调拨,吃饭不要钱,还有徐水县的跃进规划,等等。这时多数人脑子很热,提出了一个理论问题,一个国家可以首先实现社会主义,那么在一个国家能否首先实行共产主义?吴芝圃同志的脑子最热,我也一样,幼稚得很。记得在一个晚上,送毛主席到省委二所西楼休息时,吴芝圃同志还边走边向毛主席说,一国是可以首先实现共产主义的啊!毛主席说不行吧!当时不少同志思想上很混乱。为此,主席讲了话,让大家读斯大林的《苏联社会主义经济问题》和《马克思恩格斯列宁斯大林论共产主义社会》两本书。用马列主义理论澄清思想混乱,统一认识。划清公社是集体所有制和全民所有制的界限,划清社会主义和共产主义的界限。毛主席和大家一起学习,毛主席说:"吴芝圃同志不要和陈伯达搞在一起,马克思主义太多了,不要急于在4年搞成,不要以为4年以后农民就会和郑州工人一样。游击战争用了22年,搞社会主义没有耐心如何行?没有耐心不行。修武县委第一书记不敢宣布全民所有制,一条是怕灾荒,减产了,发不了工资,国家不包,又不补贴;二是丰产了,怕国家拿走。这个同志是想事的,不冒失,不像徐水那样,急急忙忙往前闯。"并说过有些号称马列主义经济学家的同志,他们在读马列政治经济学著作时是马克思列宁主义,但一遇到目前经济的实际问题时,就打折扣了,就糊涂了。

这次会议还讨论了人民公社中存在的问题,提出要纠正浮夸风、"共产风"和瞎指挥。毛主席说:"徐水把好多猪集中起来给人家看,不实事求是。有些地方放钢铁'卫星'的数目也不实在,这种做法不好,要克服,反对浮夸,要实事求是,不要虚报。"并起草了《关于人民公社若干问题的决议》(草案),为党的八届六中全会作准备。

第二次郑州会议,是毛主席经过两个月调查之后召开的。这时发现我们跟农民的关系相当紧张,"一平二调三收款"引起广大农民的恐慌和不满,这是公社所有制前进得远了。毛主席决心要整顿公社,纠正"左"的错误。在毛主席主持下通过了《关于人民公社体制的若干规定》(草案),确定了整顿人民公社的方针:统一领导,队为基础;分级管理,权力下放;三级所有,各计盈亏;分配计划,由社决定;适当积累,合理调剂;物资劳动,等价交换;按劳分配,承认差别。后来在上海会议上又提出对"一平二调"的旧账要清算、要退赔,并规定公社小队也要有部分的所有制。这期间,河南省委正召开六级干部会议,毛主席听取了河南省委关于整社工作汇报。毛主席让胡乔木帮助省委起草六级干部会议的报告,毛主席还亲自作修改。

两次郑州会议都是纠"左"的,毛主席抓得很紧,澄清了一些混乱思想,解决了公社中的不少问题,大家头脑是比较清醒了。但河南省的领导同志头脑还是热,很怕给群众运动泼冷水,并没有压缩了空气,所以纠"左"很不彻底,在"左"的思想指导下两次会议的精神贯彻得不好,譬如不愿实行"三级所有,生产队为基础",而坚持要实行生产大队为基础。

两次郑州会议对我的教育很深刻。不经常学习马列主义的基本原理,学习马克思主义的立场、观点、方法,不调查研究、实事求是、从实际出发,就不可能纠正"左"的和右的错误,革命和建设事业就很难前进,就会受到挫折。

现在全党正在贯彻党的基本路线,建设有中国特色的社会主义,实行计划经济向社会主义市场经济过渡。我们一定要不断提高理论水平,更好地为社会主义建设贡献力量。

(戴苏理,曾任中共河南省委书记、河南省省长)

回忆毛主席在河南的日子里[①]

史向生

1976 年 9 月 9 日，一个我心中永远抹不掉的悲怆的日子。这一天，中国人民的伟大领袖毛主席，离开了他终生系念的人民，与世长辞了。噩耗传来，于无言的哀思中，我清晰地回忆起从 50 年代至 60 年代初，在河南省委工作时，曾有幸多次陪同主席视察中原大地，向主席汇报工作及聆听他的教诲。那一幕幕感人至深的历史瞬间，依然栩栩如生，仿佛就发生在昨天。在那潮思如涌的日子里，我很想写点什么，想将领袖的音容笑貌以及与人民群众的鱼水深情记录下来，留给人们。然而那时我勇气不足，未敢动笔，只淹没在哀思里。

时光流逝，不觉中 16 个春秋悄然而过。时值主席诞辰 100 周年的今天，我终于鼓足勇气，完成这篇回忆文章，以偿夙愿。

战争年代，我在敌后，没到过延安，因而一直没有机会见到毛主席。直到新中国成立后的 50 年代，我才有幸多次进京开会，聆听毛主席的报告，并和与会同志一道多次幸福地受到毛主席的接见。

我第一次面对面见到毛主席是在 1958 年 1 月的南宁会议上。

---

① 此文写于 1993 年。

当时我任河南省委书记处书记兼副省长。1958年1月,中央工作会议在南宁召开。我永远难忘会议开始的第一天,我第一次与毛主席谈话时的情景。那天,也许是幸福来得太突然,当主席真正站在我面前时,我竟一时激动得连话都讲不流畅了。我望着主席那高大的身影,镇定了一下自己的情绪,对主席说:"吴芝圃同志身体不好,不能来,让我来参加会议。"主席仿佛意识到我的紧张与拘束,话音未落,就热情地握着我的手说:"你很光荣,你是代表河南5000万人民来的。"听着这充满信任的话语,我顿时感到轻松了不少,但随即又想到被委以的"代表河南5000万人民"这样的重托,心情不免仍有沉重之感。

会议期间,主席陆续听取了到会同志的工作汇报。由于我初次经历这种场面,感到拘束和胆怯。当汇报进行到第三天,我仍在想我的发言稿时,忽然听到会场中有人说,只剩下一个人没有汇报了。这时只见主席的视线落在了我的身上,主席说:"河南还没汇报,要汇报嘛,一人向隅,满堂不欢嘛。"

开始汇报时,我由于紧张,话越讲越快。突然,我看到主席把手中的铅笔一放,问我:"你当过教员没有?"我感到诧异,不知该如何回答他的话。主席接着说:"先生这样讲,学生听吗?"我恍然了,原来是嫌我话讲得太快。于是我尽量放慢了讲话的速度,不知不觉中我的语调也自如多了。

我重点向主席汇报了河南省的农业生产情况,特别是各地区群众治山治水、战天斗地的动人景观。当我汇报到河南禹县几万人大战鸠山时,劳动现场此起彼伏的歌声中有这样的歌词:"雄赳赳,气昂昂,扛着镢头,背着筐,跑着步,上鸠山……"主席听后兴致很高,逐字逐句记在本上,并连连赞扬群众的干劲足。当我又讲述原阳县为打翻身仗,提出口号"苦战三年,三红变三白,根本改变全县面貌"时,主席问:"什么叫'三红变三白'?"我解释说:"原阳县盐碱地多,很穷,群众生活主要靠吃红芋、红高粱、红辣椒,当地称其为'三红',变'三白'就是要将这里的主要农作物变成白米、白面、白棉花。"听了我的解释,主席很满意地记下这句口号,并高度评价了这句口号。在会议讨论过程中,主席将这句口号改为"苦战三年,全国基本改变面貌",并写进了《工作方法六十条》这一文件里。

汇报结束了,我仍久久不能平静。午餐后,我立即与河南省委通了电话,通告了主席听汇报时的情况。家里的同志们听后也备受鼓舞,兴奋异常。认为这是对河南工作的肯定和鼓励。

南宁会议是中央召开的九省二市书记会议。会议由毛主席主持,刘少奇、周恩来、李先念、彭真、薄一波等中央领导同志以及各大协作区书记出席了会议。主席和与会同志当时围坐在一个长桌旁。会议进行中,毛主席不时谈笑风生。记得主席曾借用了宋玉的《好色赋》,批评了"攻其一点,不及其余"的现象。他还生动地为我们讲解云南昆明大观楼上的长对联。

会上,毛主席批评了1956年的"反冒进",指责"反冒进"泄了6亿人民的气,是一个时期内的方针性的错误,是政治问题,并说以后不可再提"反冒进"的口号。主席还批评了有些部门,说这些部门平时不经常与中央通气,一送报告就是几大本,主席形容这种作风为:"倾盆大雨,我的团粒结构不强,都冲跑了。"主席又告诫说:"还是披头散发,多下些毛毛雨好。"由于主席的批评,会议气氛较严肃,大多数大区书记和与会的中央领导同志都相继作了发言。当然主席批评的目的,还在于要促干劲,鼓士气,发动"大跃进"。这次会议还提出制定社会主义时期的总路线。会议后期,主席将大家的意见,总结概括为"工作方法六十条"。

由于河南的工作在南宁会议上受到主席的表扬,会后省委在贯彻南宁会议的精神时劲头十足,而头脑也随之开始发热。1958年1月底河南省委常委召开会议,在未经科学论证的情况下,盲目地提出了"苦战三年,从根本上改变河南的自然面貌"的口号,并确定了河南省全面"大跃进"的奋斗目标:两年实现水利化,三年达到"四无"省,五年超额实现"四、五、八",五年消灭文盲并普及小学和初中教育。这种脱离实际的"高指标",导致了"浮夸风"和"共产风"的严重泛滥,教训是沉痛的。

新中国成立后,毛主席对于河南农业生产、农业的集体化进程,给予了极大的关注和支持。

1955年冬,毛主席在主持编写的《中国农村的社会主义高潮》一书中,为河南郏县的一篇《大李庄乡进行合作化规划的经验》的文章,所作的按语中指出:"农村是一个广阔的天地,在那里是可以大有作为的。"按语发表后,大大调动了广大知识青年献身农业生产,建设社会主义新农村的积极性和创造性。

与此同时,毛主席为一篇介绍河南安阳县南崔庄党支部,领导贫苦农民坚定地走社会主义道路,三年实现全村农业合作化的动人事迹的文章,亲自撰写了按语,并将文章标题改为《谁说鸡毛不能上天》,以此坚定全国5亿农民走社会主义道路的决心和信心。

1958年4月,毛主席在《介绍一个合作社》一文中,颂扬了河南封丘县应举农业合作社靠自力更生改变灾区面貌的感人事迹。文章一经发表,文中著名的论断"中国六亿人口的显著特点是一穷二白,这些看起来是坏事,其实是好事。穷则思变,要干、要革命。一张白纸没有负担,好写最新最美的文字,好画最新最美的画图",便被人们广为传诵,大大激发了亿万人民群众建设美好的新中国的斗志。

对于河南的广大干部群众来说,毛主席的上述文章,令他们倍感亲切,并受到极大的鼓舞。

1958年至1962年,毛主席多次来河南视察和召开会议,其中包括两次郑州会议。毛主席在河南期间的视察等活动,多数由我陪同进行,我还负责对主席的日常接送。这一时期与主席的频繁接触,使我深得主席诲人不倦的指教,每当回忆起那珍贵的往昔,我都思绪难平,沉浸在无限的幸福中。

1958年8月6日至8日,毛主席在人民公社化前夕,又一次亲临河南视察。我一路陪同着主席。

河南农村当时正兴起大办水利的高潮,不少地方同志主观地认为高级社已不适应大办水利等生产的需要,许多高级社都自发地三社一并、两社一并,成立"联社",实行统一计划、统一领导。如河南遂平县嵖岈山卫星人民公社正是在"联社"的基础上成立起来的。

8月6日,毛主席乘专列从河北南行到达新乡。毛主席首先由吴芝圃、耿起昌等同志陪同,兴致勃勃地视察了新乡县七里营联社,观看了社办工厂、敬老院、幼儿园。然后毛主席来到农田边,看到棉花长势很好,呈现一片大面积丰收景象,感到很欣慰。他高兴地说:"大有希望,农村都像这样子,就好了。"视察中,主席听取了社党委同志的汇报,当主席听到这里已并为大社,实行统一管理、统一规划、统一分配时,答话道:"还是人民公社好!"结果七里营的群众闻风而动,赶在主席离开村子之前,在村口挂出"七里营人民公社"的牌子,以表示对主席的敬意,由此中国历史上诞生了第一个人民公社——七里营人民公社。

　　当天晚上,主席的专列停在郑州车站的岔道上。主席参观七里营时,我恰好不在郑州,我当时正在嵖岈山公社召开地、县农村工作部长会议。同去参加会议的有农村工作部正、副部长赵定远、崔光华,河南日报社社长丁希凌,地委书记路宪文、办公室主任赵光等同志。红旗杂志社记者李友九等同志已先期到达。嵖岈山地区这些天忽然热闹非凡,参观学习的人很多,因为这里成立了一个很大的联社。在这里人们看到农民以部队班、排、连的组织形式,进行劳动。远远望去农田里一片丰收景象,好不喜人。人们最为新奇的是,联社自办了公共食堂。为了对农村出现食堂这一新生事物作深入的调查研究,我们不少人都亲自去食堂吃饭,我还在食堂门外住了一夜,作实地考察。考察结果,我们认为联社自办食堂,有推广价值。虽然以往治淮工地上办过食堂,农村也办过农忙食堂,但在农村常年办食堂,还是第一次见到,感到这是方便农民的举措。由红旗杂志社记者李友九为嵖岈山卫星人民公社草拟了一个简章,我们都参加了研究和修改。简章草稿中提出了"吃粮不要钱"的观点。

　　8月5日,在现场召开的地、县农工部长会议上,我作了由合作社转化为公社的发言,并讲解了这一简章草稿的内容,人民公社的性质、组织规划等。正在我忙得不可开交的时候,8月6日早晨接到了省委电话通知,让我连夜赶回郑州,向主席作汇报。我接电话后,立即骑上骡子,到遂平县搭火车,当夜赶回郑州。到郑州时已是深夜,到车站接我的同志随即将我领到主席的专列上,看到吴芝圃等省委几位书记早已等候在那里。他们告诉我,主席等我到半夜,现已被叶子龙等随行人员劝说去睡觉了。由于不知主席何时能醒,我到后不一会儿,吴芝圃等同志也被劝说回省委休息去了,仅留我一人在专列上等主席醒来。

　　凌晨4点钟左右，主席睡醒了，当他听说我已经等候在那里，立即穿了睡衣出来接见我。主席见到我，仿佛遇到了老朋友，很高兴地说："正等着你呢，想听你讲讲嵖岈山的情况嘛。"我感到很意外，主席对我的去向似乎很了解。我当即向主席汇报了嵖岈山的情况，并将"吃粮不要钱"的简章草稿拿给主席看。主席接过简章草稿边看边说："如获至宝，这东西好，给我吧。"接着我向主席讲述了公社办食堂的情况，我告诉主席，农民去食堂统一吃饭，既节省时间，又将妇女从家务劳动中解放出来。主席听了很高兴，称赞"食堂"是新事物。主席在听汇报的过程中不断提问，问得很细，如"锅灶怎么弄到一起？""食堂粮食如何统一存放？""社员吃饭时秩序怎样？""你在那里有没有吃过饭？"等等，我都一一作了回答。然后我又向主席介绍了嵖岈山公社的规模和生产组织情况，当主席听到农民劳动时已经军事化了，按班、排、连的编制从事生产，又听到一个公社有5万人口时，主席感慨地说："大的多了，公的多了。""这在古代，就是一个诸侯国了。"但主席又谈到，比之古代诸侯国，公社是又大又公，多了公的特点，是"一大，二公"。主席又问起群众有纠纷，公社如何调解时，我告诉主席，由公社民政部门来调解处理。主席说："哦，这带政权性质，既是经济组织，又是政治组织，实际上是基层政权，这叫政社合一。"主席还说："大集体，小自由，不要统得太死。"这之后我又向主席汇报了嵖岈山公社的组织结构。当主席听到公社采取工、农、商、学、兵结合，实行统一管理，统一规划，统一分配时，饶有兴趣地掰着指头说："工、农、商、学、兵，那么工业、商业、学校都包括了，是五位一体啊。两个招牌换成一个招牌，是政社合一。"谈到公社的名称时，主席说："人民公社这个名字好，包括工、农、商、学、兵，管理生产、管理生活、管理政权。"时间不知不觉地过去了，我和主席自始至终处在一种无拘无束的谈话气氛中。这次谈话,除主席和我外,还有河北省委书记解学恭同志在场。他是护送主席出河北,进河南的。他谦虚地说,顺便也来河南取经,因而谈话期间他很用心地做着记录。

毛主席和我的谈话于8月7日黎明结束,这时雾蒙蒙中东方已泛出鱼肚白。主席脸上毫无倦意,神态爽朗地呼唤着我一同下车去看看。也许是怕惊动更多的人陪同前往,主席未说明想去的具体地点,只让汽车顺着郑州通向南阳的大道奔驰。我和主席同坐一车,想到省委第一书记吴芝圃等同志尚不知主席的去向,我的心忐忑不安起来。忽然,汽车的前方出现一个牌楼,"跃进门"三个字赫然眼前。记得牌楼立柱上写有"乘飞机、驾火箭"等字样,主席看后赞许地说:"很有气派。"当汽车行至许昌地区襄县双庙乡郝庄农业社的地边时,主席被眼前一片茂密的庄稼牢牢地吸引住了,他兴致勃勃地下了车,踏着晨露径直朝地里走去。只见主席欣喜地举起一个谷穗看了又看,还用手丈量了一下谷穗的长度。然后立即请摄影师侯波为自己照了一张相。忽然主席又招呼我:"史向生,来,咱们在这里照个相,让北京人看看粮食增产不增产。"就在这一瞬间,吴芝圃、许昌专员王延太也已闻讯赶到。于是主席同我、吴芝圃、许昌专员王延太一起在谷地里合了影。这些相片后来都登载在报刊上。接着主席又视察了近旁的烟草田。当主席看到有的烟叶长得比他本人还高时,惊讶地扳住烟叶观看了许久。这时杨蔚屏、赵文甫、许昌地委书记赵天锡都陆续赶到。时间过得真快,不觉中天已大亮。我们怕主席太累了,就邀请主席到附近的一个小学校门前的椅子上休息片刻。这时小学生们已陆续来上学,在渐渐聚拢过来的小学生中,忽然有人惊呼:"毛主席,毛主席!"刹那间,人们围住了主席。小学生们情不自禁地高呼起:"毛主席万岁!"主席疼爱地摸了摸孩子们稚气可爱的小脑袋。然而,未等主席和孩子们交谈,我们不得不迅速扶送主席上车,因为我们对主席的安全负有责任。

主席兴致未已,在返回郑州的途中,冒着酷暑,又下车视察了长葛县宗砦农业社深翻改土的玉米田。主席向社干部详细询问了这种田地里农作物的生长情况,及社员们的生活情况。主席对农民利益的深切体察,令在场的人们感动不已。午后主席顶着烈日离去,驱车返回郑州。省委确定我继续陪送主席离省,当省委领导向主席告别后,列车向东开去。当夜专列停在兰考东坝头的岔道上。

8月8日,主席专列向东行。车到商丘,主席提议下车看看,我们乘车来到商丘车站,由商丘地委书记任秀铎、副书记王林同志陪同到道口乡黄楼农业社。这时已近中午,天气炎热,有人拿来一顶新草帽,让我给主席戴上,当我把草帽戴到主席头上时,主席却摘下来戴到我的头上。之后,主席走到一块红薯试验田里参观。主席问县委书记刘学勤:"这块地亩产多少?"刘学勤答×万斤,主席让将红薯刨出来看看。结果刨了两三处,块都不大。主席笑着说:"你说亩产×万斤,要收了才算数。"然后主席与在田间劳动的社员们亲切地拉起了家常。主席望望远处茁壮的红高粱,微笑着离去。黄楼社后来改名为"双八公社",以纪念主席的视察。

8月8日下午,主席结束了对河南的视察,离豫赴鲁。主席到达山东后仅参观了历城县的一个公社。在这里,主席又一次说了"还是人民公社好"这句话。主席刚一离省,新华社记者的通讯就在党报的重要位置上刊出。"还是人民公社好"这句名言顷刻间传遍大江南北,长城内外,全国公社化运动由此轰轰烈烈地迅速展开。河南,第一个人民公社的诞生地,自然成为公社化运动的先驱。在主席指示的鼓舞下,在一片敲锣打鼓声中,仅半个月,河南全省就实现了公社化。

1958年8月,主席视察河北、河南、山东三省农村后,8月下旬中央政治局扩大会议于(在)北戴河召开。会议通过了《中共中央关于在农村建立人民公社问题的决议》。《决议》发表后,全国掀起农村人民公社化高潮。短短几个月的时间,全国农村的人民公社已初具规模。

然而,北戴河会议之后仅仅两个月,毛主席和党中央开始察觉到公社化运动中的一些错误倾向。如各地区在大办人民公社时,缺乏因地制宜的务实精神,由于好大喜功而导致瞎指挥、强迫命令之风蔓延。一段时间,"浮夸风""一平二调"的"共产风","高指标""高征购"遍及各地。而这类问题,河南尤为普遍。

为了纠正这类问题,10月下旬,毛主席先后派陈伯达赴河南嵖岈山人民公社,田家英、吴冷西到河南新乡七里营和修武县("一县一社"的典型)作调查。接着毛主席又沿京广线南巡,并在河南郑州召开了第一次郑州会议。

11月1日,省委通知我到新乡站迎接主席。紧接着主席就在专列上听取了新乡地委书记耿起昌等地市负责人有关"大跃进"、人民公社、大炼钢铁情况的汇报。主席问在场的人们:"公社会不会垮台,食堂会不会垮台?"当时新乡的钢铁数字已虚夸,主席问耿起昌:"你那是不是真钢铁? 有没有那么多数?"耿起昌愣了一下,才坚决回答说,有那么多数,是真钢铁。主席对大家强调了劳逸结合的科学性,并希望各级领导注意关心群众的生活。听完地、市负责人的汇报,主席又接见了新乡各县县委书记。记得当时的情景也很特别。各县县委书记依次从专列左车门上来,和主席握手后,再从右车门下去。我和耿起昌站在主席旁边负责介绍。主席一一与他们握手、问好，并分别和每一个人照了相。我看到每一个被接见人的脸上，都有着难以抑制的激动和幸福。

当天，主席连夜赶到郑州。主席利用郑州会议的间隙，召集中央办公厅下放在荥阳县的干部座谈。紧接着又召集开封、洛阳、新乡、许昌4个地委书记和7个县委书记开座谈会。主席在每次座谈会上总是反复说："有什么问题？不要只说成绩，我想知道有什么问题没有。"主席通过这一系列亲自考察，发现公社化运动中普遍存在着的诸如混淆社会主义与共产主义，集体所有制与全民所有制界限的混乱等情况。

1958年11月2日至10日，毛主席在郑州主持了包括部分中央负责同志和部分省市委第一书记参加的会议，即第一次郑州会议。这次会议主要讨论了人民公社化运动中出现的问题。开始到会的有山西、山东、安徽、陕西、河南5省的书记，后来扩大到9个省的书记及各大区书记。

这次会议上，毛主席针对当时人民公社化运动中主要存在的两个问题，即：（一）存在"两个急于过渡"和混淆"两种界限"的问题，（二）企图超越历史阶段，过早地取消商品生产、商品交换和价值法则的问题，进行了多次发言。

针对当时普遍存在的混淆社会主义和共产主义两个不同的发展阶段、集体所有制与全民所有制两种不同的所有制的情况，毛主席明确提出，必须划清这两种界限，肯定现阶段是社会主义，肯定人民公社是集体所有制。主席说："现在的人民公社仍然是集体所有制，集体所有制到全民所有制有个发展过程，即使将来达到全民所有制了，也不等于是共产主义。"主席批评了"一平二调三收款"，批评了有些人总想三五年内搞成共产主义的错误观念。当有人谈到山东范县提出二年过渡到共产主义时,主席说:"还是慢一点好。"

会上主席还针对陈伯达起草的《十五年社会主义建设纲要四十条》进行了批评,主席说:"有些人大有消灭商品生产之势,一提商品生产,就觉得是资本主义的东西。他们主张现在就消灭商品,实行产品调拨,这种观点是错误的,违反客观规律的。"主席还说:"陈伯达一下子变成了左派,我们都成了右派,我情愿当这个右派。"

主席在第一次郑州会议上批评的主要错误倾向,我们这些与会者中的许多人,当时也都不同程度地存在着类似的糊涂观念。如:废除商品,实行调拨的主张我就曾经赞成过。

这次会议主要由河南省委负责接待,主席仍住在专列上,每天由我接送。因而这些天无论在专列上还是在接送主席的专车上,主席都时常与我促膝谈心。也许主席已发现我也是"人民公社是全民所有制"论的赞成者,因而很注意在与我的交谈中,启发我的觉悟。主席谈话的语言是风趣而又生动的。如在谈论所有制问题时,主席打比喻说:"你史向生是高个子,而杨蔚屏(河南省委书记)是矮个子,现在把你的个子截给他一截行不行? 不行! 再如,你手中有一支钢笔,我可以向你借用,但我未经你同意,就拿走,据为己有,你说行不行? 不行。这就是所有制问题。"这些话浅显易懂,寓意深刻,可见主席的用心良苦。然而我那时脑子已很"膨胀",不能真正领会主席的思想。在会上,主席在百忙中总要抽时间多与人们交流思想。有一次主席在交际处走廊上对几个地委书记说:"你们的头,脱皮不脱皮? 我每天都脱好多头皮。"他说着又展开双手:"看看你们的两手脱皮不脱皮? 它是要脱皮的。这就叫新陈代谢。什么事物都有其发生、发展和消亡的过程,违背它就要犯错误。主观上只能适应它,帮助它发展,不能打倒它,这是规律。"

遇到务实、讲真话的干部,主席一向是很赞赏的。如修武县全县17万人,以县为单位成立了一个大公社,打算实行衣、食、住、行全面包。一天主席问这个县的县委书记张洋芹同志:"如果一年不给你们行政经费,不拨款给你们,全县党政军民由你全包,你包得了,还是包不了?"县委书记冷静地盘算了一下说:"我不敢包。"主席后来表扬这位县委书记说:"这个县委书记还是有头脑的。"

会议期间,毛主席在军区大礼堂接见了省委、军区、群众团体机关全体干部。毛主席还给县以上各级党委委员写了一封《关于读书的建议》的信,建议他们认真阅读两本书,一是斯大林的《苏联社会主义经济问题》,二是《马克思恩格斯列宁斯大林论共产主义社会》,并说:"现在有很多人有一大堆混乱思想,读这两本书就可能给以澄清。"

这次会议以后,主席又用了一个下午的时间,在省委南院会议室内,给河南省委常委全体同志和有关同志讲解斯大林的《社会主义经济问题》第一、二、三章节,重点讲解了第二章节,关于"商品经济问题"。主席逐字逐句讲,并联系当时的实际情况讲,特别讲了商品问题、等价交换等问题,有理有据,听者受益匪浅。

第一次郑州会议结束后,主席意识到,在人民公社这一新生事物上,无论理论上,还是实践上,仍有许多问题亟待解决。于是,主席随即又到武汉,于11月21日至27日召开了武昌会议。会上继续讨论有关人民公社问题,接着又召开了八届六中全会。八届六中全会召开于11月28日至12月10日。这两个会议,河南是吴芝圃去参加的。六中全会形成的《关于人民公社若干问题的决议》也公布了。由此可见,在短短的一个多月时间里,相继召开的几个重要的中央会议,体现了党中央、毛主席对人民公社问题的高度重视。

1958年冬,八届六中全会以后,毛主席拿出主要精力,对人民公社问题继续进行调查研究,并于1959年2月下旬,再次到河北、天津、山东、河南等地视察。主席在视察中发现,由于公社化,国家同农民的关系出现了某些紧张。"一平二调"的实行,使得队与队、人与人之间拉平分配,一些队的好粮好马被别的队无偿地牵走了,因而不少生产队瞒产私分。八届六中全会的精神,在广大农村并未得到有效的贯彻,"共产风"没有制止住。主席感到了问题的严峻。他在河南召开的几个地委和县委负责人参加的座谈会上,又一次谈到了在人民公社所有制问题上存在着严重的错误倾向。主席说:"现在我们对穷队、富队,穷村、富村,人与人采取拉平是无理由的。光搞国家积累、社的积累不行。要认识所有制问题,部分是社所有,基本是队所有。"经过一个多月的思考和酝酿,为了保护农民利益,团结几亿农民,毛主席最后下决心,从调整公社内部的所有制这一环节入手,解决由公社化带来的一系列问题。在主席的提议和主持下,中共中央政治局扩大会议于1959年2月27日至3月5日在郑州召开,此即第二次郑州会议。

第二次郑州会议的中心议题是人民公社所有制的问题。会议一开始,毛主席就农村中存在的"深藏密窖,站岗放哨"现象,谈了自己的看法。主席说:"农民打了粮食不能吃,怕你给平调走,这是对付你一平二调的办法。我一听到'深藏密窖,站岗放哨',就高兴。这说明农民手中还有粮,这是好事。手中无粮,心里发慌。"主席批评了剥夺农民的问题。由于高指标、高征购,把农民粮食都拿光了,还对农民进行反瞒产。

主席认为在现阶段人民公社所有制问题上,主要存在着两个错误倾向：一是"一平二调三收款"，刮"共产风"的倾向。这里就涉及一个"剥夺农民"的问题。二是平均主义和过分集中的倾向。这里又涉及团结几亿农民的问题。纠正上述错误倾向，就必须从调整公社内部所有制这一环节入手。

针对第一种错误倾向，主席说："现在我们的人误认为人民公社一成立，各生产队的生产资料、人力、产品就都可以由公社领导机关直接分配，误认为社会主义为共产主义，误认为按劳分配为按需分配。他们在许多地方否认价值法则，否认等价交换原则。他们在公社范围内实行贫富拉平、平均分配，对生产队的某些财产无代价上调。银行方面也把许多农村的贷款一律收回。'一平、二调、三收款'，刮'共产风'引起广大农民恐慌。"主席又说："等价交换在社会主义时期是一个不能违反的经济法则，违反了它就是剥夺农民。无偿占有别人的劳动成果，是剥夺农民，是不义之财。人民公社是半路插进来的干老子，老子怎么光剥夺儿子呢，这是我们所不许可的。"

在会上，主席就调整公社内部所有制问题，提出了具体设想：提出"承认差别，分级管理"，实行以"队为基础，分级管理，三级核算，各计盈亏"的体制。主席在会上共作了5次讲话，会议结束前起草了"关于人民公社管理体制的若干规定"。

会议进行中，邓小平同志主持开过小会，就当时存在的问题，概括为7个问题，要大家逐个问题进行讨论。

第二次郑州会议后期，毛主席指示河南省委立即召开六级干部会议，（省、地、县、管理区、公社、大队）原原本本地传达第二次郑州会议精神，研究开展整社及调整社队规模过大的问题，并留下胡乔木同志协助省委修改这次会议的总结报告。会议结束后第一天，主席在专列上召开了中央政治局扩大会议。3月9日，毛主席在郑州给各省省委第一书记写信，要他们按照河南的做法，立即召开六级干部会议，并要求河南省委14日前将省六级干部会议的文件和简报用专机送往各省，以供参考。

会议之后，毛主席在省委北院环走一周，接见了省直机关党、政、军全体同志并合影留念。省委六级干部会议后，我和吴芝圃同志到荥阳县帮助县委召开四级干部会议，听取群众意见。当时虽然我们的头脑还不清醒，还未转过来，但是我们从群众的意见中，也已经开始意识到本省存在的问题，并开始整顿人民公社，着手纠正公社化运动中的一些错误，河南的形势也在向着好的方面转变。

1959年7月2日至8月1日，中共中央政治局扩大会议在庐山举行，此即著名的庐山会议。会议原定要总结1958年"大跃进"以来经济工作中的经验教训。河南是吴芝圃和我参加的会议。一上庐山，先开小组会，我们分在中南组，陶铸是组长，王任重是副组长。周恩来、李先念、林伯渠、董必武等中央领导同志也分别参加过小组讨论。他们一致称赞中南组开会气氛活跃，能畅所欲言。我和吴芝圃一开始的发言都是小心翼翼地进行检讨。我们检讨了"大跃进"、人民公社化运动开展一年多来河南工作中存在的种种浮夸，如大办食堂、大炼钢铁等方面都有不少失误，有很多"一平二调"的问题、"剥夺农民"的问题也没有彻底纠正，我们辜负了主席的期望。但会议进行中间发生了彭德怀上书事件，主席写了《迫击炮机关枪的来由及其他》一文，对彭德怀进行了严厉的批判。于是会议由纠"左"忽然转为反右。这样就形成火上加油，一"左"再"左"。

会后，河南省贯彻了庐山会议"反右倾机会主义"的精神，以至于工作中原有的问题非但没得到解决，反而又出现了新的失误，大抓"右倾机会主义分子",浮夸继续蔓延,今天大办这,明天大办那。河南720万青壮劳力上山大办钢铁,许多村的壮劳力上山,大半年不下山,农村光剩下老弱病残者从事农业生产。由于营养不良,浮肿病人日益增多。主席曾多次启发我们,分配单位应放在生产小队,但河南以大队为分配单位一直坚持到1959年12月中央下达十二条紧急指示"以生产小队为分配单位,三十年不变"才转弯。由此可知,河南"左"倾蛮干错误的形成和继续,非一日之寒,是长时间积累的结果。

1960年5月,毛主席再次视察河南。毛主席又一次强调,旧账一定要算。主席批评说:"旧账一定要算,不算没有社会主义,一平二调不能制止,不懂得什么是等价交换、按劳分配。一定要彻底清算,算账是社会主义大学堂。"而我执行不力,遵照主席指示,我们才认真进行了退赔。这次主席到河南还接见了一批外宾。

1961年3月,毛主席在广州召开中央工作会议,讨论农村人民公社六十条初稿。我和吴芝圃参加了会议。会议中揭发了许多问题,其中河南发生的问题比较突出。我和吴芝圃深感河南问题严重,感到对不起党和毛主席,更感到愧对河南人民,心情异常沉重。开会时,我们两个闷坐在后边,低头不语。正当我们情绪极度低落时,忽然听到主席台上响起了毛主席亲切的话语:"吴芝圃、史向生,犯了错误就抬不起头了吗?为什么坐在后边?大家都不理你们了吗?来!坐到前边来。有问题大家帮助,要挺起腰杆子。不要因为犯了错误就抬不起头……"主席的话音刚落,会场上响起了热烈的掌声,刹那间无数热切的目光投向我们,欢迎我们到前排就座。我和吴芝圃不禁热泪盈眶,感动之至。毛主席的亲切关怀和热情鼓励,给了我们巨大的勇气和力量,使我们能在跌倒了的地方重新爬

起来,痛下决心,深刻地认识、检查和改正自己的错误。就是在这个
会议上,翻印了毛主席原来的《反对本本主义》,提倡从中央到地方,
大兴调查研究之风,继续纠正"左"的倾向。

广州会议后,根据中央和中南局的指示精神,我们和省委的其
他同志一道,总结经验教训,大胆地纠正了"左"倾蛮干错误,为恢复
和调整河南经济而努力工作,河南形势终于开始好转。

我离开河南已经30年了,毛主席离开我们也16年了,但往事并
没有因时间的流逝而模糊起来。在"大跃进"的年代里,我幻想过、
奋斗过、狂热过、迷惑过。我摔过跤。毛主席对我鼓励过、批评过。
对于河南人民我深感内疚。但是事过90年,河南在党中央和河南省
委的领导下,已起了翻天覆地的变化,河南人民在改革开放、实现市
场经济大潮中,正大踏步地前进,迎接新的胜利。

这篇回忆文章,因我手中缺乏材料,是全凭自己的记忆写出来
的,不准确和遗漏之处一定很多。希望当时熟悉情况的同志,多作
补充修正。

(史向生,曾任中共河南省委书记处书记、副省长)

难忘的教诲

杨　贵

1973 年冬在被调来中央工作之前,我先后在河南卫辉、淇县、汤阴、林县、安阳地委、洛阳地委、河南省委工作了 30 年。其间,我多次聆听过毛主席的教诲和指示,每次都受到极大的鼓舞和教育,至今记忆犹新。毛泽东主席来河南视察工作,我印象最深刻的是 1958 年和 1959 年的两次会见。

1958 年 11 月 1 日,我在新乡地委开会。吃过晚饭后,地区公安处处长乘车来接我,说有要事。在车上,他告诉我毛主席的专列停在车站,要找地、县的同志座谈。到车站后,我看到了地委书记耿起昌和其他几位同志。我们一同上了车。省委书记处书记史向生在车上将我们分别向主席作了介绍,毛主席同我们一一握手。然后大家就坐下来汇报工作。

当时大家都比较谨慎,说话的调子都比较高。首先是耿起昌汇报,接着有焦作、沁阳等钢铁指挥部指挥长汇报。我汇报了林县、南乐、清丰联合钢铁指挥部的基本情况后,说:"我们每天上报炼铁数字大体都在二三百吨,但绝大多数是硫铁。"

"灰生铁有多少?"毛主席接着就问。

我说:"不到 10 吨。"

毛主席点了点头,目视着大家问:"这个情况可能有普遍性吧?"在场的同志有的不说话,有的点点头。

史向生说:"据了解各个钢铁基地现在炼的铁大体都是这样。"

毛主席又问道:"你们准备上多少人?"

我说:"原计划 3 个县上 15 万人。"

毛主席说:"现在上了多少人?"

我回答道:"五六万人。"

听完我的话,毛主席说:"不要再上人了,现在已上的社员,大部分都要下来,留下少数人,建设小高炉。天冷了,这么多人会闹病的。"

"要很快下人。"这句话毛主席重复了好几遍,说到了大家的心坎里,解开了一个头痛箍。大家都表示赞成。

毛主席又问了人民公社和大办水利的情况。他说:人民公社化了,不能盲目实行产品经济,在社会主义社会商品经济是不可逾越的一个阶段,废除商品经济是违背经济规律的。中国是个商品经济很不发达的国家,商品经济不是消灭,而是要大发展。发展社队经济不能剥夺农民的利益,不能平调农民的东西。水利还要大发展,农业要发展,没有水利化不行,但搞水利要注意劳逸结合,大办水利好,还要注意深翻土地。

我们听了毛主席的话后,心里非常痛快,原来脑子里的一切顾虑都云消雾散了。我们认为应该解决的一些疑难问题,毛主席都给一一解答了。毛主席走群众路线的工作作风真是应该永远学习的。

座谈会结束后,毛主席和大家一一握手告别。我们下车后,等毛主席的专列徐徐南行后,我们才离开。

　　第二次是 1959 年 3 月。1959 年 2 月 27 日至 3 月 5 日，中共中央在郑州召开了政治局扩大会议，也就是第二次郑州会议。同时，河南省委也在郑州召开了四级干部会。我参加了这次会议，住在河南饭店。3 月 1 日下午 4 时许，我被通知去参加一个座谈会，通知人也没说在什么地方，是谁主持召开的。去时在车上耿起昌告诉我座谈会在交际处召开。

　　在交际处二楼会议室，我看到了王任重同志和史向生同志。毛主席来到后，我非常高兴，思想也特别集中。史向生向毛主席介绍说"这是林县县委书记杨贵同志"，并同时介绍了其他两位。毛主席说：请你们来座谈一下农村人民公社问题。人民公社发展很快，生产关系的变化，公社内部出现不少矛盾，怎么解决呢？想听听你们的意见。

　　开始我们分别谈了自己的看法，然后就随意发言了，这种不拘形式的谈话使气氛很活跃。毛主席不断地插话、提问。

　　毛主席在谈话中指出：生产关系上要改进，权力不能过分集中，公社的体制要下放，实行公社、生产大队、生产队三级管理的三级核算，以队为基础。这个以队为基础，有的主张以原来的高级社，有的主张以生产大队，也有的主张以生产队，看来，以生产队为基础比较适宜。

　　毛主席说：要纠正平均主义的倾向，价值法则是客观存在的经济法则，我们对于社会产品，只能实行等价交换，不能实行无偿占有，不允许无偿占有别人的劳动成果，因为现在生产力水平还很低，物资还不丰富，不能搞平调。

　　毛主席还举例道：如果我有两支铅笔，你要我一支，我不会同意的；我有三支、四支铅笔，你要我一支，我也不会那么痛快给你；我有五支、六支甚至更多一些,你要我一支两支,我会同意给你的。现在是社会主义阶段,还是要按劳分配。要清理"共产风",平调农民来的东西,能退还的,还是要退还给农民。

听了毛主席的一席话后,我如服了"清醒剂",脑子里亮堂多了,认识到只有解决好这些问题,才能改善党群关系,促进生产力的发展。所以在解决这些问题时,自觉性就强了。

这两次会见都是在最关键的时候进行的。生产关系的巨大变革,使许多人思想上对一些问题存有疑虑,不甚明白。毛主席的会见,解决了大家思想中的问题,与会同志都有一种豁然开朗的感觉。因此,给我留下了深刻的印象。他的那种联系群众、深入调查研究的工作作风将永远激励着我们前进!

(杨贵,曾任中共林县县委第一书记、安阳地委副书记、中共河南省委常委)

纠"左"的序幕　亲切的教诲①

陈春雨

　　1958 年 11 月初,正是"大跃进"、人民公社化和大办钢铁运动形成高潮、各级干部头脑普遍发热、"左"的错误泛滥的时候,毛主席乘坐专列到达新乡车站。这时毛主席已觉察到"大跃进"、人民公社、大办钢铁运动中的一些问题和错误。所以,毛主席当时召集新乡地区部分同志座谈,是纠正"左"的错误的序幕,是一次"压缩空气"清醒头脑的会议。

　　1958 年 11 月 1 日,新乡地委办公室紧急通知,说有中央负责同志来新乡,要县委书记接到通知就立即到地委报到。晚 7 时 30 分赶到新乡车站以后,才知道是毛主席莅临新乡。可是,滕代远部长向大家解释,列车很快就要开动,主席没有时间接见大家了。当时地、市、县和新闻单位的同志听了都很焦急,强烈要求毛主席接见。毛主席决定列车停下,召开座谈会,调查了解情况。

　　在列车上参加座谈会的有新乡地委书记耿起昌、安阳市委书记刘东升、原阳县委书记王九书、封丘县委书记韩鸿绪、温县县委书记

————————

　　① 此文写于 1993 年。

李树林、济源县委书记侯树堂、修武县委书记张洋芹、安阳县委书记陈春雨等,参加座谈会的还有河南省委书记史向生,河北省委书记张承先等同志。参加座谈会的同志登上列车以后,叶子龙同志对每个人的姓名、职务、籍贯进行登记。然后请毛主席接见。

毛主席按照名单一个一个地问话,并一一握手。接着座谈会开始。

一、压缩大办钢铁,要求人畜迅速下山

毛主席首先问:"你们的钢铁任务是多少吨? 有多少人参加? 已经搞了多少吨?"

耿起昌答:"全区共上去 120 万人大办钢铁,内有 10 万妇女,炼铁任务 400 万吨,已完成 280 万吨,其中好铁 35 万吨,三类铁占 50%—70%。"

毛主席接着问:"你们的铁上海要不要,三类铁有否用处?"

耿起昌答:"三类铁要回炉,钢的任务 18000 吨已经完成了。"

毛主席说:"那你们就不需要干事情了,天冷了,那么多人在山上怎么办? 下了雪怎么办,该下山了吧! 精兵留下,人畜可以下去。"

耿起昌答:"准备下去一半,留下一半。"

毛主席听了,不满意地说:"还剩 60 万人,其中还有四五万妇女,住到哪里? 下雨下雪是个事。"

座谈会以后,绝大部分人畜下了山。只留下少数劳力和流铁水的高炉继续坚持炼铁。

二、人民公社要实行按劳取酬,实行供给制加工资制,还要发点奖励工资

毛主席在河北省已了解到徐水县一个公社的情况,认为这是一

个超越阶段向"共产主义"过渡的典型。到新乡以后也知道修武县是全县一个公社。当谈到人民公社时,毛主席问:"谁是修武的?"张洋芹答:"我是修武的。"毛主席接着问:"你们修武社员工资发多少?有没有不发工资的?"张洋芹答:"没有不发工资的。"毛主席发出疑问:"靠不住吧?"众答:"灾区人民公社有不发工资的。"刘东升说:"我们有60%的社员能发工资。"毛主席:"还有40%的社员不发工资,那60%的社员发工资,人民币从哪里来?"刘东升答:"人民公社卖棉花、卖粮食换来的人民币。"(在这里毛主席问的"60%的社员发工资,人民币从哪里来?"是针对急于宣布全民所有,废除商品交换实行物资调拨"左"的情绪的)毛主席说:"人民公社实行供给制和工资制相结合,要不要发点奖励工资?最少要发几角钱工资,比如二三角到几十元的水平。"他问耿起昌:"你们全区社员分配水平怎样?"耿起昌答:"全区社员平均分配水平每人70元左右。"毛主席又问:"平均每人分配有没有超过100元的?"众答:"少数好的人民公社人平均有超过100元的。"

三、要办好食堂、敬老院,一定要叫群众吃饱、穿暖

毛主席问大家:"你们的食堂办的如何,群众生活怎样,每月吃多少粮食,有没有菜,吃多少盐?每人每月10两盐够不够,一天5钱油行吗?你们还可以种些油料,棉籽油也可以吃。每人每天5钱油,一个月就是15两。一定要叫群众吃饱、吃好,不仅吃粮,还要吃菜、吃盐、吃油,猪肉一礼拜能吃一次吗?"耿起昌说:"每人每月吃粮50斤,食堂有饭、有菜。对五种人有照顾,即:老人、小孩、病号、产妇、客人。"毛主席说:"管饭吃的人要注意一下,过去我们不当保姆,现在办食堂,大人小孩都要吃饭,管食堂要比当父母的好一点,大锅饭

要比小锅饭好,不好不行。食堂办得好,才是人民公社的优越性。我在想食堂会不会垮台?"众答:"食堂垮不了。"毛主席说:"要让群众吃饱、穿暖,你们有信心。有没有垮的食堂?"众答:"没有垮的食堂,因为在大办钢铁运动中把小锅都砸了!"毛主席说:"你们这个命革得厉害!把小锅也革了!"毛主席接着问:"你们的幸福院究竟幸福不幸福?有没有不愿意去的?老人在幸福院做活不做活?"史向生同志说:"有人照顾的不去幸福院,没有人照顾的才去幸福院,有的老人闲不住,自动地做点轻活。"

四、注意劳逸结合,研究"睡觉宪法",保证社员的睡眠时间

毛主席说:"吃饭是一件大事,你们对群众睡觉研究不研究?比如做活紧的时候,要不要就地睡半小时?每天一觉要睡 6 小时,睡 5 小时就是没有完成任务。做活松时睡 7 小时,在工地上让群众睡一小时、半小时。这要当成任务,要'强迫命令'。吃饭睡觉是件大事,我说这些你们都不赞成。"耿起昌说:"过去收秋种麦这一段再实行。"毛主席不满意地说:"怎么过去这一段再实行?!现在就要实行。要研究个'睡觉宪法',小孩 8 小时,青壮年睡少了不行,睡少了现在受损失,将来受损失,不管怎么紧张,睡 6 小时,差半小时就是没有完成任务。要'强迫命令',这个'强迫命令'老百姓欢迎,是强迫干部执行。忙时 6 小时,闲时 7 小时,这是至少。你们干活有没有连长?连长指挥就在当地睡觉,还要睡午觉。吃饭、睡觉你们都要当成大事研究。这才叫优越性,优越性觉都不能睡能行嘛?"

五、农民生产要精耕细作加机械化

耿起昌汇报农业生产情况,麦子已经种完,棉花已收摘70%,棉

花平均亩产 250 斤籽棉有希望。毛主席问："今年小麦每亩下种量多少？去年小麦下种量多少？每亩平均单产多少？"耿起昌答："今年小麦下种量每亩平均 30 斤，有的卫星田每亩下种 400 斤，个别高产田有种 1000 斤的。"毛主席听到个别高产田每亩下种 1000 斤，惊讶而又风趣地说："每亩下种 1000 斤挤得要死，还要上楼梯咧！"毛主席继续说："今年种小麦要深耕一些，麦子种上以后，冬季管理要注意一下，要上追肥。种地要少种多收，深耕细作。用深耕细作之方法，达到少种多收之目的。深耕就要分层施肥，你们有这个经验没有？你们专区有多大面积，要慢慢来，不要马上把大田毁掉。要搞大面积卫星田，真正深耕不是 8 寸，而是 1 尺以上，深耕细作加上机械化。过去是浅耕粗作，广种薄收；现在改为深耕细作，少种多收。史向生同志，省里派你管这方面的工作，请你研究一下。"史向生说："全省种 8000 万亩小麦，搞 1600 万亩卫星田，占 20% 左右。"毛主席说："这样就是 1/5，可能是个出路。深耕细作加机械化。"

座谈会历时一个钟头，会议结束以后，毛主席在列车上接见了地、市、县负责同志 100 多人。

为了纠正高指标、瞎指挥、浮夸风和"共产风"为主要标志的"左"的错误，从 1958 年 11 月到 1959 年 7 月，半年多的时间内，毛主席亲自主持召开了两次郑州会议、两次中央全会，制定了一系列纠正"左"的错误的指示和政策。正如中共中央《关于建国以来党的若干历史问题的决议》中指出的"1958 年底到 1959 年 7 月中央政治局庐山会议前期，毛泽东同志和党中央曾经努力领导全党纠正已经觉察的错误。"这些事虽已是 30 多年的历史了，现在回忆起来仍记忆犹新。记得当时我们的脑子普遍发热，盲目地急于向"共产主义"过渡。学习了两次郑州会议、两次中央全会的决议，学习了毛主席一系列指示、讲话,冷静地进行了反思,从思想上理论上划清了社会主义和共产主义、全民所有制和集体所有制、大集体所有制和小集体所有制的界限,认识到急于宣布人民公社为全民所有,取消商品生产和商品交换,实行调拨,就是对农民的剥夺,"一平二调"的"共产风",是破坏生产力发展的。那时安阳县的广大干部和群众对两次郑州会议的决议是拥护和认真贯彻执行的。群众把郑州会议《关于人民公社管理体制的若干规定》概括为"十四句真经"即:"统一领导,队为基础;分级管理,权力下放;三级核算,各计盈亏;分配计划,由社决定;适当积累,合理调剂;物资劳动,等价交换;按劳分配,承认差别。"在实际工作中,首先纠正了盲目追求"一大二公"并大社的倾向,以农业生产合作社为基础,把生产大队和生产队的规模调小并稳定下来,生产大队调为 309 个,平均 290 户左右。生产小队 3880 个,平均 30 户左右。其次,根据毛主席算账的指示,对"一平、二调、三收款"的"共产风"认真进行了清理和退赔。1959 年 3 月向社员退赔 360 多万元。4 月初,中央政治局扩大会议期间,毛主席根据农民的要求,决定把第二次郑州会议关于"旧账一般不算"的规定,改为"旧账一般要算"。以后毛主席又反复强调算账的必要性和重要性,毛主席说:"算账才能实行那个客观存在的价值法则。这个法则是一个伟大的学校,只有利用它,才有可能教会我们几千万干部和几万万人民……算账才能团结;算账才能帮助干部从贪污浪费的海洋中拔出身来,一身清净;算账才能教干部学会经营管理方法;算账才能教会 5 亿农民自己管理自己的公社。"根据毛主席这些指示,安阳县从 1959 年 4 月下旬至 5 月上旬,召开了县、公社、大队、小队、社员代表参加的万人大会,开展群众性的算账运动,推广了洪河屯公社的四条经验:一决心,下决心纠正"共产风"的错误;二民主,真正让基层干部和社员代表把心里的话说出来;三兑现,边算账边退赔;四是第一书记把账算。对在人民公社化运动中各级党政部门和企事业单位,向公社、大队、生产队,以及各级向社员无偿平调的房屋、家具、土地、农具、车辆、家禽、家畜、农副产品等,认真进行了清算和退赔。这次又向社员退赔了532万元,每户平均636元,每人平均1484元,并对1167名小队长以上干部的贪污错误,进行了清理和退赔,退出赃款3.6万多元,从而遏止了"共产风"的泛滥,密切了干部和群众的关系。广大社员高兴地说:"五八年,太混乱,一天只吃三顿饭;工分一值一毛钱,请假装病不想干;算账多劳又多得,今后一定加油干。"

中共中央《关于建国以来党的若干历史问题的决议》曾指出:"毛泽东同志在领导和纠正'大跃进'和人民公社化运动中的错误时提出了不能剥夺农民,不能超越阶段,反对平均主义,强调发展商品生产、遵守价值规律和做好综合平衡,主张以农轻重为序安排国民经济计划等观点……在当时和以后都有重大的意义。"使我感触最深的是毛主席在第一次郑州会议上,强调发展社会主义商品经济的讲话。毛主席尖锐地指出:"现在还是要利用商品生产、商品交换、价值法则来作为一种有用的工具。我们的国家是个商品生产不发达的国家,现在又很快地进到了社会主义,社会主义的商品生产、商品交换还要发展。这是肯定的,有积极作用。"又指出:"现在我们有些人大有消灭商品生产之势。有不少人向往共产主义,一提商品生产就发愁,觉得这就是资本主义的东西,没有区别社会主义与资本主义商品的差别,没有懂得利用其作用的重要性。这是不承认客观法则的表现。有一些可怜的'马克思主义者'要剥夺农村的中小生产者,我国也有这种人。有些同志急于要宣布全民所有,废除商业,实行调拨,那就是剥夺。商品生产不能与资本主义混为一谈。为什么怕商品? 无非是怕资本主义。不要怕,我看要大发展。商品生产看它同什么经济相联系,商品与资本主义相联系,就出资本主义;和社会主义相联系,就不是资本主义,就出社会主义。不要怕,不会引导到资本主义,因为已经没有了资本主义的经济基础。商品生产可以乖乖地为社会主义服务。"毛主席上述谆谆教诲,虽然是在 35 年以前讲的,现在重温起来,对于当前深刻领会邓小平同志南方谈话和党的十四大精神,清除"左"的旧的思想禁锢,加速改革开放的步伐,促使经济发展跃上一个新的台阶仍具有重要的现实意义。

（陈春雨,曾任中共安阳县委书记）

在毛泽东主席的专列上

聂世修　申银生

1958 年秋冬之间,党中央开始发现"大跃进"和人民公社化运动中存在着许多混乱现象和急待解决的问题,主要是很多人"急急忙忙往前闯"。毛泽东很快地通过调查研究觉察到运动中出现的问题,为了尽快地制止并使问题得到纠正,毛泽东提议 1958 年 11 月 2日至 10 日,在郑州召集有中央和地方部分领导人参加的工作会议。

1958 年 11 月 1 日,新乡地委接到河南省委通知:毛主席赴郑州参加会议途中,专列当晚到达新乡时将作短暂停留,毛主席要接见新乡地委主要领导人,并要新乡地委通知前来修武县和新乡县七里营人民公社搞调查研究的田家英随主席赴郑参加会议。

傍晚,田家英从七里营回到新乡。地委领导对田家英说:"我们正在召开全区县委书记会议,请你转告主席,与会同志迫切要求受到毛主席的接见。"田家英说:"你们的要求我可以转告,但最好是你们联名写一封信,由我转交主席。"根据田家英的意见,由修武县委书记张洋芹等同志联名写了一封要求毛主席接见的信交给了田家英。

深秋时节,天高气爽。晚 7 时许,毛主席的专列划破夜幕徐徐驶进新乡车站。田家英上车向毛主席汇报工作,并将张洋芹等同志的联名信交给毛主席。未几,田家英下车对地委负责同志说:"毛主席准备在列车上召开一个座谈会,为便于谈话,参加人数不超过10人为宜,具体参加人员由地委确定,座谈会结束后主席再和大家见见面。"根据毛主席的意见,地委随即进行了具体安排。

晚8时许,从郑州来新乡迎接毛主席的河南省委书记处书记史向生、新乡地委第一书记耿起昌、专员李炳源、新乡市委书记张苏斌登上列车,向毛主席致以问候。史向生向毛主席汇报了郑州会议的准备情况,耿起昌将参加座谈会人员的名单交给了毛主席。

9点30分,耿起昌带领参加座谈会的10名县委书记登上毛主席的专列。在列车会议室里,毛主席同上车的同志一一握手。看到大家都入座后,毛主席点燃了一支香烟,环视一周,对大家说:"今天把各位父母官请来,想听听你们那里人民公社和大跃进的情况,大家有啥说啥,随便谈。"

10位县委书记都是第一次见到伟大领袖毛主席。心情既兴奋又激动,一时不知道说什么好。毛主席见没人说话,便展开手中的名单看了看,然后抬起头问道:"延津县委书记苗润生,你是苗族?"

苗润生迅速站起来回答:"我姓苗,是汉族。"

毛主席接着又问:"温县县委书记李树林,温县是司马懿的故乡,现在他那个练兵洞还在不在?"

李树林回答:"还在,基本上完好。"

点到原阳县委书记王九书时,毛主席问:"原阳临黄河,你们那里很苦吧?"

王九书回答说:"我们引来黄河水改种水稻后,发生了很大变化,现在比以前好多了。"

当毛主席点到封丘县委书记韩鸿绪时，耿起昌介绍说："他就是应举社那篇文章的作者。"

接着，毛主席问内黄县委书记杨树勋："内黄是哪两个字？"

杨树勋回答："内外的内，黄河的黄。"

毛主席接着问道："内黄，还有没有外黄？"

耿起昌回答："只有内黄，没有外黄。"

"没有外行（黄），哪来的内行（黄）哇！"毛主席操着浓重的湖南口音，加之风趣幽默的问话，引得大家哄堂大笑，刚上车时紧张的心情也随之轻松了许多。

点到济源县委书记侯树堂时，毛主席深情地说："济源有个王屋山，愚公移山的地方。"

侯树堂马上站起来对毛主席说："请毛主席放心，我们一定要发扬愚公移山的精神，把济源县建设好。"

接着，毛主席又问林县县委书记杨贵："林县是山区，你们那里山多吗？群众生活很苦吧？"

杨贵说："在党的领导下面貌发生了变化，现在比过去好多了。"

当点到安阳县委书记陈春雨时，陈春雨向毛主席介绍说："赵匡胤在安阳水冶镇炼过铁。"

毛主席想了想说："赵匡胤祖籍涿州，生在洛阳，他祖父当过涿州、冀州刺史，他父亲是后唐、后晋的点禁军，不知道赵匡胤还在安阳炼过铁。"

紧接着，毛主席问濮阳县委书记王惠民："濮阳县很大，现在还有没有北门？"

王惠民回答："您说的是过去的濮阳县北门，那个县城早已被黄河冲掉了。"

最后,当毛主席从名单上看到修武县委书记张洋芹的名字时,可能是听过了田家英的汇报,显得对修武县的情况比较了解,他问张洋芹:"修武,是不是有12万人,一县一社的那个县?"

"是,我们是一县一社,这里既有全民所有制又有集体所有制,怎样进行分配呢?"张洋芹站起来问主席。

毛主席说:"你这个问题提得好,应该很好研究。"接着毛主席又对耿起昌说:"参加座谈会的十几个人,只有一个人提出有关分配问题。"

毛主席向县委书记问话之后,接着由耿起昌向毛主席汇报新乡地区大炼钢铁的情况。耿起昌对毛主席说:"上面分配给我们炼钢5万吨、炼铁50万吨的任务,现在我们已经完成了17万吨,11月份创出了持续高产的奇迹。"

毛主席听后郑重地问:"你们炼出来的是水铁呀还是渣渣?给你们分配调铁任务了没有?都是哪里来调铁的?"

耿起昌回答:"炼出来的有水铁,也有渣渣,来调铁的有上海、北京、天津。"

毛主席又问:"完成调铁任务了没有?"

耿起昌说:"现在还没有。"

毛主席问:"如果任务完不成,你们准备怎么办?"

在座的几个人异口同声地回答:"就是砸锅卖铁,我们也要完成任务。"

毛主席听后说:"同志们,你们革命革得很彻底呀!把群众的小锅都革掉了,叫群众家里冒冒烟也是可以的嘛。"紧接着毛主席又问:"你们多少人上山大办钢铁?"

耿起昌回答:"到目前为止已有五六十万人。"

毛主席说:"你们的本事不小啊!能动员五六十万人上山,等于一个淮海战役的人数,在山上吃住如何办?死人了没有?"

耿起昌回答:"吃饭是大食堂,住的是窝棚,没有发现死人的事。"

毛主席语重心长地说:"吃住要搞好啊,每人每天要保证一斤半粮,3钱盐,5钱油,还要有蔬菜,住宿要能遮风避雨。以后天气冷了,要动员人员下山,搞不好会死人的。"

这时有人对主席说:"工地上群众的情绪很高,干劲很大,苦干实干拼命干,连觉都不愿睡。"

毛主席马上说:"你们的脑子热得很,不睡觉怎么行!要下命令让群众睡觉,成年人每天要睡8小时,至少6小时,青年人每天要睡10小时,最少8小时。听田家英同志说,七里营的社员摘棉花,上午的效率比下午高,就是因为中午没有休息好。"

这时,新乡地委副书记刘东升走进会议室,耿起昌起身向毛主席作了介绍。毛主席站起来握住刘东升的手问道:"你现在搞什么工作?"

刘东升回答:"地委分工我抓农业,现在正搞小麦播种。"

毛主席又问:"种小麦搞不搞密植?一亩地下多少种子?"

刘东升回答:"我们搞了密植,一亩地下120来斤种子。"

毛主席问:"下这么多种子能出来吗?"

刘东升回答:"种得早的已经出来了。"

"太密了出来也要挤死。种地不能蛮干,要讲科学。"说着话,毛主席看了看手表,从座位上站起身对大家说:"会议开了一个小时,到此结束。"

参加座谈会的同志都起身离开座位,毛主席站在会议室门口,和大家一一握手送别。会议自始至终,毛主席一面问话一面记录。聆听毛主席风趣幽默、寓意深刻的谈话,使在场的同志深受教育。

座谈会尚未结束,等候毛主席接见的新乡地、市领导和各县县委书记,怀着激动兴奋的心情,聚集在火车站站台上,等待着幸福时刻的到来。

考虑到车下较冷,史向生、耿起昌与毛主席的工作人员商量后,决定安排毛主席在专列上和大家见面。

座谈会结束毛主席稍事休息后,耿起昌便带领被接见的同志有秩序地从车厢南门上车,和毛主席握手问候后,再从车厢北门下车。

当新乡县七里营人民公社党委书记田秀清走到毛主席身边时,耿起昌向毛主席作了介绍,毛主席紧紧握住田秀清的手说:"我们认识,请你代我向你们那里的群众问好!"

田秀清双手握住毛主席的大手,激动地说:"请主席有机会再去七里营看看,大家都很想念您。"

毛主席微笑着说:"你回去给大家说,这次没时间了,等有机会再去看望大家。"接着,毛主席又问田秀清:"你们的公共食堂现在怎么样?垮了垮不了?"

田秀清说:"垮不了,很巩固。"

毛主席又问:"不一定吧!垮了行不行?"见田秀清不好回答,毛主席接着又说:"垮不了就要办好,要方便群众,让群众吃饱吃好。"

深夜零时 30 分,接见全部结束。毛主席在史向生等同志的陪同下连夜赶赴郑州。

（聂世修、申银生,曾任职于中共新乡市委党史办）

毛泽东在两次郑州会议前后

李银桥

毛泽东同志离开我们已经有 17 年了[①]。每当想起跟随毛泽东同志期间,他在各方面对我无微不至的关怀和教育,都倍感亲切。在纪念毛泽东同志诞辰 100 周年之际,我的思绪又回到了已逝的过去,想起跟随毛泽东同志在两次郑州会议前后的难忘时光。

放卫星,还是放大炮

1958 年 8 月中央政治局北戴河会议后,各地工农业生产放"卫星"的消息不断传来,全国上下一片沸腾。毛泽东虽然也很高兴,但他对各地反映上来的惊人发展速度并不放心,于是决定到河南等地实地考察,调查了解"大跃进"的实际情况。

1958 年 11 月 2 日,毛泽东乘坐的专列到达郑州。火车停下后,毛泽东不顾长途乘车的疲劳,立即在列车上接见了中共河南省委负

---

① 此文写于 1993 年。

责同志和中央办公厅下放干部工作团的领导。在听取了他们对"大跃进"和人民公社的"成绩"的汇报后,毛泽东还是不放心。他反复地询问参加汇报的同志:"有什么问题没有?不要只说成绩,我想知道有什么问题没有?"

问过七八遍,没有人反映问题,大家只是说好。毛泽东看不能从他们这里问到什么问题,就提出召开一个座谈会,要和基层的同志直接"谈谈"。于是,毛泽东立即派叶子龙去荥阳,用火车把正在田野里搞土高炉炼钢铁的十几名工作队员接到郑州。因为事情紧急,这些同志都是一身煤黑和矿灰,洗也没洗就上了专列。毛泽东和谭震林、廖鲁言等中央领导同志就在专列会客室里,同这些来自生产第一线的工作队员们开了一个座谈会,直接听取基层群众对"大跃进"和人民公社的看法。

出乎毛泽东的预料,大家仍然是一片声地说好。这也不能责怪这些同志报喜不报忧,主要是很多人当时为革命激情驱使,很少能在高潮的形势中冷静地想问题。

这时,毛泽东扭头发现了中南海摄影组的胡秀云,便盯着她认真地问:"小胡,你说说,有什么问题没有?"

"军"将到胡秀云的头上,她只得顺着说:"反正我看妇女挺高兴的。原来围着锅台转,现在吃大食堂,解放了。"

毛泽东笑着又问:"你是不是吹牛呢?大锅菜炒出来就是不如小锅菜炒出来香么。"

工作队员们都愣住了。当时全国的形势像一锅沸腾的开水,毛泽东说的这句话如果换成别人说的,无疑是泼凉水的行为,不仅会挨批,还可能被戴上右倾的帽子的。

胡秀云大概是受了这句话的影响,忽然冒出一句:"我就是纳闷,怎么晚上亩产还是 400 斤,到早晨就成 1000 斤了? 有些干部一个比一个能吹。"

场面一下子紧张起来,许多人脸色都变了,只有毛泽东仍是一脸微笑。他扭过头望望河南省委第一书记吴芝圃,又望望谭震林和廖鲁言:"你们到底是放卫星啊,还是在放大炮?"

没有谁去正面回答这句提问,大家都有些紧张。幸亏这时有人拿出了大食堂做的面包请毛泽东和其他中央领导同志品尝,才消除了紧张气氛。面包是用白面和玉米面混合起来烤制的。大家都说味道不错。拿面包来的同志说:"社员们就是吃这种面包。"

实事求是地说,对于大食堂,毛泽东一方面认为是新生事物而加以支持,另一方面又始终不放心,无论走到哪里都要问问,想知道真实情况,但听到的往往都是一片叫好声。

第一次郑州会议

1958 年 11 月 2 日至 10 日,毛泽东在郑州召集部分中央领导人、大区负责人和部分省、市委书记参加的会议,即第一次郑州会议。毛泽东在会上谈了他视察河北、河南、山东等地所发现的问题,谈了农村工作中的一些错误做法和在人民公社问题上存在着的许多混乱现象。他明确指出,有些领导人急于想使人民公社由集体所有制过渡到全民所有制,由社会主义过渡到共产主义是错误的。他带领与会同志阅读了斯大林的《苏联社会主义经济问题》一书,坚决地批驳了陈伯达等人提出的废除商品生产、实行产品调拨的错误主张。认为这种主张违反客观规律,实质上是剥夺农民。

会议期间,毛泽东给县以上各级党委委员写了一封《关于读书的建议》的信。建议他们认真阅读《苏联社会主义经济问题》和《马克思恩格斯列宁斯大林论共产主义社会》。信中指出"现在有很多人有一大堆混乱思想,读这两本书就可能给以澄清"。

毛泽东建议读这两本书的目的,就是让各级领导同志按经济规律办事,明白社会主义社会还有商品生产、商品交换。现在看来,毛泽东这时候对各地急于过渡到共产主义的做法已经严重不满,对各地浮夸现象已经有所察觉。

从这次会议开始,毛泽东由反右转为纠"左"。

第二次郑州会议

第一次郑州会议后,各地争先恐后准备进入共产主义的做法有所收敛。但浮夸风、"共产风"仍十分盛行。毛泽东对此十分忧虑。他既想保护广大干部群众的生产积极性,又不同意各级干部违背经济规律冒险蛮干。在他的倡导下,1959 年 2 月 27 日至 3 月 5 日,中共中央在郑州召开了政治局扩大会议,即第二次郑州会议。会议主题是解决人民公社的所有制和纠正"共产风"问题。毛泽东在会上作了长篇讲话。他批评了冒险蛮干做法,提出了整顿和建设人民公社的方针,即统一领导,队为基础;分级管理,权力下放;三级核算,各计盈亏;分配计划,由社决定;适当积累,合理调剂;物资劳动,等价交换;按劳分配,承认差别。

会议完全同意毛泽东的讲话,形成了《郑州会议记录》。《郑州会议记录》收入了根据毛泽东讲话精神起草的《关于人民公社管理体制的若干规定(草案)》。这次会议制定的方针,不仅对纠正"一平二调"的"共产风"起了积极作用,而且表明我们党在纠正人民公社问题上的"左"的错误方面又前进了一大步,受到广大农民和农村基层干部的欢迎。

两次郑州会议虽然过去30多年了,但那一幕幕感人情景我至今仍记忆犹新。每当想起毛泽东同志为人民幸福而呕心沥血、不辞劳苦的往事,我都深切感到:他是一位人民的领袖。

（李银桥,曾任毛泽东主席卫士长;李聚云整理）

两次郑州会议的历史回顾

——概述毛泽东纠"左"的理论观点和政策思想

陈恩惠

"中国经济落后,物质基础薄弱,使我们至今还处在一种被动状态,精神上还是受束缚,在这方面我们还没有得到解放。"这番话,是1958年1月南宁会议结束以后,毛泽东集中与会者的意见在《工作方法六十条(草案)》里说的,他说出了全党的共同感受。党和人民都希望尽最大的努力把中国的经济建设搞得快一点,以争取更多的主动。这一年的5月,"党的八大二次会议通过的社会主义建设总路线及其基本点,其正确的一面是反映了广大人民群众迫切要求改变我国经济文化落后状况的普遍愿望,其缺点是忽视了客观的经济规律"①。正是由于忽视了客观的经济规律这个重要原因,在总路线提出后,没有经过认真的调查研究和试点,发动"大跃进"运动和农村人民公社化运动,导致以高指标、瞎指挥、浮夸风和"共产风"为主要标志的"左"倾错误严重地泛滥开来。历史已经证明,力图通过"大跃进"和农村人民公社化运动把中国的经济建设搞得快一点的努力是不

---

① 《关于建国以来党的若干历史问题的决议》,中共党史出版社2010年版,第75页。

成功的,是党在探索中国建设社会主义道路过程中的一次严重失误。

毛泽东是"大跃进"和农村人民公社化运动的倡导者和推动者,同时,也是党中央集体领导中较快地通过调查研究觉察到运动中出现乱子并带头提出要求加以纠正的领导人。"从一九五八年底到一九五九年七月中央政治局庐山会议前期,毛泽东同志和党中央曾经努力领导全党纠正已经觉察到的错误。"①在此期间,党中央和毛泽东先后召开了郑州工作会议(即第一次郑州会议,1958 年 11 月 2 日至 10 日)、武昌中央政治局扩大会议和八届六中全会(1958 年 11 月 21 日至 12 月 10 日)、郑州中央政治局扩大会议(即第二次郑州会议,1959 年 2 月 27 日至 3 月 5 日)、上海中央政治局扩大会议和八届七中全会(1957 年 3 月 25 日至 4 月 5 日)、庐山中央政治局扩大会议(前期,1959 年 7 月 2 日至 16 日)等多次会议,为纠正"大跃进"和农村人民公社化运动中的错误,制定了一系列方针政策,采取了许多具体措施。在纠正错误的过程中,毛泽东提出的一些正确的理论观点和方针政策,起了重要的作用。

为纪念毛泽东 100 周年诞辰暨在河南的革命活动,现谨对他在郑州主持召开的两次会议及有关情况,作一些历史的回顾,对他为纠正"左"倾错误提出的一些理论观点和政策思想,作一概述。

第一次郑州会议

一、问题的提出

1958 年 5 月党的八大二次会议以后,在我国工农业生产和建设

---

① 《关于建国以来党的若干历史问题的决议》,中共党史出版社 2010 年版,第 76 页。

中,已经出现了片面追求高速度,不断地大幅度提高和修改计划指标,高指标带来了高估产和浮夸风;而生产发展上的高指标和浮夸风,又推动着在生产关系方面急于向更高级的形式过渡等忽视客观经济规律的混乱现象。同年8月,中央政治局在北戴河举行的扩大会议(各省、自治区、直辖市党委第一书记和政府各有关部门党组的负责人员参加了这次会议)上,对上述实际生活中已经严重为害的混乱现象未能引起重视。会议决定"号召全党和全国人民用最大的努力,为在1958年生产1070万吨钢,即比1957年的产量535万吨增加一倍而奋斗"。通过了《中共中央关于在农村建立人民公社问题的决议》,决定在全国"把规模较小的农业生产合作社合并和改变成为规模较大的、工农商学兵合一的、乡社合一的、集体化程度更高的人民公社"[①]。这次会议以后,在全国范围内很快形成了大炼钢铁和人民公社化的高潮,"一平二调""共产风"盛行起来。这实际上对农民是一种剥夺,损害了群众的利益,挫伤了社员群众的生产积极性。这时,毛泽东巡视了河北、河南和长江流域几个省的一些工厂、学校和农村,发现农村人民公社化运动中存在着混乱现象,开始着手研究纠正当时已经初步觉察到的错误。1958年11月2日至10日,毛泽东在郑州主持的由部分中央领导同志、大区领导同志和部分省、市委书记参加的工作会议(即第一次郑州会议),就是在这种历史背景下召开的。

二、会议的议题

毛泽东召集这次工作会议的目的,是研究农村人民公社的性质

---

① 《中共中央政治局北戴河扩大会议公报》,《人民日报》1958年9月1日。

问题,想从这里入手来纠正当时人民公社化运动中出现的混乱现象。会前,毛泽东先派陈伯达、张春桥、李友九赴河南遂平县卫星人民公社①作调查;后又派田家英和吴冷西到河南新乡七里营(一乡一社)和修武县(一县一社)作调查,为会议搜集情况、准备材料。

会议开始,只是请了山西、甘肃、陕西、河北和东道主河南5省的省委书记,后扩大到山东、安徽、湖南、湖北4省,共9个省的省委书记。11月3日,毛泽东在和9个省的省委书记谈话过程中,河南省委书记吴芝圃、安徽省委书记曾希圣等提出,"农业发展纲要四十条"已经不能适应目前形势发展的需要,建议搞个"人民公社发展纲要四十条"。毛泽东赞成他们的提议:"说我们就在这里起草,陈伯达当秘书,明天上午你们就议。"与会人员分成工业、农业、教育科学文化、人民公社体制四个小组,初步议出了两个题目:一是人民公社发展纲要的四十条,时间是10年(1958年到1967年第三个五年计划终了),一是中国共产主义建设十年规划纲要。11月4日下午,毛泽东在听取四个小组汇报时指出:你们说搞共产主义,不吓人吗?现在牵涉到共产主义,这个问题就大了,并且是十年,全世界都不理解了。现在的题目,我看还是社会主义,社会主义里头有共产主义因素。(会上有人解释说,是十年建成共产主义,向共产主义过渡)你说十年向共产主义过渡就能过了,我就不一定相信。这是个客观的东西,人们的想象是一件事,是否符合客观规律,又是一件事。由于会议要起草文件,涉及工农业生产和国家建设的发展规划,因此,参加会议的人员再次扩大。至11月6日,中央有关领导同志和华东、东北、中南、西南四个大区的主要负责同志陆续到达郑州。这次

---

① 此公社是在1958年4月间,在嵖岈山附近的27个农业合作社合并的基础上发展起来的,共9369户。(见《新华》半月刊1958年第17期)

会议,到会者中央 12 人,地方 19 人,共 31 人。

三、毛泽东的理论观点和政策思想

会议讨论了社会主义和共产主义的有关理论问题,分析研究了人民公社化运动中出现的问题。毛泽东在会上作了 10 多次讲话,提出了一些纠正"左"倾错误的理论观点和政策思想,主要是:

> 划清社会主义与共产主义、集体所有制与全民所有制的界限,肯定我国现阶段是社会主义,人民公社是集体所有制,强调大力发展生产力。

针对当时普遍混淆了社会主义与共产主义、集体所有制与全民所有制的界限,违背了等价交换的原则,导致"一平二调""共产风"盛行起来的混乱情况,11 月 5 日,毛泽东在讲话中指出,现在还是等价交换,不要把徐水县、修武县、遂平县①跟鞍钢、天津钢厂、上海钢厂⋯⋯②混同了。混淆这个东西恐怕不利,好像现在共产主义已经来了,奋斗太容易了。实际上,遂平也好、修武也好、徐水也好,他们的东西是不能像鞍钢的产品一样国家可以调拨的。河南修武县委第一书记现在不敢宣布人民公社为全民所有制,他考虑了两个问题:第一条,怕遇到灾荒的时候不能发工资,国家不能给补贴;第二条,遇到丰年,怕国家把粮食无偿调走,果若此,农民是不会愿意的。毛泽东称赞这位县委书记是个想事的同志,不那么冒尖。他说:我们在北戴河开那个口,说人民公社少则三四年,多则五六年或者更

---

① 指人民公社的集体所有制——引者注。
② 指国营工业的全民所有制——引者注。

长一些时间,就由集体所有制搞成像国营工业那样的全民所有制,是不是开了海口,讲快了。我现在想,北戴河那个决议案①,要有点修改方法。11月6日和10日,毛泽东在讲话中提出:社会主义和共产主义,什么叫建成社会主义? 什么叫过渡到共产主义? 要不要划一条线? 现在有许多人就不赞成,他们说不要讲建成,不要划一条线。划了线似乎就损伤了现在的积极性了。听陈伯达说,他们那一堆人都不赞成划线。毛泽东明确指出:大线是社会主义与共产主义,线内叫社会主义,线外叫共产主义;还有一条小线,线内社会主义里头,又有两种形式,两种所有制:全民所有制与集体所有制。关于人民公社的性质,毛泽东认为,公社是实现两个过渡的产物,由目前的社会主义阶段到共产主义阶段的过渡——即由社会主义的集体所有制到全民所有制的过渡;又由社会主义的全民所有制到共产主义的全民所有制的过渡。

毛泽东强调,实现过渡的根本条件是发展社会生产力。他说,我国现阶段只有一部分属于全民所有,大部分(如农业)是属于集体所有。基本的、主要的是发展社会生产力,增加社会产品,首先是生产资料的产品,生产资料的产品和生活资料的产品都要极大地增加,才能由集体所有制转到全民所有制。

毛泽东指出主张现在取消商品生产的观点违背客观经济规律,是错误的,强调社会主义的商品生产要大发展,发展商品生产不会引导到资本主义。

---

① 指《中共中央关于在农村建立人民公社问题的决议》。

由于混淆了两个社会发展阶段和两种所有制的界限,当时党内有些人,以陈伯达为代表,认为商品生产、商品交换没有存在的必要,主张取消商品、货币,实行产品由国家直接调拨。因而,他多次严肃批评这种取消商品生产的错误观点。11 月 9 日,他在谈对《十五年社会主义建设纲要四十条(1958—1972 年)》的修改意见时指出,这个"四十条"里头的第三十六条说,人民公社"既要增加自给性的产品,又必须增加用以交换的产品"。这就不清楚了。什么叫用以交换?是产品交换,还是商品交换?你们就是避开商品这个东西,使得人家糊涂。现在有那么一种倾向,就是共产主义越多越好,最好是在一两年内就搞成共产主义。现在好像只有自给自足才是名誉的,而生产商品是不名誉的。谁讲到商品生产、商品交换,大概就不是共产主义者了。毛泽东强调指出:现在还是要利用商品生产、商品交换、价值法则来作为一种有用的工具为社会主义服务。我们国家是个商品生产不发达的国家,现在又很快进到社会主义,社会主义的商品生产、商品交换还要发展。这是肯定的,有积极作用。要扩大商品生产,扩大社会交换。每一个人民公社,并且是每一个生产队,除了生产粮食以外,必须生产经济作物,能够卖钱的,能够交换的,有工业品,有农业品,总之是生产适宜交换的商品。这个问题不提倡,以为人民公社就是个国家,完全都自给,哪有那个事!不生产盐的地方怎么办?咸盐总得吃吧。不扩大商品生产和商品交换,每个人民公社不生产为别的社、为国家所需要的适宜交换的商品,就不能发工资,或者工资发得很少,就不能提高人民的生活。因此,必须发展社会主义的商业,并且利用价值法则,作为经济核算的工具。而现在的经济学家,我看就是非常之不喜欢这经济学,他们就是要急于过渡到共产主义。

　　农民问题,始终是中国革命和建设的根本问题。会议的最后一天(11 月 10 日)下午,毛泽东在讲述对斯大林的《苏联社会主义经济问题》第一、第二、第三章的意见时,联系商品生产,强调要正确认识和对待农民问题。他说,要利用商品生产、商品流通、价值法则为社会主义服务。对于集体所有制采用资产阶级遗留下来的一些原则,利用它的形式,有些也是实质,比如生活资料的商品。但是,这里说的实质不是那个实质。资产阶级的产品是为了营利、赚钱、剥削剩余价值;我们不是,我们是无产阶级的产品,是为了跟过去的小资产阶级(农民)的产品进行交换。农民在中国是一个大海。又是农民问题,现在还是个农民问题。许多同志觉得,农民现在忽然变得跟无产阶级一样了,或者更高,农民现在是第一,而无产阶级呢?变成二哥了。这是一种现象,不是本质,究竟鞍钢是大哥,还是徐水是大哥呢?我们有一些同志,在读马克思主义教科书的时候,是马克思主义者,一碰到具体问题,马克思主义就要打折扣,避开一切必须使用的、还有积极意义的资本主义范畴来为社会主义服务,就是商品生产、商品流通、价值法则等,那个"四十条"里头的第三十六条的写法就是证据,尽量用一些不明显的文字来蒙混过关,以显得现在的农民已进入了共产主义。毛泽东指出:这是一种不严肃的态度,这是马克思主义碰到具体问题打折扣。废除商业,对农产品实行调拨,那就是剥夺农民。没有理由剥夺农民,只能跟他们做买卖。在农民问题上,必须谨慎小心。你们不要跟陈伯达搞在一起,他的马克思主义"太多"了。

　　毛泽东分析了一些人害怕商品生产的思想,进一步强调发展社会主义商品生产的必要性。他说,现在有不少的人向往共产主义,想立即进入,不要商品了,一提商品就发愁,以为这是资本主义的东西,为什么社会主义还搞商品?他们没有看到资本主义商品与社会主义商品性质的差别,他们没有懂得利用商品生产的作用的重要性。共产主义的第一个阶段,就是社会主义时代,应该充分利用商品生产,这是客观经济法则。为了团结几亿农民,就要跟他们做买卖,商品生产不是缩小,而是发展。毛泽东提出:为什么现在我们有许多人怕这个商品呢?无非是怕资本主义,归根结底是怕资本主义。被鬼吓了一辈子的人,他就怕那个东西。中国是商品生产最不发达的一个国家,比印度、巴西还落后,怕商品干什么呢?我看不要怕,要大力发展商品生产,为社会主义服务。那么,商品生产会不会搞资本主义,会不会引导到资本主义呢?毛泽东明确回答:我看不会。因为:我们国家的政权掌握在无产阶级手里;我们依靠的是占农村人口 70% 的贫农、下中农;我们有马克思主义的党的领导;我们在 1949 年七届二中全会就说对私人资本主义实行利用限制的政策,不是让它漫无限制包罗一切地扩张。在这样的情况下,商品生产怎么会搞资本主义呢?毛泽东认为,商品生产引导资本主义是有条件的,我国已经没有了这种条件。他说,商品生产,历来就有几种:有奴隶社会的,有封建社会的,有资本主义社会的,这是三种,现在加上一种社会主义社会的。资本主义生产是资本主义生产,商品生产是商品生产,不能把这两个东西混为一谈。所以有不跟资本主义相联系的商品生产,比如社会主义的商品生产,还有古代比如奴隶社会的商品生产,并不与资本主义相联系;对封建社会初期和中期的商品生产也不跟资本主义相联系。商品生产,并非在任何条件下都会引导到资本主义的。商品生产,在经济上跟资本主义相联系,就出资本主义;跟社会主义相联系,就不是资本主义,就出社会主义。我们国家的生产资料不是集中在私人手中,而是归全民和集体所有,已经没有了资本主义的经济基础,我们已经解决了这个问题。在这样的条件下,商品生产怎么会引导到资本主义呢?商品生产是一个有用的工具,应该肯定它。我们要充分利用这个工具,大力发展商品生产,它可以乖乖地为社会主义服务。

建议读两本书,用马列主义理论来澄清混乱思想,统一全党思想认识,以利于指导我们伟大的经济工作。

联系中国实际学习马列主义著作,是毛泽东一贯倡导的原则和根本方法,是我们党的优良传统。为了使全党特别是党的各级干部了解马、恩、列、斯关于共产主义社会的论述和社会主义经济的理论,以澄清当时不少干部混淆社会主义与共产主义、集体所有制与全民所有制界限的糊涂认识,统一全党思想,这次会议开始不久,11月4日,毛泽东在讲话中就提出,我们研究人民公社的性质、交换、社会主义向共产主义过渡、集体所有制向全民所有制过渡这些问题,可以参考的材料还是斯大林那个《苏联社会主义经济问题》。自有马克思以来,100多年,专门谈社会主义经济学的,就有这一本,可以找几十本在这里发一下,我们现在看跟发表的时候看不同了。会议期间,毛泽东和与会同志一起,阅读和讨论了这本书。11月9日,他在讲到读这本书的感受时说:这本书我过去也读过一遍,不大感兴趣,现在看就不同了,现在要来搞清这些问题。我看,他这个一、二、三章里头有许多值得注意的东西。当然,有一些是不妥当的;再有一些,他自己没有搞清楚。他的好处是提出了社会主义经济学里头的一些问题,因为过去谁也没有提出过,提得很少,或略有涉及。只有列宁提到了,比如做生意这一套。同日,毛泽东给中央、省市自治区、地、县四级党委委员写了一封信,建议读斯大林的《苏联社会主义经济问题》和中央宣传部组织选编的《马克思恩格斯列宁斯大林论共产主义社会》两本书。他说:"每人每本用心读三遍,随读随想,加以分析,哪些是正确的(我以为这是主要的);哪些说得不正确,或者不大正确,或者模糊影响,作者对于所要说的问题,在某些点上,自己并不甚清楚。"他强调指出,要联系中国社会主义经济革命和经济建设去读这两本书,使自己获得一个清醒的头脑,以利指导我们伟大的经济工作。现在很多人有一大堆混乱思想,读这两本书就有可能给以澄清。有些号称马克思主义经济学家的同志,在最近几个月内,就是如此。他们在读马克思主义政治经济学的时候是马克思主义者,一临到目前经济实践中某些具体问题,他们的马克思主义就打折扣了。现在需要读书和辩论,以期对一切同志有益。

11 月 10 日下午,毛泽东在会议结束时的讲话中再次强调读书的问题。他说:我发了一封信给你们看,我提倡读斯大林这一本书,还读一本马、恩、列、斯论共产主义社会。请你们研究这个东西,因为这个问题是必须敞开谈的问题,过去没有敞开谈过,不要吞吞吐吐,要敞开来谈。这么多的人要出共产主义,问题就来了,形势逼人了。你们回去组织一下,先从省一级起,然后地一级、县一级也搞。请你们当积极分子,你们一定可以找到你们那里的对象,找到那种马克思主义"太多"的人。

> 对资产阶级法权要分作两部分,破除不适当的,保留适当的。

毛泽东是在 11 月 9 日的会上,讲如何使上层建筑适应社会主义时代的经济基础时讲到这个问题的。他说,在我们国家里,资产阶级法权,资产阶级是想维持的,还有一部分人(包括一部分干部)是想维持的。但是,我们这里想进到共产主义的人多,这种积极性是非常可贵的,但进到共产主义要有步骤。资产阶级法权,一部分是不适当的,必须破除。比如等级森严,居高临下,老爷态度,三风五气,脱离群众;干群关系,上下级关系,是猫鼠关系,或者父子关系;不是靠能力而是靠资格,不平等。无非是当了什么长,一朝权在手,就把令来行,就靠这个权力吃饭,而不是靠工作能力来吃饭。这种不平等完全不必要,是有害的,必须破除,坚决要破,经常要破,破了又生,生了又破。资产阶级法权,还有一部分是适当的,不能破除。比如要肯定保留适当的工资制度和待遇的差别,多劳多得,少劳少得。毛泽东回顾说:我们在1953年实行工资制是必要的,基本上做得是对的。因为过去解放区供给制的工作人员占少数,后头到大城市,包括工人阶级同新加入政府的工作人员都是工资制,你要他们实行供给制是不可能的,那个时候不改也不行。但是有缺点,比如没有利用供给制的长处,等级森严,干部搞成三十级,评工资的时候,要评高,评低了就吵,闹级别,闹待遇。经过整风,这个风降下来了。去年和今年,我们搞试验田,干部下放,干部参加劳动,以普通劳动者的姿态出现,干部同群众打成一片,采取商量的态度;解决人民内部矛盾跟解决敌我矛盾的方法有所不同,不能压服而是说服;工人农民参加管理机关,破除不适合的规章制度等。这些东西一来,空气大有改变,人民群众感到共产党和他们在一起。

在这里,毛泽东不是专门讲资产阶级法权问题,而是略有涉及。尽管如此,从这里人们可以明确看出,他对资产阶级法权并不是一概否定,而是有具体分析的。事实上,多年以来,我们党和国家也是这样做的。①

关于《郑州会议关于人民公社若干问题的决议》。毛泽东在 11 月 10 日最后一次会议上提议,《决议》由邓小平带回北京,经中央政治局通过后下达。他说,不要叫纪要,叫决议,我改了一下,改得比较严肃了。要作决议,政治局批准才算决议。这里有些是理论问题,有些是立即实行的问题,不实行就不行的,不实行要死人或者是要烂掉一些。政治局通过,正式文件可以一直发到基层党委。但是,各省同志回去就可以实行。事后,毛泽东对这个问题重新作了审慎的考虑,他于 11 月 12 日致信邓小平:"想了一下,那个关于人民公社若干问题的决议(草案),还是稍等一下(大约两个星期),带到武昌会议再谈一下,得到更多同志的同意(可能有好的意见提出来,须作若干修改,也说不定),然后作正式文件发出,较为妥当。这并不妨碍各省同志按照他们带回去的草案立即在干部中传达、讨论和实行。是否如此,请你同北京同志们商量酌定。既然如此,郑州会议就是一个为武昌会议准备文件的会议,因此,不要发表公报。"同日,并致信各省、市、自治区党委第一书记和大区负责同志说明"改变原定计划,中央政治局暂不批准"决议(草案)的原因。信中说:"对这件事你们怎样处理呢?你们可以在这几天内,征求省地两级及个别县级负责同志的意见,由你们将这些意见带到武昌,加以研究。""决议中有些要施行的,你们可以立即施行,仍为郑州会议所约,并不变更。"此事"已报告中央"。第二天,11 月 13 日,他又致信刘少奇、邓小平:"建议在北京在政治局、书记处同志并再(在)参加

---

① 第一次郑州会议,经过讨论,起草了两个文件:一是《郑州会议关于人民公社若干问题的决议》(原称《郑州会议纪要》,毛泽东改为现题),一是《十五年社会主义建设纲要四十条(1958—1972)》。根据毛泽东的意见,这两个文件当时都没有定稿下达。

若干同志的范围内,在这几天内,开三次至四次会:(一)讨论郑州会议起草的两个文件,当作问题提出,征求意见;(二)讨论斯大林苏联经济问题'意见书'部分的第一、第二、第三章。这样做,是为了对武汉会议先作精神准备。是否可行,请酌办。我认为省级也应这样做,讨论上述同样的两个问题,也应当只是当问题提出,征求意见的性质。如以为可行,请以电话通知各省。所谓当作问题提出,即对每一个问题,都提出正反两面。例如对划一条线弄清界限问题,提出划线好,还是不划线好?对商品问题,提出现阶段要商品好,还是不要商品好。其他问题,以此类推。"根据毛泽东的意见,这样做了以后,《郑州会议关于人民公社若干问题的决议》作为草案,提交武昌中央政治局扩大会议(1958 年 11 月 21 日至 27 日)讨论修改,由紧接着在武昌举行的党的八届六中全会于 12 月 10 日审议通过,题为《关于人民公社若干问题的决议》。这个决议,比较集中地体现了前一时期党中央和毛泽东纠正公社化运动错误方面的认识成果。主要是:批评了企图超越社会主义阶段而跳入共产主义的空想,重申社会主义和共产主义、集体所有制和全民所有制之间的区别,强调大力发展生产力;批评了企图否定集体所有制、否定商品生产和按劳分配原则的错误,强调继续发展商品生产和坚持按劳分配原则的必要性和重要性;批评了浮夸风,要求发扬党的实事求是的作风,各级领导人员必须善于区别事物的真相和假象,区别有根据的要求和没有根据的要求,对情况的判断必须力求接近客观实际,把经济工作越做越细。

关于《十五年社会主义建设纲要四十条(1958—1972 年)》。毛泽东认为这个文件里规定的一些工农业生产指标过高,根据不足。他在 11 月 9 日讲到对这个文件的意见时说:"这个东西我们内部很需要,要团结我们桌子上面的这些人,并且还有整个中央委员,省委委员,没有个目标,没有方向,是不行的。要把根本的方针、界限、达到的目的、相互关系搞清楚,现在有些问题相当混乱。这个四十条我有许多怀疑,主要是钢、机械、煤、电力这四个东西,过去我们提的是十五年或者更短一点时间总产量赶上英国,现在是按人口比例赶上英国,许多问题我不清楚你们是根据什么这样提的。说是只发到省一级、地一级、县一级,一传就都传出去了。"11 月 10 日,毛泽东明确表示不同意公布这个文件。他说:"为什么你们搞了那些指标,我还没有得到你们的根据。要提倡实事求是的精神,戒骄戒躁。苦战三年,我看不发表。"将来还是 15 年,说是什么时候起的草稿。从这里人们可以看出,当时许多同志的头脑是热的,对我国的经济发展形势仍然存在着不切实际的估计,继续坚持工农业生产的高指标,对"大跃进"和人民公社化运动中问题的严重性还缺乏足够的认识。

第一次郑州会议,是 1958 年年底到 1959 年 7 月中央政治局庐山会议前期,毛泽东和党中央在当时历史条件下领导全党纠正"左"倾错误的开端,迈出的重要一步。毛泽东 35 年前在会上提出的一些理论观点和政策思想,不仅对于澄清当时存在的混乱思想,遏制严重泛滥的浮夸风、"共产风"具有重要的积极意义,而且他关于充分利用商品生产、商品流通、价值法则为社会主义服务的思想,在建设有中国特色社会主义的今天,对我们仍富有启迪作用,特别是他关于发展商品生产不会引导到资本主义的思想,仍不失其光彩。

第二次郑州会议

一、对公社化问题的认识前进了一步

第一次郑州会议以后,毛泽东仍以主要精力继续研究人民公社和"大跃进"中的问题,以期进一步解决。继武昌中央政治局扩大会议和党的八届六中全会,1959年1月26日至2月2日,党中央在北京召开了省、市、自治区党委第一书记会议,讨论是年年度计划和工业、农业、商业、交通运输、轻工业和人民公社等方面的问题。2月1日和2日,毛泽东在会上作了两次坦诚的讲话,强调探索我国社会主义经济建设的经验问题。他说:我们曾经提过一些不适当的指标,我自己在内。还有些指标,脑筋发起热来,想得很多,里头有一些胡思乱想。要承认我们曾经提过一些不适当的指标。此外,农业社放出一些"卫星",报纸上吹过许多,也不实在,没有那么高,没有那么多,有些是几十亩并成一亩并拢来的。他说:从总的来看,计划、指标,适合也好,不适合也好,对我们都是从实践中找经验。不适合,不完成,是经验不足,牛皮吹大了些,但我是乐观的,找到经验。他还说:我们比较冒尖,没有经验,搞"大跃进"。我们在武昌会议批评了一部分①,可能还有一部分不适合。明年再搞一年,苦战三年,我们经验就多了,矛盾就展开了,就看出问题在哪个地方了。不适合怎么样呢? 我们就改。全世界骂我们,让他们去骂,只要我们自己搞对了,那就好了。

---

① 指1958年11月21日至27日,在武昌中央政治局扩大会议上毛泽东强调要"压缩空气",把根据不足的高指标降下来——引者注。

　　党的八届六中全会闭幕以后,全国各地农村贯彻全会精神,普遍开展了整顿人民公社的工作。急于向全民所有制、向共产主义过渡的势头是刹住了,但公社内部的平均主义和过分集中倾向仍然存在;加上为了完成由高估产而来的高征购任务,又不适当地进行了反对生产队本位主义和瞒产私分的斗争。因此,党和政府同农民的紧张关系,还没有真正缓解。对这个问题的认识及解决这一问题的方针、办法,在1月底2月初省、市、自治区党委第一书记会议之前,毛泽东就开始考虑了。会后,他到河北、山东、河南调查研究,经过跟三省的同志交换意见,受到极大的启发,逐渐形成了这样一种思想认识,就是:党和政府同农民的关系紧张问题,里面有几方面的原因,但主要的应从人民公社内部所有制分级和所采取的政策方面去寻找答案。因此,他提议并主持在郑州召开中央政治局扩大会议(即第二次郑州会议),来研究解决这方面的问题。这个情况表明,毛泽东对公社化问题的认识深化、前进了一步。

二、会议的主题和结果

　　第二次郑州会议于1959年2月27日开始举行。会议进行了7天,3月5日结束。到会者中央20人,省、市、自治区党委第一书记27人,共47人。会议的主题是人民公社问题。首先由毛泽东讲了他的意见,然后进行了几次讨论。会议结果形成了《郑州会议记录》,下发全党。

　　《郑州会议记录》包括三个内容:"(一)同意毛泽东同志的意见。① (二)规定了如下十四句话作为当前整顿和建设人民公社的方

---

① 指毛泽东在会上的讲话,根据多次讲话记录整理、经本人修改审定,收入《郑州会议记录》下发全党——引者注。

针。这十四句话是：统一领导，队为基础；分级管理，权力下放；三级核算，各计盈亏；分配计划，由社决定；适当积累，合理调剂；物资劳动，等价交换；按劳分配，承认差别。（三）起草了一个关于人民公社管理体制的若干规定（草案）。"

3月2日，毛泽东在审议这个《记录》的会议上说，三个结论：一个同意我的；一个十四句话；一个草案。有了这个东西，就可以考虑暂时不写决议案了，现在难写。在此之前，他在致刘少奇、邓小平和与会各同志的信里建议：各同志回去，在各省、市、自治区召开一次省、地、县、社、生产大队、生产队六级干部会议，会期10天，将问题的道理讲清，将政策和办法规定完整。他在信里强调说："这是一个关键的时机。时不可失，机不再来。"并请各省、市、自治区的同志，即在这里用电话通知自己的省、市、自治区召集上述六级干部会议，以求中央的精神和政策同广大干部、群众见面，摆出问题，进行讨论，统一思想，落实到行动中去。

三、毛泽东的意见

在第二次郑州会议上，毛泽东的多次讲话以及会议期间写的批语、批注和信，主题是解决人民公社的所有制和纠正"共产风"问题，为此而提出了一些思想观点和方针政策，主要是：

> 我们在生产关系的改进方面（即公社所有制）前进得远了一点，农村人民公社必须以生产队所有制为基础。

毛泽东说："目前我们跟农民的关系在一些事情上存在着一种相当紧张的状态，突出的现象是在1958年农业大丰收以后，粮食、棉花、油料等等农产品的收购至今还有一部分没有完成任务。再则全国（除少数灾区外），几乎普遍地发生瞒产私分，大闹粮食、油料、猪肉、蔬菜'不足'的风潮。"毛泽东提出，这究竟是怎么一回事呢？他分析说："我们应当透过这种现象看出问题的本质即主要矛盾在什么地方。这里面有几方面的原因，但是我以为主要地应当从我们对农村人民公社所有制的认识和我们所采取的政策方面去寻找答案。"

毛泽东说："农村人民公社所有制要不要有一个发展过程？是不是公社一成立，马上就有了完全的公社所有制，马上就可以消灭生产队的所有制呢？我这是说的生产队，有些地方是生产大队即管理区，总之大体上相当于原来的农业生产合作社。① 现在有许多人还不认识公社所有制必须有一个发展过程"，"他们误认人民公社一成立，各生产队的生产资料、人力、产品，就都可以由公社领导机关直接支配。他们误认社会主义为共产主义，误认按劳分配为按需分配，误认集体所有制为全民所有制。他们在许多地方否认价值法则，否认等价交换。因此，他们在公社范围内，实行贫富拉平，平均分配，对生产队的某些财产无代价地上调；银行方面，也把许多农村中的贷款一律收回。'一平、二调、三收款'，引起广大农民的很大恐慌。这就是我们目前同农民关系中的一个最根本的问题"。

毛泽东指出：公社成立了，我们有了公社所有制。问题是目前公社所有制除了公社直接所有的部分以外，还存在着生产大队（管理区）所有制和生产队所有制。要基本消灭这三级所有制之间的差别，把三级所有制基本上变为一级所有制，需要公社有更强大的经

---

① 这里指的是高级社——引者注。

济力量,需要各个生产队的经济发展水平大体趋于平衡,这就需要几年时间。目前的问题是必须承认这个必不可少的发展过程,而不是什么向农民让步的问题。

毛泽东又指出:"六中全会的决议写了集体所有制过渡到全民所有制和社会主义过渡到共产主义必须经过的发展阶段。但没有写明公社的集体所有制也需要有一个发展过程,这是一个缺点。因为那个时候我们还不认识这个问题。这样,下面的同志也就把公社、生产大队、生产队三级所有制之间的区别模糊了,实际上否认了目前还存在于公社中并且具有极大重要性的生产队(或者生产大队,大体上相当于原来的高级社)的所有制,而这就不可避免地引起广大农民的坚决抵抗。"

会议期间,2月28日,毛泽东在经济消息社编的《经济参考》第9期所载《是缺粮问题,还是思想问题?》一文上写了批语,印发给与会各同志。他明确指出,由基本的队有制变为基本的社有制的过程是客观真理,需要多年的时间。批语说:"政策是对的,理由没有说清楚。基本的队有制,部分的社有制,不但1958年是如此,1959年及往后几年还是如此。要翻过来,变为基本的社有、部分的队有制,需要多年时间,这是一个由小集体所有制(队有)到大集体所有制(社有)的逐步发展过程。不承认这个客观真理,不可能根本解决问题,不能说服人。"

毛泽东的上述分析和论述表明,他认为人民公社这种生产关系的变革,不适应当时我国农村生产力发展的水平。所以,他在讲话中说:"问题只是我们在生产关系的改进方面,即是说,在公社所有制方面,前进得远了一点。"

我们必须首先检查和纠正自己的平均主义和过分集中两种倾向，坚持按劳分配，多劳多得的社会主义原则。

毛泽东在分析瞒产私分现象时说："一方面，中央、省、地、县、社五级（如果加上管理区就是六级）党委大批评生产队、生产小队的本位主义，瞒产私分；另一方面，生产队、生产小队却几乎普通地瞒产私分，甚至深藏密窖，站岗放哨，以保卫他们的产品。我以为，产品本来有余，应该向国家交售而不交售的这种本位主义确实是有的，犯这种本位主义的党员干部是应该受到批评的，但是有很多情况并不能称之为本位主义。即令本位主义属实，应该加以批评，在实行这种批评之前，我们也必须首先检查和纠正自己的两种倾向，即平均主义倾向和过分集中倾向。"毛泽东指出："所谓平均主义倾向，即是否认各个生产队和各个个人的收入应当有所差别。而否认这种差别，就是否认按劳分配、多劳多得的社会主义原则。所谓过分集中，即否认生产队的所有制，否认生产队应有的权利，任意把生产队的财产上调到公社来。"会议期间，2月28日，毛泽东批阅《中共山西省委关于整顿和巩固人民公社的决议》时，在《决议》中提到批评本位主义的地方，写了一段批注，尖锐地提出批判"左"倾冒险主义思想的问题。批注说："这里应当加一句：又应当批判只顾国家和公社大集体、而不顾生产队小集体和社员个人（全国共有几亿人口之多），公社积累过多，社员分配过少，社办、县办工业过多因而抽去人力过多，使生产队人力过少，妨碍农业任务完成等'左'倾冒险主义思想；必须承认，目前实际上还是基本的队有制、部分的社有制。"

毛泽东指出："目前我们的任务，就是要向广大干部讲清道理，经过充分的酝酿和讨论，使他们得到真正的了解，然后我们和他们一起,共同妥善地坚决地纠正这些倾向,克服平均主义,改变权力、财力、人力过分集中于公社一级的状态。"

> "共产风"的实质是无偿占有别人的劳动成果,违反价值法则、等价交换的经济法则。

毛泽东指出:平均主义和过分集中两种倾向,"都包含有否认价值法则、否认等价交换的思想在内,这当然是不对的"。为了说明等价交换这个在社会主义时期仍然不能违反的经济法则,毛泽东回顾了历史。他说:"公社在 1958 年秋季成立之后,刮起了一阵'共产风'。主要内容有三条:一是穷富拉平。二是积累太多、义务劳动太多。三是'共'各种'产'。""这样一来,'共产风'就刮起来了。即是说,在某种范围内,实际上造成了一部分无偿占有别人劳动成果的情况。""凡此一切,都不能不引起各生产队和广大社员的不满。"他说:"我们只是无偿剥夺了日德意帝国主义的、封建主义的、官僚资本主义的生产资料,和地主的一部分房屋、粮食等生活资料。所有这些都不是侵占别人劳动成果,因为这些被剥夺的人都是不劳而获的。对于民族资产阶级的生产资料,我们没有采取无偿剥夺的办法,而是实行赎买政策。因为他们虽然是剥削者,但是他们曾经是民主革命的同盟者,现在又不反对社会主义改造。"毛泽东反问:"我们对于剥削阶级的政策尚且是如此,那么,我们对于劳动人民的劳动成果,又怎么可以无偿占有呢?"他重申:"价值法则仍然是客观存在的经济法则,我们对于社会产品,只能实行等价交换,不能实行无偿占有。违反这一点,终究是不行的。"

在这里,为了说明勉强把穷富拉平,任意抽调生产队的财产是不对的,毛泽东专门对较穷的社,较穷的队,较穷的户,讲了一段感人的话。他说:"完全用不着依靠占别人的便宜来解决问题。我们穷人,就是说,占农村人口大多数的贫农和下中农,应当有志气","站立起来,用我们自己的双手艰苦奋斗,改变我们的世界,将我们现在还很落后的乡村建设成为一个繁荣昌盛的乐园。这一天肯定会到来的,大家看吧"。

统筹兼顾,真正做到全国一盘棋。

鉴于公社化以来的经验,为了改善党和政府同农民和基层干部的关系,毛泽东指出:"我们必须把安排人民生活、安排公社积累和安排国家需要这三方面的工作,同时统筹兼顾。这样,才算真正做到了全国一盘棋。否则所谓一盘棋,实际上只是半盘棋,或者是不完全的一盘棋。一般说来,1958 年公社的积累多了一点。因此,各地应当根据具体情况,规定 1959 年公社积累的一个适当限度,并向群众宣布,以利安定人心,提高广大群众的生产积极性。"毛泽东重申:"人民公社一定要坚持勤俭办社的方针,一定要反对浪费。"他说:"在粮食工作方面","一定要把公社的粮食收好、管好、用好。社会对于粮食的需要总是会不断增长的,因此,至少在几年内不要宣传粮食问题'解决'了"。他还说:"最近各省都有干部下去当社员,这个办法很好。""一部分干部可以下厂矿当工人。这个办法在去年行之有效,今年要更好地加以推广。总之,一定要不断地巩固我们同广大群众的联系。"

对人民公社化运动带来的问题,主动承担责任,作了自我批评。

2月下旬,毛泽东到河南后,就他解决人民公社问题的一套方针和办法,先跟省委四位书记交换了意见,后又同新乡、洛阳、许昌、信阳四个地委书记座谈了两次,他们都同意毛泽东的意见,说"可以这样解决"。在此基础上,河南省委召开省、地、县、社、生产大队、生产队六级干部会议,将毛泽东的主张作为省委的意见向会议提出,摆出问题,进行讨论。开始,与会者有许多人,对批评他们是"右倾""倒退""富农路线""不要共产主义"思想不通……在第二次郑州会议上,也有类似情况,有一些同志对毛泽东讲的"那一套道理,似乎颇有些不通,觉得有些不对头"。因此,他于3月1日给刘少奇、邓小平和与会各同志写了一封信,再次说明他的思想观点和这一观点形成的过程,请胡乔木把这封信在会上代他宣读一遍。信中说:"我可以这样说,同志们的思想有些是正确的,但是我觉得我的观察和根本思想是不会错的,但是还不完善。有些观点需要同志们给我们帮助,加以补充、修正及发展。我的这一套思想,是一月二月两个月逐步形成的。到天津、济南、郑州,跟三省的同志们交换意见,对我有极大的启发。因此到郑州,就下定了决心,形成了这一套,虽然还有些不完善,还有些不准确,还有些需要发展和展开,需要今后再观察、再交换意见、再思再想。"毛泽东这一番话,是坦率的、真诚的,他对于纠"左"是充满信心的。正如他在讲话中所说:"采取以上所说的方针和办法,我以为,我们目前同农民和基层干部的关系一定会很快地改善。"只要我们"在实际行动中克服过去一段时间内工作中的缺点,那么,主动权就完全掌握在我们手里,广大群众就一定同我们站在一起。"

对于人民公社化运动带来的一系列问题,毛泽东在会上讲话时主动承担了责任,作了自我批评。他说:"这首先是由于中央没有更早地作出具体的指示,以致下级干部一时没有掌握好分寸,这不能责备他们,我本人在这方面就负有责任。"尽管当时对错误的认识"是十个指头中一个指头的问题",但这种自我批评的精神是十分可贵的。这里需要说明的是,3月2日,在审议《郑州会议记录》的会议上,有些同志对上述毛泽东主动承担责任的那一段话提出意见,表示不赞成写在毛泽东的讲话里作为会议文件下发。他们担心这样一来,易造成层层作检讨,带来消极情绪。毛泽东说:我的目的是不要你们负责。我不讲,没有主动。我要跟群众一起讲,大集体、小集体同时存在在一个公社里。我自己这一次才搞清,过去没有搞清。这是事实,不是冤枉,不是乱戴帽子。后根据其他中央领导同志的意见,毛泽东的讲话作为《郑州会议记录》的组成部分定稿下发时保留了"这首先是由于中央没有更早地作出具体的指示,以致下级干部一时没有掌握好分寸",删去了"这不能责备他们,我本人在这方面就负有责任"的话语。

在第二次郑州会议上,经过毛泽东上述有理有据的分析和论述,使党内许多同志开始从前一段"左"的思想框框中解脱出来。会议结束以后,中央督促各地召开干部会议,传达和贯彻会议的精神及规定的方针政策,整顿人民公社。毛泽东直接掌握和指导着这一工作的进行,抓得很紧。他在3月9日收到中共湖南省委3月8日的报告后,当天作出批示和意见。他说:"六级干部大会宜早不宜迟。先布置生产,很对。县、社、大队和队,都有一两个强的领导者留在当地指挥生产,农事决不能误。""现在有了郑州会议的方针,只需将六级几千人召集在一起,把方针一放,几天工夫,情况就明了,思想就会通了。会议早开早结,于农事也有利。"他几次就召开这些干部会议给各省、市、自治区党委第一书记写信,同他们讨论问题和办法,对各地提出的重大问题及时指导,反复强调群众路线、群众观点问题。

毛泽东在阅读了一些省关于六级干部会议情况的材料以后,发现以生产队还是以生产大队为基本核算单位,有两种不同的意见,及时指出:这个问题关系重大,关系到3000多万生产队长、小队长等基层干部和几亿农民的利益问题。采取以生产大队为基本核算的地区,一定要得到基层干部的真正同意,如果他们觉得勉强,则宁可采用生产队即原高级社为基本核算单位,不致使我们脱离群众。"在目前这个时期脱离群众,是很危险的。""总之,要按照群众意见办事。无论什么办法,只有适合群众的要求,才行得通。否则终究是行不通的。"①

毛泽东又提出,除讨论三级所有、三级管理、三级核算,还应当讨论生产小队(生产小组,或作业组)部分所有制问题。他特别告诫基层党组织的同志们说:"一定要每日每时关心群众利益,时刻想到自己的政策措施一定要适合当前群众的觉悟水平和当前群众的迫切要求。凡是违背这两条的,一定行不通,一定要失败。"②

从第一次郑州会议到庐山会议前期的9个月中,毛泽东和党中央曾经努力领导全党纠正已经觉察到的错误,在我们党的历史上是一段难忘的历程。第一次郑州会议是这个历程的开端,而第二次郑州会议则是这个历程中的一个重要环节。在这里,笔者引用这段历史的直接见证人即邓小平的一段话作为本文的结束语:"两次郑州

---

① 毛泽东:《党内通信》,1959年3月15日。
② 毛泽东:《党内通信》,1959年3月17日。

会议也开得及时。1959 年上半年,是在纠正'左'的错误。庐山会议前期还讨论经济工作。""看起来,这时候毛泽东同志还是认真纠正'左'倾错误的。"①

（陈恩惠,曾任中共中央办公厅秘书局副局长）

---

① 《同中央负责同志的谈话》(1980 年 4 月 1 日),《邓小平文选》(1975—1982),人民出版社 1983 年版,第 259 页。

第一次郑州会议的片断回忆

张承先

1958年10月下旬至11月初,毛泽东主席在河北视察工作。我作为河北省委书记处书记陪同主席视察。在主席乘火车将要离开河北邯郸进入河南境内时,我向主席告别说:"我要回去了,主席还有什么指示?"毛主席讲:"回去干什么！一块出去看看嘛！"我随主席到了郑州,有幸参加了第一次郑州会议。由于时间过去很久,许多情节记不很清楚了。有几件事在我脑子里留下了深刻印象,现追记如下。

一、河北省保定地区徐水县提出三年过渡到共产主义,成为召开第一次郑州会议背景材料之一

在1958年"大跃进"公社化年代,徐水县委书记张国忠提出了三年过渡到共产主义。当时在徐水县刮起了一阵浮夸风。估产过高,说亩产达到8000斤到上万斤,粮食多得没地方放了,已有条件实行共产主义。大办集体食堂实行吃饭不要钱。全县实行统一分配,统一发衣服,统一发工资。毛主席在天津听了张国忠汇报,没有当面批评,只提出问题让张国忠考虑。主席问徐水一个农民每年创造多少价值？你知道不知道鞍钢一个工人每年创造多少价值，鞍钢产品能由国家调拨，为何徐水农民产品不能由国家调拨？毛主席提出这个问题让大家思考。显然是提醒大家集体所有制与全民所有制有所不同，由集体所有过渡到全民所有还需要生产有很大发展，至于由社会主义按劳取酬过渡到共产主义各取所需那就更远了。这番道理毛主席当时并没有讲明（后来在第一次郑州会议上，方提出要划清两条界限，集体所有制与全民所有制界限、社会主义与共产主义界限），张国忠也不可能理解。当时张国忠仍大讲其过渡到共产主义的可能性和必要性。毛主席置之一笑。此后毛主席问河北省委书记处书记、省长刘子厚：你到徐水去看过没有？了解不了解徐水情况？刘子厚说还没有去过。毛主席说：你到徐水看看，了解一下情况向我汇报。刘子厚问了解哪些方面的情况，毛主席说：你想看什么就看什么，不出题目。刘子厚问需要多长时间，毛主席说三天就够了。当时刘子厚也摸不着头脑，对同志们讲主席这是考我们来了。刘子厚率领一批干部赶到徐水县，分头下去直接接触农民，了解情况。农民揭露了徐水县搞浮夸弄虚作假的一些情况，并对"归大堆"、统一分配，办食堂吃大锅饭不满。刘子厚回来汇报了情况。毛主席听到一些弄虚作假的情况，比如办猪场，把瘦猪运走，把全区大肥猪集中到一个点上，让人参观等情况，主席听了哈哈大笑，说这也是一种创造。在召开第一次郑州会议前，毛主席已了解到徐水县刮浮夸风、"共产风"的实际情况。

二、毛主席批评陈伯达取消商品生产和商品交换的错误主张

毛主席在郑州听取了陈伯达在河南嵖岈山公社蹲点调查研究的汇报。在汇报中陈伯达提出实行供给制、全公社产品实行统一调拨,取消商品交换。毛主席说:农民唯一可以接受的是实行商品交换。取消商品生产和商品交换,实行产品统一调拨,统一分配,是剥夺农民,剥夺农民是要不得的。

三、毛主席批评张春桥限制和取消资产阶级法权的错误主张

在1958年"大跃进"公社化气氛下,上海张春桥在《解放日报》上发表了一篇文章,反对资产阶级法权。毛主席在郑州会议上提出,在社会主义阶段,必须也只能实行按劳分配原则,在条件不成熟的时候,否定按劳分配原则而代之以按需分配是一种不可能成功的空想,这样做助长小资产阶级平均主义倾向,而不利于社会主义建设的发展。

四、毛主席在第一次郑州会议上亲自主持,带头领着大家学习斯大林《苏联社会主义经济问题》,提出社会主义计划经济,也必须按经济规律办事,要按价值法则办事

他指出价值法则是客观存在的经济法则,不能主观想怎么办就怎么办。

（张承先,曾任中共河北省委书记处书记）

在两次郑州会议上，聆听毛泽东同志论述商品生产和价值法则

陶鲁笳

从 1958 年 11 月 2 日至 1959 年 4 月，毛泽东同志和党中央察觉到"大跃进"和"公社化"运动发生了"左"倾错误，非常紧张地先后召开了两次郑州会议、一次武昌会议、一次上海会议，领导全党纠正"左"的错误。这 4 次会议我都参加了，给我印象最深刻的是毛泽东同志关于商品生产和价值法则（即价值规律）的系统论述。

1958 年 8 月北戴河会议作出了《关于在农村建立人民公社问题的决议》之后，10 月下旬，毛泽东同志由北京出发，路经河北省徐水县，对人民公社作了调查。之后，又经石家庄、邯郸、安阳到达郑州。一路上他到处询问公社的情况。他最早察觉到"公社化"运动中有了"左"的苗头。于是决定于 11 月 2 日召开第一次郑州会议。他先找河北、山西、陕西、甘肃、河南 5 省的省委第一书记到他停在郑州的专列上开会。一见面他就说：噢！还是老人手。又问：你们有什么新闻？接着他说，这次会议谈一谈人民公社问题、作风问题、生产问题、体制问题。相继而来参加会议的还有王任重、柯庆施、陶铸等省、市和部分中央的同志，最后邓小平同志也来了。第一天会议，陈

伯达汇报,他讲了要废除商品、以劳动券代替人民币等谬论。此后三天,省市同志汇报。会议期间,毛泽东同志给我们每人发了两本书,一本是斯大林著的《苏联社会主义经济问题》,一本是《马克思恩格斯列宁斯大林论共产主义社会》,并且要我们联系中国社会主义经济革命和经济建设,用心读三遍;还说,现在很多人有一大堆混乱思想,读这两本书就有可能给以澄清。11 月 10 日清晨,大家被突然通知到一个小礼堂开会。会议一开始,毛泽东同志说:"现在秀才要造反(指陈伯达的谬论),你们知道不知道? 今天我给大家开课,讲《苏联社会主义经济问题》。"他用一整天时间,结合我国的具体实践,逐章逐段地作了讲解。对于斯大林的观点,有肯定和发挥,也有否定和商榷。他针对当时普遍存在的混淆社会主义与共产主义、集体所有制与全民所有制的情况,明确提出,必须划清这两种界限,肯定现阶段是社会主义,肯定人民公社基本上是集体所有制。同时,关于商品生产和价值法则,从现实出发,在理论上展开了如下的系统阐述:

商品生产是个经济法则问题。人类社会的发展,就是由产品生产到商品生产,再由商品生产回到产品生产。现在有些人,对于商品生产、价值法则的积极意义毫不估计,避而不谈,这是对马克思主义极不严肃的态度。现在,我们有些人大有消灭商品生产之势,有不少人向往共产主义,一提商品生产就发愁,觉得这是资本主义的东西。他们没有弄清社会主义商品生产与资本主义商品生产的区别,不懂得利用其作用的重要性,这是不承认客观法则的表现,是不认识 5 亿农民的问题。在社会主义建设时期,要使我们的路线、方针、计划,符合于客观存在的商品生产和价值法则。要有计划地大力发展社会主义的商品生产、商品交换。我国现在还是商品生产很不发达的国家，比印度和巴西还落后。现在还必须利用商品生产和价值法则来积极为社会主义服务。

商品生产，不但资本主义社会有，封建社会、奴隶社会也有！为什么社会主义社会不能有商品生产呢？商品生产看它和哪个经济相联系就为哪个经济服务。社会主义商品生产和社会主义公有制经济相联系，因此它是为社会主义公有制经济服务的。这正是它和资本主义商品生产区别之所在。在我国社会主义阶段，你不搞商品生产、商品交换，你就要剥夺农民。农民有三权：生产资料权，产品所有权，劳动权。你只要废除商业，实行调拨，就要剥夺农民这三权。现阶段应当利用商品生产，团结几亿农民。只要存在两种公有制，商品生产就极其必要，极其有用。只要有商品生产，你没有人民币怎么行！

人民公社的经济主要是自给经济的说法不对。公社要扩大社会交换，要尽量生产能和本地、本省、本国和世界交换的东西。公社不能"小国寡民"，要搞多种经济作物，要搞工业，扩大生产可交换的产品，农民人口可以减少一半，就地搞到工业中去。为什么要5亿人口搞农业？农民和工业要有一个大的分工。苏联集体农庄不办工业，无法消灭城乡差别。

商品、工资、价值法则、经济核算、价格、货币，这些概念在目前阶段还有它的积极作用。我们是为了消灭商品生产而发展商品生产，正如为了消灭专政而加强专政一样。

商品如斯大林所说，"只限于个人消费品"行不通。还有农业工具（包括拖拉机）、手工业工具也是商品。这样是否会导致资本主义？不会。斯大林把拖拉机完全由国营拖拉机站垄断，不卖给集体农庄。赫鲁晓夫不是把农业机械卖给农庄了吗？农庄并没有因此而变成资本主义嘛！历来就有商品生产，现在加上一种社会主义商品生产。

在 1959 年 2 月召开的第二次郑州会议上，毛泽东同志围绕公社所有制这一中心问题，进一步从理论上、政策上作了系统的阐述。在这次会议上，我汇报了会前我在山西洪洞县蹲点，目睹公社干部把富队的粮食无偿调给穷队，富队社员愤怒地群起阻拦以致相互殴打的情景。当时我对县社干部说，队与队之间的贫富差别是客观存在，不能强行拉平，只有承认差别，才能消灭差别，正如毛主席说过的，只有承认山头，才能消灭山头的道理一样。毛泽东同志听了点头表示同意，并且他还强调说，把穷队提高到富队的水平，要有一个较长的过程。这个过程，是农业机械化、电气化、公社工业化、国家工业化的过程，是人民的社会主义、共产主义觉悟程度和道德品质提高的过程，也是人民的文化教育和科学技术水平提高的过程。这只是第一阶段，以后还有第二、第三阶段，才能完成社会主义建设。现在，土地、人力、产品三者名义上归公社所有，实际上仍然是而且只能是归生产队所有。目前阶段，只有部分归公社所有，即公社的积累、社办工业、社办工业固定工人，此外还有公益金。所谓社有，如此而已。虽然如此而已，希望也即在这里。年年增加积累，年年扩大社办工业，不但有大型农业机械，而且有社办电气站、社办学校等，这样经过若干年，即可在所有制上，由基本上队有变为基本上社有。

为了纠正"共产风"，毛泽东同志指定几个人起草一个通俗、简明的条文。起草小组向他汇报时，当我作为小组成员之一，说到"公社要实行三级管理、三级核算、各计盈亏"时，他非常敏锐地指点说：你没有讲等价交换、价值法则嘛。经过多次讨论修改，毛泽东同志综合大家的意见,最后形成了整顿人民公社的 14 句话的方针,即:"统一领导,队为基础;分级管理,权力下放;三级核算,各计盈亏;分配计划,由社决定;适当积累,合理调剂;物资劳动,等价交换;按劳分配,承认差别。"他还说,在社与社、队与队、社与国家之间,在经济上只能是买卖关系,必须遵守等价交换原则。1961 年广州会议时,毛泽东同志曾回顾过去说,第二次郑州会议是比较正确的。但是由于 1959 年庐山会议后,人民公社"一平二调"的两个平均主义,只解决了"调"的问题,而没有解决"平"的问题,这是一深刻的教训。

（陶鲁笳,曾任中共山西省委第一书记）

回忆毛主席的接见

任雷远　何凤洲　沈　同　张景兴

一

在第一次郑州会议后,我们敬爱的伟大领袖和导师毛主席,于1958年11月12日晚,在郑州亲切地接见了我们中央机关下放到荥阳县的20多位同志。这对我们20多人来说是莫大的荣幸,对当时到荥阳县参加劳动锻炼的中央办公厅等单位的干部、对荥阳县的党组织和人民也是莫大的荣幸。

1958年年初,中共中央、毛主席号召机关干部尤其是青年干部,到农村参加劳动锻炼。当时,中共中央办公厅等单位就有160多位同志踊跃响应中共中央、毛主席的号召到荥阳县参加劳动锻炼。其中:中央办公厅60余人,中办机要局、机要交通局、机要室近50人,秘书局、国家档案局18人,中直管理局10人,人民日报社19人,中直党委6人。中央办公厅副主任邓典桃和中直党委书记处书记刘华峰等同志还亲自到荥阳县来慰问下放劳动锻炼的同志。

1958年11月12日,毛主席的秘书叶子龙同志代表毛主席亲自到荥阳县慰问中央办公厅等单位下放干部。叶子龙同志作了慰问讲话,分发了慰问品,干部和群众的热情很高,中共荥阳县委常委、县委农村工作部部长兼公社党委书记赵松林同志及公社其他同志亲切款待了大家。这期间,叶子龙同志除选定多在毛主席身边工作的 20 位同志作为代表,于当晚到郑州接受毛主席的接见外,又要任雷远也一同去郑州接受毛主席的接见。任雷远说:"毛主席没叫我去,河南省委也没通知我去,我去了是否合适?"叶子龙说:"我向毛主席报告说你也去了。"叶子龙告诉任雷远说:"毛主席很注意反浮夸风,你要注意这个问题。"并带领中央办公厅劳动锻炼干部代表 20 多人,以及任雷远及何凤洲一起于 1958 年 11 月 12 日晚上到了郑州,被安排住在河南省委第二招待所,也就是毛主席亲自主持召开过两次郑州会议的会址及住地。

<h1 style="text-align:center">二</h1>

1958 年 11 月 12 日的深夜,我们人人怀着说不出的愉快激动的心情,被带到毛主席设在专列火车上的会客室,我们坐下不久,毛主席走进来了,大家一齐站起来鼓掌。20 多双(对)眼睛凝视着自己的领袖,张着嘴巴笑,心眼儿里也在笑。毛主席也在笑。他一面微笑着同大家一一握手,一面像父母关心自己儿女一样地问询大家。

毛主席对下放劳动锻炼的干部说:"你们到农村后是胖了?还是瘦了?""主席,我的体重已经增加了 4 斤。"站在毛主席身边的顾静文同志抢着做了回答。毛主席点头微笑表示相信她的话。接着主席让大家坐下来谈,并叫大家抽烟。青年同志们说不会抽烟,主席笑着说:"你们不抽烟都是好人。"大家笑了。谈话也就在大家的笑声中开始了。当我要取烟时,毛主席还亲自动手把火柴向我面前送了一下,这使我深感毛主席平易近人,体贴干部无微不至。

毛主席问大家:"你们今天什么时候到郑州的?"大家说:"下午七点半。"毛主席说:"你们怎么不去参加晚会呢?"我对毛主席说:"在乡下没有洗澡条件,来郑州后大家都想抓紧时间洗个澡。"

毛主席望了大家一下,问大家:"你们都是哪个单位的?"大家答:"都是中南海的。"毛主席接着问:"群众是不是喜欢你们?"大家回答:"喜欢!"主席说:"真喜欢吗?"大家说:"真喜欢!"主席说:"为什么喜欢你们?"这时同志们抢着回答,有的说:"我们劳动积极,服从领导。"有的说:"我们同群众关系好,同吃同住同劳动,能够和群众打成一片,有时间还帮助群众做些家务劳动。"有的说:"我们爱护公社的财产。"也有的说:"我们还帮助社里搞社会活动,把文化带到农村来了。"叶子龙同志说:"他们劳动的好,不要报酬。"

毛主席问:"你们是不是担任了教员?"大家告诉毛主席:"我们都入了红专学校,很多同志都当上了红专学校的教员,何凤洲同志还担任了荥阳县大学的校长。"

当毛主席询问农村公共食堂情况时,有个同志把从公社中午款待大家时带来的所谓红薯面包给毛主席,并说,这是我们吃的面包。毛主席当即接过来吃了几口,连说:"很好吃,很好吃。"毛主席还问:"这种面包有没有面粉,糖是怎么做的。"这时,我将从公社同志那了解的这种面包是怎样做出来的情况向毛主席汇报:"这种面包30%是白面,70%是红芋面。糖是用红芋熬的(实际我是说错了,事后我问这种面包做的实际情况是70%白面,30%红芋面,糖是买的甘蔗糖)。"

毛主席问大家:"你们都炒钢了吗?"大家说:"我们正在学炒

钢。"主席说:"像炒菜一样吗?"主席问后大家一起笑了。

毛主席接着问大家:"成立人民公社以后,群众的干劲怎么样?"大家纷纷告诉主席,农民在大跃进中干劲很大,不论在深翻土地,还是在办钢铁中,都势如排山倒海。过去在小家庭中,兄弟、婆媳之间,常为家务事吵架,人民公社成立后,自家做饭都不要人了,这些现象就少了。毛主席问:"大家都喜欢人民公社吗?"大家说:"都喜欢!"主席说:"所有的人都喜欢吗?"有人答:"只有个别地富、破坏分子还想捣乱。"主席问:"妇女是不是喜欢人民公社?"胡秀云同志抢着说:"很喜欢!"主席说:"你不要随大流啊!为什么喜欢呢?"大家都笑了。有一个同志对主席说:"妇女同志喜欢人民公社。她们最喜欢公共食堂,这不仅是吃饭不要钱,主要是她们从厨房里解放出来了,她们一样和男人参加劳动,增加了农村劳动力。同时,她们还拿到工资,经济上独立了。"

主席看着摆在他面前的地图,当找到荥阳县的位置时,问我说,你说为什么叫荥阳?(就在这时候被同志拍下了毛主席接见我们时的照片)我答:"主席,我不知道。"毛主席当即很亲切地对我及在座的同志们讲:"叫荥阳是因为县城在荥水之南。荥水现在不存在了。当时的县城也不在现在的地方,是在现在县城东北的方向,旧县城也不存在了。现在的县城南原是一个大湖泊,后来冲开了,形成现在的地貌。"毛主席又指着温县的所在地讲:你们知道不知道,温县就是司马懿的故乡。

毛主席还同中央办公厅的下放劳动锻炼干部代表谈了许多问题。第二天还亲自到省委二所与他们交谈。毛主席对于下放劳动锻炼的干部的关心,从与他们相谈中倾听人民群众中的反映和呼声,使我们很受感动和教育。

三

在毛主席接见中,我对毛主席非常敬仰,这时又亲身感受到伟大领袖平易近人,我恨不得把自己心中的话都倾诉给党的领袖,因而我心情十分舒畅,毫无拘束,我急着想把心中的话,一下子都倾吐出来。

在汇报荥阳县的基本情况时,我向毛主席讲了荥阳县文化教育基础好,尤其是女知识青年上学多。这为大家所称赞。在荥阳工作过的同志对我讲,大家讲荥阳县是"丈人县"。毛主席当即问我:"为什么?"我讲:"荥阳县女知识青年多,与外县男知识青年结婚的多。每年过春节,正月初二回娘家,女婿来荥阳县看丈人丈母的多,所以夸奖叫'丈人县'。"大家听了都哄堂大笑。我接着讲:现在荥阳县在校的学生有56000多人,占全县人口35%。文化教育基础好。

我汇报说,群众要求并社,说好解决办水利中的各种问题。毛主席表示赞同这个观点。

我向毛主席说:荥阳县委刚在汜水镇召开县委常委扩大会,会议决议,先在全县办成荥阳县人民公社联社。毛主席表示赞同,并说:"可以叫联社。"并掰着指头说,"连你们河南就有7个县人民公社了。"我又说:"群众说'人民公社是啥都管'。"

我向毛主席汇报说:"现在分配问题上,干部想多积累,群众想多分配。"毛主席讲:"湖北省已解决了这个问题,他们采用'四马分肥'的办法。即原来达到的总收入,还按原定的分配办法,就增产部分,按这个办法,国家税收,公积金、公益金和社员分配都增加一些。你们应该学习和实行这个'四马分肥'的办法。"

在向毛主席汇报中,我冲口而出,向毛主席讲了,根据荥阳县的条件,农业放"卫星"还得三年。主席问我为什么?我说现在还在修水库,还没水渠,田地里土地还不平整。毛主席对我说的这一问题很为慎重。当时,当众没有表态。在临别时,毛主席握着我的手问我说,"依你的看法还得三年"。我说:"我认为还得三年。"关于这个问题,我回县后向县委书记处同志谈了,我一直担心是否会批判我这个说法。不久,省委通知我到河南省委参加一个会议。在进入会议室之前我遇见省委书记处书记赵文甫同志,我说了毛主席叫我去汇报了一次。他说,省委知道了。我说我向毛主席讲了三年的问题。他说与省委想的都一样。我还摸不清头绪。当会议开始后,河南省委第一书记吴芝圃同志讲,他向毛主席汇报说:"河南三年可以实现共产主义。"我不再敢表示不同的看法了。但我讲的农业三年后可以放"卫星",也还是"左"倾急躁的。

我向毛主席汇报,在农业统计上有不同看法。有人主张计划外部分,应算"小自由",还应算到总产中,来提高产量。毛主席说:"可以用两本账的办法,计划内算一本,计划外算一本,两本账都要向上报告。应当允许有小自由。"

当我向毛主席汇报说,荥阳县有一位农民一直不愿参加集体经济组织,他说他愿意按章交纳农业税,愿意和集体经济竞赛。毛主席当即说:"可以竞赛。"

我向毛主席汇报,荥阳县已试办了一处站、场、校三结合的农业学校,培养有技术的新型农民。"站"就是农业技术指导站,技术人员做教员;"场"就是农场,也是技术站的实验场地。学生是农场的农工,从事勤工俭学。干部、群众都满意,省里拍了电影宣传,省报还发了社论,号召推广。毛主席说:"这样站、场、校三结合的办法好,你们应该好好办下去。"

这时,在座的一位下放劳动锻炼的干部讲,荥阳县有个大队,在试验田上播了300斤麦种作试验。毛主席问我情况怎样。我说,我没有去看过,听说麦子出来后长的太稠,长的像头发那样密,已组织群众剔除一部分,毛主席说"可以试验"。

我向毛主席汇报,荥阳有煤矿资源,为了解决农民用煤和办钢铁,正在崔庙搞露天煤矿,因为煤矿的瓦斯多,群众对于过去由于发生瓦斯事故,把机械都搬走了,煤矿也不办了,干部、群众都有意见。毛主席说,知道这件事,不是还处分霍雷同志吗!

我向毛主席汇报,荥阳县已按人民公社为单位办起民兵师,公社党委书记兼政委,按管理区设团,按大队设营,按生产队设连,并配有武器,每个师还有迫击炮哩!毛主席很高兴地问:你们有几个公社?我说:13个公社。主席笑着说:你们县就有13个民兵师了,你们有很大一支武装力量了。

我向主席汇报,荥阳县刚开过县党代表大会。选了35个委员,5个候补委员,共40人。毛主席说:"为什么选这么多?"我说:"荥阳县是半老区,党员数量大,干部比较多,有意培养干部。"毛主席听了表示赞同。

我还向毛主席汇报群众对火葬的不同态度。在讨论中,青年人表示赞成。老年人说:"你们还年轻哩!离火葬还远哩!"

四

在毛主席接见我们当晚,大家都想和毛主席在一起多待一会儿,但时间已是第二天凌晨两点半了。主席工作了一天,深夜又这样热情接见我们。为了不再影响主席的休息,大家怀着依恋而愉快的心情和毛主席告别了。临别时毛主席还和大家一一握手告别。毛主席对干部如此亲切关怀,平易近人,谆谆教导,耐心听取干部的反映和意见,一直深深地教育着我们,一直对我们是莫大的鼓舞。

我们回到荥阳县委后,即向县委、全县党组织作了传达,大家也都受到了教育和鼓舞。

(任雷远,曾任中共荥阳县委第一书记;何凤洲,曾任中共荥阳县委书记处书记;沈同,毛主席警卫;张景兴,曾任中共中央直属机关事务管理局财会科科长)

为工农兵服务

常香玉

我作为一名文艺工作者,在旧社会曾饱受灾难和辛酸。新中国成立以后,在党的领导下,我为工农兵大众演戏,不仅受到人民的欢迎和热爱,还曾20多次见到毛主席,直接聆听他老人家的亲切教诲,受到毛主席这样的关怀,这是我一生中最崇高的荣誉。毛主席的教诲永远铭记在我心中,毛主席的关怀永远激励着我积极进取,毛主席的文艺思想一直指引着我为民众演出,为工农兵服务。

1959年2月下旬,毛主席亲临郑州,主持召开第二次郑州会议。在会议期间,省委组织了一个小型的音乐舞蹈晚会。那天晚上,我们参加演出的歌舞演员和地方剧种的演员,为了能早点见到毛主席,都早早来到会场,每个人脸上都掩饰不住兴奋和激动。一会儿,一位同志走进来说:"毛主席来啦!"顿时,欢声雷动,全场都沸腾起来。毛主席神采奕奕,健步走进会场,不断地向大家招手致意。我们欢呼着、跳跃着,激动地迎接毛主席进入会场。

在第一次郑州会议期间,我曾为毛主席演出过,不料仅仅几个月,毛主席又走到了我们中间。我的心情非常激动,发自内心地鼓掌,欢迎毛主席的到来。

晚会开始后不久，毛主席漫步走到我们中间，当走到我面前时，他老人家认出是我，拍了拍我的肩膀，很关切地问："前几天你怎么不在郑州呀？你上哪里去啦？"

那么多同志在场，主席单单问起我，我激动得不知说什么好，只好老老实实地向毛主席报告："我跟剧团到许昌、新郑一带去演出了。"

"好！""好！""好！"毛主席笑了，连连点头，不断声说了三个"好"。

我看着主席那慈祥的面容，激动的眼泪夺眶而出。

当时我对主席连声说的三个"好"不甚明白，只当是他老人家对文艺界的关怀，对我们演员的鼓励。以后在反复学习了毛主席《在延安文艺座谈会上的讲话》，才真正明白了毛主席说"好"的深义。

毛主席《在延安文艺座谈会上的讲话》明确指出了文艺的发展方向，"我们的文学艺术都是为人民大众的，首先是为工农兵的，为工农兵而创作，为工农兵所利用的"。毛主席告诫："一切革命的文学艺术家只有联系群众，表现群众，把自己当作群众的忠实的代言人，他们的工作才有意义。只有代表群众才能教育群众，只有做群众的学生才能做群众的先生。如果把自己看作群众的主人，看作高踞于'下等人'头上的贵族，那末，不管他们有多大的才能，也是群众所不需要的，他们的工作是没有前途的。"毛主席一贯倡导文艺要"为工农兵而创作，为工农兵所利用"。我们带领剧团到地方演出正符合主席这个文艺思想的要求，这才受到主席的称赞。作为一个普通的文艺工作者，能够受到毛主席这样亲切的关怀和教导，使我备受鼓舞，更坚定了为群众演好戏的决心和信心。

早在1955年，毛主席来河南视察工作时，就当着省委书记吴芝圃、杨蔚屏和赵文甫等同志的面谈过我。毛主席说："常香玉是爱国艺人，抗美援朝，捐献了一架飞机，支持了我们的新政权。"毛主席对艺术工作者的关心和对文艺工作的支持和指导，使我更加热爱豫剧事业，更精益求精地演戏。

在这次郑州会议上，我在军区礼堂再次给主席及参加会议的中央领导和各省、区负责同志演出。这次演出的是爱国主义题材的剧目《破洪州》。没想到毛主席看过后非常高兴并写信给周总理，推荐这出戏到北京为全国人民代表大会演出。信载《毛泽东书信选集》，原文是这样的：

> 总理：我在郑州看过一次戏，穆桂英挂帅，叫做《破洪州》，颇好！是一个改造过的戏。主角常香玉扮穆桂英，我看可以调这个班子来为人大代表演一次。如你同意，请处理。
>
> 《破洪州》剧本，仍有缺点，待后可商量修改。
>
> 毛泽东
> 四月二十四日

由于毛主席的推荐，1959 年 10 月，我们到中南海为人民代表演出《破洪州》。在中南海怀仁堂，毛主席再次观看了我的演出。当唱传令一段戏时，毛主席非常高兴，率先鼓掌。演出结束后，周总理代表毛主席到后台看望我们演职员，并表示热情的祝贺和慰勉，还提出许多加工提高的宝贵意见，使这个戏成为我的保留剧目之一。

毛主席的文艺思想是我戏曲艺术发展的指路明灯。我不仅要求自己在古装戏的演出中推陈出新，精益求精，也尽力拓宽自己的戏路，根据不同的具体条件和艺术特点，对现代戏进行探索，以自己的

艺术来反映伟大的社会主义革命和建设。我坚持"为工农兵而创作,为工农兵所利用"的文艺方向,到工厂、到农村去体验生活。1960 年以后,我曾演出现代戏《漳河湾》《朝阳沟》《李双双》《红灯记》与《人欢马叫》。其中《人欢马叫》由西安电影制片厂拍摄成戏曲艺术片。

我每前进一步,都受到毛主席的关怀和鼓励。在现代戏的发展上,使我永远难忘的是 1964 年元旦,我们在北京演出现代戏《朝阳沟》。那天晚上,我们在后台一早化好了妆,做好了一切演出的准备工作。7 点多的时候,雄伟壮丽的怀仁堂华灯齐放,掌声雷动,毛主席来看我们演出了!我们剧团的同志都高兴地鼓掌欢迎。在整个演出过程中,我们都倍加认真地表演。演出结束时,我们站在台前热烈鼓掌,欢送毛主席回去。可他老人家却没有走,而是非常高兴地走上了舞台,向我们全体演出的同志频频点头致意。当毛主席走到我前边的时候,向我伸出了温暖的手,我急忙迎上前去,用双手紧紧握住毛主席的手。毛主席高兴地说:"祝贺你们演出成功!"我万分感激地说:"谢谢毛主席!我们演得很差。"接着毛主席转过身来,面向前台,非常高兴地和我们一起合了影。回到招待所,全团同志仍然抑制不住激动的心情,热烈畅谈毛主席接见时的幸福情景。当时我在想,我曾多次参加为毛主席演出,为什么这一次他老人家亲自走上舞台鼓励我们?我认为这并不是我们戏演得多么好,而是毛主席对我们坚持"为工农兵而创作,为工农兵所利用"的鼓励。

毛主席关于文艺为千千万万劳动人民服务的思想,一直教育着我深入生活,深入群众,为工农兵而创作,为人民大众演戏。即便在动乱年代、在我失去自由的日子里,我仍坚信我会重登舞台,为工农兵大众演戏。因此在禁闭室,我坚持练功、练唱,为人民演戏的心志

坚如铁石,对党的信仰,我坚定不移。

终于粉碎了"四人帮",我又出来唱戏了,我到工厂、矿山,到农田工地,为广大观众演出,我多么希望我的艺术能为广大的观众带来美的享受!郭沫若同志的《水调歌头·粉碎"四人帮"》,我把它改成豫剧清唱,在中央电视台为广大观众演出,"大快人心事,揪出'四人帮'",我用我的心,唱出了全中国人民的心声,受到了人民的欢迎。

只有"为工农兵而创作,为工农兵所利用"的文艺才能称为好文艺。文艺更应该反映伟大的社会主义现实生活。我希望为工农兵创新腔,演新戏。中共十一届三中全会以后,我曾带郑州市豫剧团赴京汇报,演出的第一个剧目是反映农村联产承包责任制的现代戏《柳河湾》,连演27场,场场爆满,在怀仁堂和人民大会堂演出时,受到党和国家领导人的亲切接见。这一切使我更深切地体会到毛主席"为工农兵而创作"的文艺思想的伟大和正确。

我几十年的舞台生涯,之所以能受到观众的喜爱,是因为毛主席的文艺思想给我指明了方向,我的艺术来源于观众,奉献于观众。我深信艺术只有为人民大众创作,为人民大众接受和利用,才能成为真正的最有价值的艺术。

（常香玉,著名豫剧表演艺术家；中共河南省委党史和地方史志研究室孔晓娟整理）

要把镜头对准人民

魏德忠

在我多年的记者生涯中,曾用照相机的镜头拍下过成千上万人的形象,最使人难忘的就是为毛主席拍照。

"群众是真正的英雄",这是毛泽东同志的伟大创见,他是这样讲的,也是这样对待人民群众的。毛泽东同志生前曾 20 余次来河南视察、开会,作为河南日报社的记者,我曾有幸 8 次跟随毛主席拍照。他那高大的形象,伟人的风采,领袖的气质,特别是他热爱人民,尊重人民群众,密切联系群众的言行,深深印在我的心里,记录在我的镜头里。

"要把镜头对准人民"

凡是见过毛主席的人都有一个共同的感觉,就是他老人家接近群众,一见到人民群众和基层干部,都会现出发自内心的喜悦和热情,使人感到无比的亲近。对此,我有切身的体会。

1960 年 5 月 11 日下午,天气晴朗,风和日丽,我们按照省委的通知,事先来到郑州郊区燕庄东地。5月的田野,麦浪起伏,麦香袭人,绿中透黄,齐齐整整,一眼望去,令人心旷神怡。我立即意识到毛主席要到这里看庄稼了。"民以食为天",这是主席经常讲的话,也是他老人家最关心的事,那时他和全国人民一样,吃肉受限制,吃粮有定量,老百姓的吃和穿,时刻都记挂在他心里,农业收成如何,是头等大事。我们很快察看了周围的环境,选择好了拍照角度,等候毛主席到来。不一会儿,几辆黑色轿车缓缓驶来,停在路边。最先跳下车的是毛主席的随行记者侯波同志。她老练地环视一下四周,也看上了我们选择的拍摄地点,和我们站在一起,举起了相机。

毛主席在省委第一书记吴芝圃的陪同下,缓缓走在麦田地头,边走边听大队党支部书记吴玉山的汇报,脸上露出了满意的笑容。此情此景,十分动人。我们都想把这情景摄入镜头。无奈毛主席站的地方高,我们选的地方低,仰角上摄,可以拍下主席的形象,但无法显示出麦田的背景,拍摄毛主席视察麦田的镜头,看不见麦田,怎么行啊!正在焦急之际,只见侯波冲我笑了笑,好像在说:"看我的。"

只见侯波向毛主席招招手,比画了个手势,让他再往前走。我心里不由一惊,"你敢'摆布'伟大领袖?"没想到毛主席见了侯波的手势,还真的听指挥,把右手往前一伸,对吴芝圃说:"现在要听记者指挥呢!"边说边向侯波指的地方走去。这下子角度合适了,我一连拍了几张。毛主席看我们都拍完了,才微笑着招招手。

我对侯波说:"你真行,能调动毛主席!"她笑着说:"这是常事。毛主席经常对身边工作人员说,你们为我服务,为我拍照,都是革命工作,如果工作需要,我应该服从你们。"

我们正说到入神之处，无意中发现主席已经走近我们身边。刚才给主席拍照时，一心注意捉取镜头，进入了角色，心里不觉得紧张。现在主席高大的形象面对面就在眼前，不觉心里又惊又喜，紧张异常。这时主席幽默地举起右手，用拇指和食指扣成一圆形，比作照相机的镜头，往右眼上一放，童稚般地笑着说："你们总是一只眼睛看人，目标集中呵！"逗得大家忍不住笑了起来。接着主席又认真地说："你们要把镜头对准人民，不要老对准我。"几十年来，我一直把毛主席的教导，铭记在心，坚持为人民拍照。40 年来，我为人民群众拍摄了大量的照片，林县人民开山劈岭修红旗渠的英雄壮举；辉县人民治山治水的革命精神；兰考人民学习焦裕禄的艰苦步履；河南人民在社会主义大道上前进的一步一个脚印，都记录在我的镜头里。

"共产党就是要尊老敬贤啊"

1958 年 11 月，全国正处在"大跃进"和人民公社化的高潮中。毛主席从北京南下，一路视察，经河北、新乡来郑州，11 月 12 日，河南省军区这正在召开一届二次党代会，毛主席兴致勃勃地答应了省军区党委领导同志的要求，见见那些在革命战争年代立下过赫赫战功的老红军、老八路们。

毛主席微笑着，频频向同志们招手，并用洪亮的声音亲切地说："同志们好！"然后走上主席台，与省委、省军区的领导人一一握手。我急忙举起相机，拍下了一个个激动人心的镜头。

这时，我突然看到，毛主席左右寻视着，一声声喊道："王老汉在哪里？王老汉在哪里？"

这是在喊谁呢？我暗暗纳闷。

只见人群里走出一个留着八字胡须的老同志说："主席,我在这儿呢!"原来是副省长王国华同志。

毛主席迎上前去,亲切地握住王国华同志的手,连连说:"王老汉啊,你为人民做过好事,我们不能忘啊!"王国华激动得眼含热泪,不知说什么好,只是紧紧地握住毛主席的大手。

王国华同志是确山县人,1931年参加革命,1932年入党,是豫鄂边革命根据地创始人之一。红军长征以后,他任豫鄂边区省委书记,在极端艰苦的条件下,以竹沟为中心,坚持了长期的游击战争。他多年留着胡须,总是一副老农打扮,被当地群众亲切地称为"王老汉",可在敌人眼里,他却是个神出鬼没的传奇人物,一听到"王老汉"的名字,敌人就闻风丧胆。红军长征到达陕北之后,他曾千里迢迢,赶到延安,向毛主席汇报豫鄂边区游击战争的情况,所以毛主席对他有深刻的印象。1958年,"王老汉"已经68岁了,毛主席对这位立下卓著功勋的老同志念念不忘,格外敬重,使王国华感动万分。

类似的场面还有一次。那是在1960年5月,毛主席第7次来河南视察。5月11日下午,毛主席来到省委北院。接见省、市机关干部1.3万人。当时,干部们井然有序地排列在绿荫下的甬道两边,毛主席面带笑容,迈着矫健的步伐绕场而行,走到哪里,哪里就是一片欢腾。毛主席正走着,突然止住脚步,目光停在人群中一位白发老人身上,并且微笑着打招呼。吴芝圃连忙走到主席身边,向他介绍道:"这是河南省的老教育家,省教育厅厅长高镇五先生。"毛主席听了,微笑点头,并深情地说:"教育人者,更应该受人尊敬! 共产党就是要尊老敬贤啊!"

80 岁的高镇五先生听了毛主席的话,感动万分。这位晚清秀才一贯思想进步,追随革命,曾积极拥护过辛亥革命,参加过五四运动,并一直支持和掩护共产党的革命工作,是党的忠实朋友。他一生从事进步的教育工作,把一批批青年学生送进革命队伍。1955年,他以 76 岁的高龄,出任了省教育厅厅长,为发展河南的教育事业作出了重大贡献。

毛主席对"王老汉"和高镇五先生的格外关心和尊重,给我留下了难忘的印象。他关于"尊老敬贤"的话语,至今犹在我耳边回响。

据侯波同志讲,她在中南海给毛主席照相时,有好多次,只要有吴玉章、徐特立、董必武等几位老同志在场时,毛主席总是坐在边上,让老同志坐在中间。1959 年毛主席回韶山时,曾用自己的稿费备餐邀请自己幼年时期的教师毛宇居等老人在一起吃饭,席间毛泽东向他们一一敬酒。当敬到毛宇居时,毛宇居立即起身说"主席敬酒,岂敢,岂敢",毛主席即席对答"敬老尊贤,应该,应该。"

新蔡不是下蔡

1958 年 11 月 13 日,毛主席在开完第一次郑州会议之后,驱车南下武汉,计划在遂平县停车,去看看著名的嵖岈山人民公社。我作为随行记者登上了主席的专列。

那天天气不好,车外雾雨蒙蒙。大约是因为能见度太差,列车一直开得不快。快到遂平车站时,列车忽然停了下来。我们几个随行记者以为毛主席要下车了，就一起来到了毛主席的车厢。只见吴芝圃匆匆赶来，对主席说："这是临时停车，还不到遂平。"毛主席望望车外，问道："这是什么地方？"吴芝圃回答："这是遂平北，属上蔡县。"毛主席哦了一声："噢，上蔡。"接着突然发问："下蔡在什么地方？"

吴芝圃怔了一下，随口答道："上蔡东边是新蔡，新蔡可能就是下蔡吧！"主席听后摇了摇头说："不对，不对，新蔡是新蔡，下蔡是下蔡。"听到毛主席肯定的否定，在场的人们都无言可对了。

过了一会儿，列车又开动了。由于天气太坏，原定去嵖岈山的计划取消了，改由遂平县和信阳地委负责人上车来向主席汇报。

这时，记者和工作人员的车厢里，人们热烈地讨论开"下蔡在什么地方"的问题。可是，连早年教过书、对历史颇有研究的吴芝圃都说不上来，别人更说不出个所以然了。这个问题一直带回郑州，报社的总编辑发动编辑部人员查地方志，翻史书，才找出答案。

下蔡果然不是新蔡。史载，周武王分封诸侯时，封其弟叔度于蔡，即上蔡；公元前529年，蔡平侯东迁都于新蔡；公元前493年，楚昭王伐蔡，蔡恐，求救于吴。吴以蔡远难救，要求蔡东迁近吴，才量力相救。于是蔡昭侯便迁蔡于州来，是为下蔡。而州来即今安徽省凤台县下蔡镇。

从这件事，大家无不敬佩毛主席的学识渊博。据多次接待毛主席的同志讲，毛主席每次出巡，在列车上都带着很多史书，有空就读书。每到一地，都让工作人员找来当地的志书，细心研读。1952年10月，他第一次来河南视察时，就起早读了《河南通志》和《汴京志》，还翻阅了《龙门十八品》碑帖。

由此，我又想起一段趣闻：有一次在列车上，为了打破随同人员的紧张心理,毛主席问陪同的许昌地委书记纪登奎同志:"你是山西人,在河南工作,你说说,关云长是山西人,还是河南人?"纪登奎答道:"是山西人吧!"毛主席风趣地摇摇头,笑着说:"不对。关云长和你正相反,你生在山西,长期工作在河南;他生在河南,造反在山西。"接着毛主席讲起典故:"关云长不姓关,因为在河南犯了人命案,逃往山西。路过潼关时,人家问他姓什么,他一时答不上来,抬头一看潼关,就随口答曰姓关,以后就隐名埋姓,落户山西。"一席话说得纪登奎和在座的人都哈哈大笑起来。

还有一次,毛主席召见河南省委第一书记刘建勋去汇报工作。落座以后,气氛有点拘谨,毛主席就笑着问刘建勋:"你那个刘,是不是汉刘邦的刘啊?你和中山靖王刘胜有什么关系呀?他也是河北人啊。"没等刘建勋答话,毛主席又诙谐地说:"恐怕说不清了,我看五胡乱华早就乱跨了!"大家听了都憋不住笑了,沉闷的空气顿时变得轻松了。

几次跟随毛主席采访,我拍下了他与工人、农民、干部亲切握手、促膝谈心的镜头,还拍摄过他与农村孩子们在一起的感人情景。他对人民的热爱是所有这些照片的共同主题。人民群众在社会主义建设中取得的每一个成就,都使他老人家由衷地高兴。对群众所表现出的巨大热情,他总是充分肯定,并加以引导和保护。

记得1958年有一天在豫东视察,一位农村姑娘向毛主席汇报红薯高产试验的情况。毛主席问:"你的试验田计划亩产多少斤?"这位姑娘激昂地回答:"10万斤!"毛主席听了,微微眯了一下眼睛,又问:"要是达不到呢?"姑娘的脸涨红了,激动地说:"亩产达不到10万斤,我就不结婚!"毛主席听了风趣地笑着说:"噢,我看你这辈子怕难结婚了啊!"当时在场的人听罢都笑了,但笑后又从这句话里体味到更多更深的意思。

毛主席在河南多次视察中,听到干部们对党的政策有不同看法、对人民群众不同的说法,从不直接给以批评,往往以幽默的语言一笑了之。

（魏德忠,河南省著名摄影记者）

大事记

毛泽东与河南记事

（1918 年 8 月—1971 年 8 月）

1918 年 8 月 15 日 毛泽东和罗章龙、陈赞周等 20 多名准备赴法勤工俭学的青年离长沙去北京。途中因铁路被水冲断,在河南郾城停留一天。18 日,和罗章龙等到许昌。

1926 年 11 月上旬 毛泽东主持中央农委拟定《目前农运计划》,提出在目前状况之下,农运发展应集中在湘、鄂、赣、豫四省。

1927 年 3 月 18 日 毛泽东出席在武昌举行的河南武装农民代表大会第三日会议,并作湖南农民运动状况报告。同日,毛泽东在欢迎鄂豫两省农民代表的大会上致词。

1938 年 2 月 21 日 毛泽东在致电朱德、彭德怀等的电报中,将鄂豫皖边区、鄂豫陕边区列为全国 6 个抗战战略主要支点之一。

1938 年 3 月 6 日 毛泽东致电北方局军委书记朱瑞等:晋豫边很重要,望有计划地部署沁水、翼城、曲沃、垣曲、济源、博爱、晋城地区的游击战争,配合主力在西北两面之行动。

1938 年 3 月 6 日 毛泽东复电彭雪枫:目前根据地仍应坚持陕甘边,但准备转移时,最好是在鄂豫皖边,望以大力发展该区工作。

1938 年 3 月 24 日 毛泽东等致电朱瑞等,指出摆在冀晋豫全区面前的中心任务,是以最快的速度创造冀晋豫边区成为坚持抗战的巩固根据地。

1938 年 3 月 25 日　毛泽东致电朱德等,指出冀鲁豫地区工作十分重要,目前急需建立军事、政治的统一指挥与领导。

1938 年 12 月 10 日　毛泽东收到彭雪枫率新四军游击支队在河南渡过新黄河情况的电报后,和王稼祥、刘少奇致电朱德等,提议即派八路军的一部并多带干部到陇海路以南新黄河以北津浦路以西地区活动。

1939 年 3 月 19 日　毛泽东就目前战略部署、生产运动和在职干部学习等问题复电彭德怀,指出:至于发展皖、豫、鄂三省,特别河南是我们全国长期抗战的枢纽地带,目前虽尚无大发展可能,但应极力准备之。

1940 年 5 月 11 日　毛泽东等致电刘少奇:武汉敌人分三路向鄂、豫进攻,已占确山、竹沟、泌阳。豫南宜发展,请令李先念路西部队派部队及干部向北发展。

1940 年 6 月 27 日　毛泽东等致电彭雪枫、刘少奇并告八路军总部等,同意彭雪枫、黄克诚两部合编为八路军第四纵队,活动于津浦路西、陇海路南,以对日寇作战,巩固豫皖根据地,扩大与整训部队为中心任务。

1941 年 2 月 1 日　毛泽东等致电刘少奇、陈毅并告彭德怀,指出目前华中指导中心应着重三个基本战略地区,第一个基本战略地区是鄂豫陕边。

1941 年 2 月 17 日　毛泽东等致电彭德怀等,指出河南敌退后,彭雪枫过新黄河的活动应暂时放弃,主力向河南发展任务目前应改为准备而不是实行。

1944 年 4 月 22 日　毛泽东致电滕代远等,指出我军应乘日军南犯后方空虚时,开展豫北地方工作,以便将来可能时开辟豫西工作基地。

1944 年 10 月 3 日　毛泽东主持中共六届七中全会主席团会议,会议讨论河南工作大发展与调部队和干部去河南、湘赣问题。

1944 年 10 月 14 日　毛泽东为中共中央军委起草复郑位三、李先念等电,作出关于开辟河南根据地的部署。

1945 年 1 月 1 日　毛泽东同郭述申等谈话,指出,同敌人斗争要有长远准备,河南的同志做得对,1944 年各根据地生产搞得好。

1945 年 2 月 11 日　毛泽东为中共中央起草复王震等电报,指出豫中局面尚未打开,王树声、戴季英进到豫南尚需时日,新四军第五师在豫南部队应维持现状。为加强河南,已令太行再出一部(2000 人)渡河南下。

1945 年 3 月 1 日　毛泽东为中共中央起草复河南区党委电,对河南进行财政援助。

1945 年 7 月 15 日　毛泽东为中共中央起草致河南区党委电,指出今后作战方针是向西防御,向东、向南进攻,以求利用时间北与太岳、太行,东与渡新黄河西进之冀鲁豫部队,南与五师部队完全打成一片,逐步地争取数百万群众,扩大民兵、游击队与主力军,建立可靠的军事、政治、经济基础。

1945 年 7 月 19 日　毛泽东主持中共中央书记处会议,决定鄂豫区拟成立中央局,领导新四军第五师及王树声、戴季英领导区域的工作。

1945 年 8 月 10 日　毛泽东为中共中央起草致郑位三等电,指出应乘机扩大地区,夺取武装,夺取小城市,发动群众,准备对付内战。

1945 年 8 月 12 日　毛泽东为中共中央起草致郑位三、李先念及河南区党委电:鄂豫皖中央局成立后,河南区党委受鄂豫皖中央局之领导。

1945 年 8 月 16 日　毛泽东为中共中央军委起草致河南文年生、张启龙并告王树声、戴季英电,指出整个河南我军必须学会机动作战及分散游击,无把握的硬仗应避免。

1945 年 10 月 22 日　毛泽东为中共中央起草致中原局郑位三、李先念电,指出须准备至少 6 个月内的豫鄂活动。

1945 年 10 月 24 日　毛泽东为中共中央起草致郑位三、李先念电,庆祝占领桐柏。

1945 年 10 月 27 日　毛泽东以中央军委名义,致电晋冀鲁豫军区司令员刘伯承等,向他们通报新四军第五师已与河南军区部队王树声、戴季英部,八路军南下支队王震部会师桐柏,组成中原部队,配合他们作战。要求他们努力作战,战胜当面之敌。

1946 年 4 月 29 日　因中原军区部队在国民党军包围封锁下供应极端困难,处境十分危险,毛泽东为中共中央起草致周恩来电,指出要迅速向马歇尔交涉保证第五师不被围攻,并迅即转移。

1946 年 4 月 30 日　毛泽东为中共中央起草致郑位三等电,指出只要顽军不破裂,应依原计划争取合法转移为上策。

1946 年 5 月 2 日　毛泽东为中共中央起草复中原局电,同意中原局 1 日提出的向西突围的计划。

1946 年 6 月 1 日　毛泽东为中共中央起草致郑位三等电,指出必须准备对付敌人袭击及突围作战,预拟突围后集中行动及分散行动两个计划。

1946 年 6 月 19 日　毛泽东为中共中央起草致郑位三等电,令其须随时注意敌情,准备突围。同日,为中共中央军委起草致刘伯承等电,请他们准备船只及接护郑李部队。

1946 年 6 月 29 日　毛泽东为中共中央起草致周恩来、叶剑英电,再次部署中原军区部队突围事宜。

1946 年 7 月 3 日　毛泽东以中央军委名义,致电中原军区政治委员郑位三和司令员李先念等,要求中原部队突围后途经襄樊及南阳两地区时,查明敌情,在有利条件下,可考虑用伏击方法歼灭敌人一部(例如一个旅),顿挫其追击计划。

1946 年 7 月 5 日　毛泽东为中共中央军委起草致郑位三、李先念电,指出他们的任务是活动于鄂西北、豫西南广大地区,一面保存自己,同时钳制大量敌人,对全局贡献极大。

1946 年 7 月 5 日　毛泽东以中央军委名义,致电中原军区政治委员郑位三和司令员李先念等,指示突围部队应远距离与敌保持接触,迟滞敌人,主力争取时间休息。

1946 年 7 月 7 日　毛泽东为中共中央起草致郑位三、李先念电:"希望你们不但生存,而且发展,并为全局牵制大批敌人,这有极大战略意义。"

1946 年 7 月 13 日　毛泽东为中共中央起草致郑位三、李先念电,对中原我军两个阶段的作战任务作了部署。

1946 年 7 月 15 日　毛泽东为中共中央军委起草致郑位三、李先念、戴季英并告王震电,对突围战役的胜利予以肯定。

1946 年 7 月 24 日　毛泽东以中央军委名义,致电中原军区第一纵队司令员王树声等,并告郑位三、李先念、戴季英及王震,指示王树声等转告郑位三、李先念,要郑、李指示黄林回豫南桐柏地区建立根据地。

1946 年 7 月 29 日　毛泽东以中央名义致电中原军区副司令员王震,并告中原军区司令员李先念等,通报闵学胜部到内乡地区、黄林部到伏牛山附近开展活动。

1946 年 7 月 29 日　毛泽东以中共中央名义,给河南军区司令员黄林等发电报,令其率部在将来移驻桐柏山、大洪山两山区打游击,遏制内战继续向全国发展。

1946 年 8 月 13 日　毛泽东为中共中央军委起草致刘伯承等并告陈毅、宋时轮电,祝贺晋冀鲁豫野战军占领陇海路的大胜利,并要求第二步应夺取豫东各县。

1946 年 8 月 22 日　毛泽东为中共中央军委起草致刘伯承、邓小平并告各首长电,庆祝晋冀鲁豫野战军出击陇海路战役取得歼灭国民党军两个师的大胜利。

1946 年 8 月 23 日　毛泽东以中共中央名义电令中原军区司令员李先念等,通报国民党郑州绥靖公署主任刘峙已调 7 个旅去围攻晋冀鲁豫野战军,要求他们将这一情报转告给中原军区第一纵队司令员王树声等,指示各部彻底分散,依靠民众,坚决创造根据地,扩大控制区。

1946 年 8 月 31 日　毛泽东以中央军委名义给中原军区司令员李先念等发电,通报内乡县两个保安团在武关、清油镇等情报,要他们密切注意敌之"进剿"。

1946 年 9 月 1 日　毛泽东以中央军委名义给李先念等发电,通报国民党军队武庭麟部有可能在漫川关一带部署"清剿",亦有可能开往淅川县,指示若武庭麟部离开淅川县,便派部队向山阳漫川关之线以西广大地区发展。

1946 年 9 月 19 日　毛泽东以中央军委名义给李先念等发电,通报敌第一旅已移防山西、敌第十五师部移往淅川县荆紫关,命令他们派部队向汉中发展。

1946 年 10 月 23 日　毛泽东以中共中央名义给中原野战军鄂东独二旅政治委员张体学发电,命令他率部休息一段时间后,至桐柏山区相机转移到鄂豫陕边区。

1947 年 1 月 18 日　关于发起豫皖边战役问题,毛泽东为中共中央军委起草致刘伯承、邓小平并告陈毅、粟裕电,指示其在今年 5 月间主力即可向中原出动。

1947 年 1 月 24 日　毛泽东为中共中央起草致陈毅、饶漱石及华东局并告刘伯承、邓小平电,令其争取于五一以前在内线解决蒋军主力,并完成外线作战的一切准备条件(弹药、新兵、干部、经费等)。

1947 年 1 月 28 日　毛泽东为中共中央军委起草致晋冀鲁豫野战军陇海路北集团刘伯承等电,对继续发展豫皖边战役问题作出部署。

1947 年 3 月 9 日　毛泽东为中共中央军委起草致刘伯承等电,部署豫北攻势作战。

1947 年 4 月 15 日　毛泽东为中共中央军委起草致刘伯承等并告陈赓等电,指示补充鄂豫陕军区部队并进行整训,以便将来和大军一道出河南作战。

1947 年 4 月 27 日　毛泽东为中共中央军委起草致李先念并告刘伯承、邓小平电,指示鄂豫陕军区部队于 5 月中旬结束整训,准备于 5 月下旬或 6 月依刘、邓计划开往豫皖苏边区,相机向河南发展。

1947 年 5 月 4 日　毛泽东为中共中央起草致刘伯承、邓小平,陈赓、谢富治,陈毅、粟裕并告彭德怀、习仲勋电,对刘邓、陈谢、陈粟、陕北部队作战进行部署。

1947 年 5 月 8 日　毛泽东为中共中央军委起草致刘邓、陈粟电,对刘邓大军渡黄河和陈粟配合作战作出部署。

1947 年 5 月 28 日　毛泽东为中共中央起草致郑位三、李先念并转中原军全体同志电,表扬中原部队在钳制国民党军队的进攻中起了极大的战略作用。

1947 年 6 月 1 日　毛泽东为中共中央军委起草致陈毅等并告刘伯承等电,要求陈粟部队和刘邓在目前阶段只须作战略配合,不须作战役配合。战役作战应完全单独进行。

1947 年 6 月 3 日　毛泽东为中共中央军委起草致刘邓并告陈粟等及朱德、刘少奇电,对刘邓野战军渡河及南进作出部署。

1947 年 7 月 17 日　毛泽东为中共中央军委起草致刘伯承等电,指示刘、邓迅速补充部队,两个月内向豫西出动。

1947 年 7 月 19 日　毛泽东为中共中央军委起草致刘伯承等电,对改变陈谢纵队使用方向问题作出部署,令其渡河南进,协助刘、邓经略中原。

1947 年 7 月 22 日　毛泽东为中央军委起草致徐向前等电,决定陈谢纵队、秦基伟纵队、五师、三十八军四部统由陈、谢指挥,在 8 月 25 日以前出豫西。

1947 年 7 月 23 日　毛泽东为中共中央军委起草致刘伯承等电,再次对晋冀鲁豫野战军直出大别山作出部署。

1947 年 7 月 26 日　毛泽东为中共中央军委起草致滕代远等并告刘伯承等电,要求他们到国民党区域作战,除完成新兵补充、军事整训、干部配备及经济、粮食、船只等项准备工作外,还必须进行充分的政治动员,必须研究并确定到国民党区域工作的各项政策。

1947年7月27日　毛泽东为中共中央军委起草致刘伯承等电,对刘邓部休整及南进作出部署。

1947年7月27日　毛泽东为中共中央军委起草致刘伯承等电,指示陈谢集团归刘、邓直接指挥。

1947年7月27日　毛泽东为中共中央军委起草致刘伯承等电:速令到达豫皖苏边区的张才千、李人林两部加紧整训,务于8月25日前整训完毕,随刘、邓南下恢复鄂豫皖工作。

1947年7月29日　毛泽东为中共中央军委起草致刘伯承等电,令刘邓全军休整半个月后,仍按原来计划,或有依托地逐步向南发展,或直出大别山。

1947年7月30日　毛泽东为中共中央军委起草致刘伯承等电,提出直出大别山的三点注意事项。

1947年7月30日　毛泽东为中共中央军委起草致刘伯承等电,指出由李先念直接掌握赵基梅纵队为大别山军区骨干,对于建立根据地当有帮助。

1947年8月6日　毛泽东为中共中央军委起草致刘伯承等电,提出刘、邓直下大别山可能遇到的情况及应当采取的对策。

1947年8月9日　毛泽东为中共中央军委起草致陈赓等电,指出刘邓及山东两军已由郓城向豫皖苏及大别山前进,令陈谢集团提前于8月10日至15日间渡河,首先控制潼洛段山区。

1947年8月9日　毛泽东为中共中央军委起草致刘伯承、邓小平电,指出情况紧急不及请示时,一切由刘邓机断处理。

1947年8月12日　毛泽东为中共中央军委起草致刘伯承等电,对刘邓大军南进问题提出三点意见。

1947 年 8 月 12 日　毛泽东为中共中央军委起草致陈赓等电,指示陈谢集团早日渡河。

1947 年 8 月 26 日　毛泽东为中共中央军委起草致陈赓等电,部署陈谢集团渡河后在豫西的发展。

1947 年 8 月 27、28、30 日　毛泽东为中共中央军委起草致陈毅、粟裕电,指示陈粟部立即渡河,全力配合刘邓野战军。

1947 年 8 月 28 日　毛泽东为中共中央军委起草致刘伯承等电,指出在目前情况下,给敌以歼灭与给敌以歼灭性打击,必须同时注重。

1947 年 8 月 30 日　毛泽东为中共中央军委起草致陈、谢电,指示陈谢集团以主力向国民党军兵力空虚的豫陕边挺进。

1947 年 9 月 2 日　毛泽东为中共中央军委起草致陈赓等电,指出“攻占新安、渑池、宜阳、洛宁等地,歼敌四千余,甚慰”,并对随后的作战范围和作战原则作出指示。

1947 年 9 月 4 日　毛泽东为中共中央军委起草致陈赓等电,对四纵、秦纵作战任务作出部署。

1947 年 9 月 11 日　毛泽东为中共中央军委起草致刘伯承、邓小平电,明确了刘邓在大别山区作战对象,即集中主力歼灭中央系及滇军。

1947 年 9 月 11 日下午 4 时　毛泽东以中共中央名义给陈毅、粟裕发电报,并转告刘伯承等。电报命令华东野战军在黄河、淮河、运河、平汉铁路之间创造巩固根据地。

1947 年 9 月 11 日夜晚 22 时　毛泽东以中央军委名义给刘伯承、邓小平发电报,通报中央军委将派第十纵队、第十一纵队前往大别山运送冬衣和弹药,以及李先念和第十二纵队迅速南下占领桐柏山和大洪山地区恢复江汉军区等事宜。

1947 年 9 月 13 日　毛泽东以中央军委名义给陈赓等发电报，令陈谢兵团相继攻占淅川县的荆紫关及南召、方城等地。

1947 年 9 月 15 日　毛泽东为中共中央军委起草致彭德怀、刘伯承等电，通报各战区的作战情况。

1947 年 9 月 15 日夜 24 时　毛泽东以中央军委名义给陈赓等发电报，令陈谢兵团相机攻占南召、方城等县城，威胁平汉铁路，迫使敌三师、十师等部向洛阳东部各县救援。

1947 年 9 月 16 日　毛泽东为中共中央军委起草致刘伯承、邓小平电，对全军冬衣准备作出安排，指示要将重点放在自己筹办上面。

1947 年 9 月 16 日　毛泽东以中央军委名义给陈赓等发电，明确规定秦纵、第三十八军及四纵的作战范围和任务。秦纵工作重点应放在南召、内乡、卢氏、嵩县、伊阳、鲁山 6 县交界地区，相机攻占南召、叶县、鲁山等 9 座县城。第三十八军以一个师留豫西，工作重点放在灵宝南部卢氏北部。四纵执行转向襄阳、南阳方向的作战任务，地方工作重点放在淅川、内乡、卢氏、郑西、郧县、均县，在该区域建设总根据地。

1947 年 9 月 17 日　毛泽东以中央军委名义给彭德怀等发电报，命令陈谢兵团在陕东、陕南地区作战一个月后，远距离秘密奔袭豫西南和鄂西北两地，尽快攻占南阳。

1947 年 9 月 18 日　毛泽东为中共中央军委起草致陈赓等电，对秦基伟主力作战方向作出部署，令其用全力在伏牛山建立根据地。

1947 年 9 月 18 日　毛泽东以中央军委名义给彭德怀发电报，

命令西北野战军配合陈谢兵团在陕南、陕东作战,并通报了陈谢兵团秦基伟纵队正向南召、叶县诸城发动进攻等情况。

1947 年 9 月 23 日、25 日　毛泽东为中共中央军委起草致陈赓等电,对攻打李铁军部作出部署。

1947 年 9 月 26 日　毛泽东为中共中央军委起草致陈赓等电,指示陈谢集团在豫陕边地区的作战行动及作战方向。

1947 年 9 月 30 日　毛泽东为中共中央军委起草复陈毅、粟裕并告刘伯承、邓小平电,肯定了陈粟部队的前进方针,对下一步作战方案作出详细指示。

1947 年 10 月 3 日　毛泽东为中共中央军委起草复陈赓等电,对陈谢集团收复新安甚慰,肯定了他们 9 月 29 日电提出的作战意图,指示其依情况临机决定。

1947 年 10 月 3 日　毛泽东为中共中央军委起草致陈毅、粟裕并告刘伯承、邓小平电,对陈粟野战军进入豫皖苏地区开展工作问题作出指示。

1947 年 10 月 4 日　毛泽东以中央军委名义给刘伯承等下达新区作战方针的电报中,又一次提出晋冀鲁豫野战军第十纵队和第十二纵队进军桐柏山区。

1947 年 10 月 11 日　毛泽东以中央军委名义给各战区首长发电报,通报西北战场的情况与经验。在此电报中,毛泽东又一次提到南阳地区荆紫关这个战略要地。

1947 年 10 月 12 日　毛泽东为中共中央起草致刘伯承、邓小平并转各纵队各旅电,庆祝他们歼敌两个旅的胜利。并指出,自刘邓进到鄂豫皖边区并立住脚跟,配合陈粟在淮河以北,陈谢在豫西、陕南,彭张在西北,许谭在山东,我军已完成南线第二年作战的战略展开,创造了我军在今后大量歼敌的条件。

1947 年 10 月 20 日　毛泽东以中央军委名义给陈赓、谢富治、韩钧发电报,命令陈谢兵团以其主力 5 个旅的兵力,在南召、方城、舞阳之线以北诸县发动军事进攻,扩大地域,解决粮食问题。

1947 年 10 月 21 日　毛泽东以中央军委名义给刘邓、陈粟、陈谢发电报,命令陈谢兵团务于 11 月初发动伏牛山东麓战役,以准备 12 月上旬协同刘邓大军破击平汉铁路。

1947 年 10 月 24 日　毛泽东为中共中央军委起草复陈粟并告刘邓、陈谢电,指示陈粟主力开展陇海路破击战,之后与东进的陈谢协同刘邓大破平汉铁路。

1947 年 12 月 4 日　毛泽东以中央军委名义给刘伯承、邓小平发电报,指出了刘邓大军 1948 年 8 月以前的作战任务,是在长江以北地区完成创建大别山、桐柏山及江汉区根据地,并与陈谢、陈粟两区连成一片。毛泽东又一次将创建桐柏山区根据地列入战略计划。

1947 年 12 月 8 日　毛泽东为中共中央军委起草致刘邓、陈谢并告粟裕电,指出刘邓因为敌人向大别山进攻而停止破平汉计划是正确的,并对下一步行动作出部署。

1947 年 12 月 20 日　毛泽东以中央军委名义给粟裕、陈谢、刘邓发电报,通报泌阳、桐柏、南阳三地区之间仅有敌三师两个旅的情报,令粟裕及陈谢两部长期配合刘邓作战,完成粉碎敌人进攻大别山的计划。

1948 年 1 月 1 日　毛泽东以中共中央名义给刘伯承、邓小平发电报,庆祝晋冀豫野战军第十纵队进军桐柏,开辟桐柏解放区的重大胜利。

1948 年 1 月 2 日　毛泽东以中央军委名义,向刘伯承、邓小平,粟裕、陈士榘、唐亮、陈毅、谢富治等发电报,命令粟裕、陈士榘、唐亮可率部队攻占南阳。命令王宏坤率领第十纵队、赵基梅率领第十二纵队开辟桐柏和江汉两区。

1948 年 1 月 6 日　毛泽东以中央军委名义给粟裕,刘伯承、邓小平,陈毅、谢富治发电报,命令华东野战军和陈谢兵团休整半个月。在休整期间,粟部和陈谢部注意调查南阳方面的情况。

1948 年 1 月 8 日中午　毛泽东以中央军委名义给粟裕、陈赓、谢富治发电报,向他们询问南阳的敌情,并嘱其尽快答复。

1948 年 1 月 9 日　毛泽东以中央军委名义给刘伯承、邓小平,粟裕,陈毅、唐亮,陈毅、谢富治发电,命令进入中原的三路大军于 1 月 25 日前休整结束。1 月 25 日之后,粟裕及陈谢两军统一由粟裕指挥,由现地向豫鄂陕边行动,相机攻占南阳、镇平、内乡、淅川、邓县、新野等地。

1948 年 1 月 9 日　毛泽东以中央军委名义给粟裕、陈毅、谢富治,刘伯承、邓小平发电报,一是向他们通报南阳、襄阳各地的敌情。二是嘱其攻打南阳、西坪、襄阳时应注意准备歼灭援敌。三是告诉他们南阳、襄阳有相当城防,特别是淅川县为别廷芳的老巢,必有堡寨,攻打上述各地时,一定要多带炮兵和炸药,以强大的火力压住敌方的火力,快速攻城陷池。

1948 年 1 月 12 日　毛泽东以中央军委名义给粟裕、陈士榘,陈毅、谢富治,刘伯承、邓小平发电报,命令粟陈部和陈谢部先机包围襄樊老河口后,逐步西进先打南阳,再打汉水中段。

1948 年 1 月 13 日　毛泽东以中央军委名义给粟裕、陈士榘、陈谢、刘邓发电报,向他们更详尽地部署攻打南阳、唐河、新野、邓县、内乡的军事行动。重点放在攻打南阳城。

1948 年 1 月 26 日　毛泽东以中央军委名义给刘伯承、邓小平、李先念发电报,并告粟裕、陈谢、徐向前、滕代远、薄一波等,答复刘、邓 1 月 25 日的建议,令其在 3 个月内,分遣坚持,多休息,打小仗。但机动范围仍是郑洛潼、南阳、襄樊方向。

1948 年 1 月 31 日　毛泽东以中共中央名义给刘伯承、邓小平、李先念发嘉奖电,庆祝攻克邓县歼敌 6000 余,实为邓县人民的光荣。

1948 年 2 月 7 日　毛泽东以中央军委名义给刘邓发电,命令刘邓部宜组织中等的及大的歼灭战;同时让刘、邓考虑脱离大别山,向伏牛山移动。

1948 年 2 月 17 日　毛泽东给邓小平、李先念发电报,再次重申 2 月 7 日所强调的"北面为主要战场",即淮河、汉水以北的豫西南及豫西地域为主要战场的指示,命令邓小平率部立即渡过淮河北上,和刘伯承会合,统一指挥刘邓、陈谢、陈粟三军。

1948 年 2 月 20 日　毛泽东为中共中央军委起草致邓小平、李先念电,同意其 4 个纵队暂时离开大别山,以便集结力量作战之意见。

1948 年 2 月 21 日　毛泽东以中央军委名义给刘伯承和邓小平、李先念发电报。电报主要答复刘伯承、邓小平 1948 年 2 月 17 日给中央军委关于向南阳方向行动的请示。毛泽东从整个战局考虑,令他们暂时不去南阳方向为宜。

1948 年 2 月 22 日　毛泽东以中央军委名义给陈士榘、唐亮、陈毅、谢富治发电报,并告刘伯承和邓小平、粟裕、刘先胜,再次重申暂时不攻打南阳为宜。

1948 年 3 月 1 日　毛泽东为中共中央军委起草致刘伯承和邓

小平,陈士榘、唐亮,陈毅、谢富治,粟裕等电,对刘邓、陈唐、陈谢各部作战作出部署,并对其他各区作战计划进行通报;具体部署了中原、山东两军作战计划。

1948 年 3 月 7 日　毛泽东为中共中央军委起草致陈士榘、唐亮,陈毅、谢富治并告刘伯承、邓小平等电,指示迅速对洛阳及洛郑线发起攻击。

1948 年 3 月 14 日　毛泽东以中央军委名义发给华东野战军参谋长陈士榘、政治部主任唐亮的电报中,具体拟定了"攻克洛阳后攻打南阳的行动方案"。

1948 年 3 月 22 日　毛泽东以中央军委名义给刘伯承、邓小平,陈毅、粟裕、陈士榘、唐亮,陈赓、彭德怀等发电报,命令陈士榘、唐亮率部在 4 月 5 日至 4 月 10 日间向南阳方向行动,或先打南阳,后打宛西 4 县;或先打宛西 4 县,后打南阳,临机决定。

1948 年 3 月 25 日　毛泽东以中央军委名义给陈士榘、唐亮,刘伯承、邓小平,陈毅、粟裕发电报,命令陈士榘、唐亮兵团从 3 月 28 日起进行 15 天至 20 天的整训教育,然后,向南阳方向行动。

1948 年 3 月 29 日　毛泽东以中央军委名义给刘伯承、邓小平,陈士榘、唐亮发电报,命令他们于 4 月中旬后向南阳行动,攻打南阳城。

1948 年 4 月 8 日　毛泽东为中共中央起草致洛阳前线指挥部电,对城市政策作指示,这个电报编入《毛泽东选集》时,题为《再克洛阳后给洛阳前线指挥部的电报》。

1948 年 6 月 3 日　毛泽东为中共中央军委起草复粟裕、张震并告刘伯承、邓小平等电,指示陈士榘、唐亮最近时间要协助刘伯承、邓小平作战,并对具体作战方针进行部署。

1948 年 6 月 12 日　毛泽东请周恩来拟电庆祝中原我军在宛西、宛东及江汉打了三个大胜仗。

1948 年 6 月 17 日　毛泽东为中共中央军委起草复粟裕、张震并告中原局、华东局电,部署将寻歼第五军改变为攻占开封。

1948 年 6 月 19 日　毛泽东为中共中央军委起草致粟裕、张震,陈士榘、唐亮并告中原局、华东局等电,就攻克开封后的各项政策问题作出具体指示。

1948 年 6 月 26 日　毛泽东为中共中央军委起草致刘伯承、邓小平、陈毅、邓子恢、粟裕、陈士榘、张震电,对发起睢杞战役作出部署。

1948 年 6 月 30 日　毛泽东为中共中央军委起草致刘伯承、邓小平、陈毅并告粟裕、陈士榘、唐亮电,指出现在是打歼灭战的极好时机,对保障睢杞作战作出部署。

1948 年 7 月 1 日　毛泽东为中共中央军委起草致粟裕等电,令其速以一部防御国民党整编第二十五师,主力继续歼灭区寿年兵团。

1948 年 7 月 6 日　毛泽东为中共中央军委起草致刘伯承、陈毅、邓小平,粟裕、陈士榘、唐亮、张震等并告华东局电,令刘、陈、邓不失时机寻歼吴绍周,借以拖回十八军,保障粟、陈、唐、张取得完全胜利。

1948 年 8 月 16 日　毛泽东以中央军委名义给刘伯承、邓小平、陈毅、邓子恢、粟裕、张震发电报,告诉他们,如敌人已集中确实无法分割歼灭时,应各以一部东西钳制五军等部,西南钳制南阳集团,而集中力量歼灭十八军,并嘱其数日内作出决定,否则失去战机。

1948 年 8 月 28 日　毛泽东以中央军委名义给粟裕、谭震林、陈士榘、唐亮发电报,提出在 9 月佯攻南阳城的方案。

　　1948 年 9 月 30 日　毛泽东以中央军委名义给刘伯承、陈毅发电报,命令刘邓大军趁攻取襄阳、威胁宜昌、调动敌人南援之机,攻打南阳。

　　1948 年 10 月 13 日　毛泽东为中共中央军委起草复刘伯承、陈毅、邓小平、邓子恢、李达并告饶漱石、粟裕、谭震林电,令陈锡联、陈赓率一、三、四、九纵全力按规定时间攻击郑州,并部署阻援及打援。

　　1948 年 10 月 14 日　毛泽东为中共中央军委起草复刘伯承、陈毅、邓小平并告饶漱石、粟裕、谭震林电,决定刘、陈、邓主力攻击郑州作战应推迟时间,一、三、四、九纵原地休息待命,粟、谭主力本月不动,加紧完成淮海战役一切准备工作。

　　1948 年 10 月 15 日　毛泽东为中共中央军委起草复刘伯承、陈毅、邓小平等电,指出华野南进时间推迟,黄维、张淦亦未急进,邱清泉、孙元良可能由汴、徐向北,攻郑宜略推迟,各纵现地待命为宜。

　　1948 年 10 月 19 日　毛泽东为中共中央军委起草致刘伯承、陈毅、邓小平电,对攻打郑州的方向和时间作出具体部署。

　　1948 年 10 月 22 日　毛泽东以中央军委名义给中原野战军第一副司令员陈毅、政治委员邓小平发电报,命令陈毅、邓小平率部全力进攻郑州、开封,不要顾及黄维、张淦两兵团向桐柏方面进攻。

　　1948 年 10 月 22 日　毛泽东以中央军委名义给饶漱石、粟裕、谭震林发电报,通报黄维、张淦两兵团已被我第二、第六、第十纵队吸引到桐柏山以西地区,在相当长时间内不可能东顾。令陈毅、邓小平尽快发动郑州战役。

　　1948 年 10 月 23 日　毛泽东为中共中央起草致刘伯承、邓小平诸同志及中原人民解放军全体指战员电,祝贺郑州解放。

1948 年 10 月 23 日　毛泽东为中共中央军委起草致陈毅、邓小平,饶漱石、粟裕、谭震林电,令其休息两天即东进攻占开封,并准备适时密切配合淮海作战。

1948 年 10 月 25 日　毛泽东为中共中央起草致刘伯承、邓小平及中原人民解放军全体指战员电,庆贺郑州、开封、洛阳三大名城解放,指出中原三大名城均被人民解放军掌握,对于今后战局极为有利。

1948 年 10 月 26 日　毛泽东为中共中央军委起草复陈毅、邓小平并告刘伯承、邓子恢、李达及粟裕、谭震林电,同意其集结永城、亳州、涡阳中间地带的部署。

1948 年 10 月 27 日　毛泽东为中共中央军委起草致饶漱石、粟裕、谭震林并告陈毅、邓小平电,指出在研究部署淮海战役时,除根据当前情况外,还要估计到某些可能变化的情况。电文列举了在研究部署时须加注意的六种情况。

1948 年 10 月 28 日　毛泽东又为中央军委起草复陈毅、邓小平电,对是否打孙元良部作出分析,并指出陈、邓行动的目的是调动孙、邱部,主要是调动邱清泉部。

1948 年 11 月 30 日　毛泽东为中共中央军委起草复刘伯承、陈毅、邓小平并粟裕、陈士榘、张震,谭震林、王建安、李迎希电,对解决黄维兵团以及解决邱清泉、李弥、孙元良兵团以及举行江淮战役作出部署。

1952 年 10 月 29 日　毛泽东主席偕同中央办公厅主任杨尚昆、公安部部长罗瑞卿、铁道部部长滕代远、第一机械工业部部长黄敬、中央人民政府委员会委员李烛尘等一起乘专列经济南、徐州,于下午 7 时许到达河南省兰封车站(今兰考),专列停在兰坝铁路支线上。30 日早晨 7 时多，毛泽东下车，在附近的许贡庄同农民进行了交谈，询问了生产、生活情况。早餐后火车驶向黄河东坝头，上午 11 时 10 分换乘汽车，在中共河南省委书记张玺，省委副书记、省人民政府主席吴芝圃，河南军区司令员陈再道，黄河水利委员会主任王化云等陪同下，视察黄河东坝头、铜瓦厢工段（1855 年黄河决口改道处）。下午 3 时左右，专列由兰封开往开封市，到开封车站，换乘汽车去柳园口看了黄河"悬河"。毛泽东在开封市，看了铁塔，登上龙亭，俯瞰了开封古城全貌。30 日晚上住在河南军区司令部小楼上（亦称红洋楼）。夜间，毛泽东翻阅了《河南通志》《汴京志》和《龙门二十品》等。31 日早晨 6 时多，离开开封，前往郑州，临行前嘱咐省委、黄委会的领导人，"要把黄河的事情办好！"上午 9 时多专列在郑州黄河南岸车站停下，毛泽东下车后在张玺、赵武成（郑州市委书记）、宋致和（郑州市长）等陪同下，步行走上邙山山腰，登上邙山顶眺望黄河水势。10 时，主席专列徐徐通过黄河铁桥到北岸，换乘平板车由滕代远陪同到黄河铁桥上看黄河。主席询问了黄河铁路大桥建桥历史情况。返回北岸后，从铁路支线到达人民胜利渠首视察引黄灌溉工程。中共平原省委第一书记潘复生、省人民政府主席晁哲甫、省军区司令员刘致远、黄委会副主任赵明甫、平原省黄河河务局局长张方等在那里迎候。毛泽东下车后在工程管理房稍加休息，听取赵明甫、韩培诚简要介绍了人民胜利渠工程情况。之后，毛泽东兴致勃勃地看了人民胜利渠渠首闸、总干渠和灌区。走上渠首闸，亲自摇动启闭机，望着奔流的黄河水，满意地说"像这样的闸，下游每个县修上一个就好了"。看完人民胜利渠，专列驶向新乡市，潘复生、晁哲甫、赵明甫等在车上向他汇报了人民胜利渠建设、灌溉情况。毛泽东说，有渠灌不能忽视井灌，要合理安排渠灌、井灌，并形象地说:"井灌是游击战,渠灌是阵地战。"在新乡市,他还看了引黄(河)济卫(河)入口处,并遇上一位牧羊农民,同他进行了亲切交谈。专列在新乡市停留一夜。11月1日上午毛泽东返京途中到汤阴车站稍停,看了岳武王故里碑。10时抵达安阳市,毛泽东下车换乘汽车,由潘复生、曹幼民(安阳市地委书记)、刘方生(安阳市委书记)等人陪同,看了安阳殷墟和袁世凯墓,在袁坟院内稍加休息。休息中间,他还谈了袁世凯的历史,并说,安阳是个好地方,是曹操起家的地方,自古就是战略要地。下午2时乘专列离安返京。

1953年2月16日 毛泽东在杨尚昆、罗瑞卿陪同下去南方视察,路过郑州,专列在郑州火车站停留,特意接见了省委、黄委会领导人。中共河南省委第一书记潘复生、黄委会主任王化云专程从开封赶来郑州,上车汇报治黄工作,并请毛泽东看了三门峡水库和治黄规划图纸。毛泽东询问了潘复生河南工业及地方工作情况。列车到许昌车站,中共许昌地委书记纪登奎上车汇报工作。专列到达信阳火车站,信阳地委书记王黎之也登上专列向主席汇报了工作。

1954年12月 毛泽东从南方返回北京途中在郑州北站停留一夜。中共河南省委第二书记吴芝圃、省委副书记赵文甫、黄河水利委员会副主任赵明甫到专列上汇报工作。毛泽东主要听取了赵明甫汇报治黄规划和水土保持工作。第二天早晨专列离开郑州返回北京。

1955年6月22日上午10时 毛泽东由公安部部长罗瑞卿陪同从北京到郑州,省委第二书记吴芝圃,省委副书记赵文甫、杨珏,军区司令员毕占云和黄委会主任王化云等到郑州火车站迎接,把毛泽东接到省委北院办公楼二楼会议室,听取王化云汇报治黄工作。之后,毛泽东听取吴芝圃汇报河南发展初级农业合作社和农业生产情况。汇报结束后,毛泽东在省委北院办公楼二楼会议室用完午餐,离开郑州去南方。

1955 年秋天 毛泽东乘专列由北京去南方视察,路过郑州,通知省委领导人到专列上座谈对农业发展十七条的意见。参加座谈的有中共河南省委第二书记吴芝圃,省委副书记杨蔚屏、赵文甫和省委常委、秘书长兼农村工作部长戴苏理,省委常委、财贸部部长宋致和,省委副秘书长王庭栋和部分地委书记。

1958 年 1 月初 毛泽东去南方开会路过郑州,专列在郑州火车站停留两个多小时。在专列上,毛泽东接见了河南省委第二书记吴芝圃,书记处书记杨蔚屏、赵文甫、杨珏,河南省军区司令员毕占云等,听取了吴芝圃关于农业生产规划的汇报,主席听得很认真,同时对河南省粮食增产数字和一年实现"四化"(绿化、水利化、机械化等)问题提出疑问。

1958 年 8 月 6 日至 8 日 毛泽东视察河南农村。8 月 6 日晨到达新乡市,专列停在新乡市 760 厂铁路专用线上。同行的有中共中央书记处候补书记、中央办公厅主任杨尚昆。中共河南省委第一书记吴芝圃、新乡地委第一书记耿起昌等在专列上作了汇报。6 日下午,毛泽东在吴芝圃、杨蔚屏、宋玉玺、耿起昌和新乡县委书记等陪同下,来到新乡县东风人民公社王屯村,看了正在生长的棉花、玉米,同在田间劳动的社员进行了交谈。4 时 20 分到七里营人民公社,毛泽东十分高兴地视察了敬老院、幼儿园、社员食堂、社办面粉厂、滚珠轴承厂等,又看了七里营棉田,之后,毛泽东离开新乡到郑州。省委书记处书记史向生(分管农业)专门从嵖岈山人民公社回到郑州,上车向毛泽东汇报嵖岈山人民公社的情况和公社章程。毛泽东很高兴,要了一份章程初稿。专列南行到许昌车站停下。7 日晨,毛泽东下车,换乘汽车,在吴芝圃、杨蔚屏、史向生、许昌地委副书记马金铭、专员王延太、襄县县委书记等人陪同下,于7时30分来到襄县郝庄,视察了烟田和谷子地,又驱车来到三里沟乡后梁庄烟田,到了十里铺乡薛园村。中午1点多钟专列徐徐驶入长葛县和尚桥车站,毛泽东不顾连续视察的疲劳和天气炎热,换乘汽车到长葛县宗寨村察看深翻土地后的玉米生长情况,询问地方干部和群众关于深翻土地、施肥灌溉、增产措施、指标等情况。下午2时毛泽东离开长葛,经郑州开往兰封县东坝头,在东坝头过夜。8月8日下午3时35分到达商丘。毛泽东由史向生和商丘地委第二书记任秀铎,书记处书记王林、史宏泉,商丘县委负责同志陪同视察了商丘县道口乡黄楼村"七一"试验站的红薯、水稻、高粱等试验田庄稼生长情况,同社员、打井队员、干部进行了交谈。5时多返回专列,离开河南。

1958年11月1日晚 毛泽东乘专列到达新乡车站。史向生从郑州到新乡迎接,同新乡地委第一书记耿起昌、专员李炳源、新乡市委书记张苏斌一起登上专列。史向生汇报了中央在郑州召开会议接待工作准备情况。在七里营人民公社搞调查研究的田家英、吴冷西回到新乡,随毛泽东赴郑州参加会议。经主席同意,在列车上召开由10个县委书记参加的座谈会。参加座谈会的10位县委书记是:林县杨贵、延津县苗润生、温县李树林、原阳县王九书、封丘县韩鸿绪、内黄县杨树勋、济源县侯书堂、安阳县陈春雨、濮阳县王惠民、修武县张洋芹。参加座谈会的还有省委书记处书记史向生、新乡地委书记耿起昌。11月2日到10日,在郑州召集部分中央领导人和大区负责人以及9个省委书记参加的工作会议(即第一次郑州会议)。

毛泽东在郑州期间,于11日召集新乡、洛阳、开封、许昌地委书记和7个县委书记开座谈会,讨论农村人民公社中的问题。12日下午 2 时在河南省军区礼堂接见了河南省党政军领导干部、参加军区党代会代表和部分省市直机关干部,18 时接见了中央办公厅下放干部。13 日离开郑州去武汉,途经遂平、信阳,同信阳地委、遂平县委领导人谈了话。

1959 年 2 月 26 日上午 10 时 毛泽东乘专列从济南来到郑州,河南省委正在召开全省四级干部会(后扩大为六级干部会),省委汇报了会议情况,2 月 27 日至 3 月 5 日,毛泽东在郑州主持召开中共中央政治局扩大会议(即第二次郑州会议)。中共中央副主席刘少奇、周恩来、陈云,总书记邓小平,政治局委员彭真、陈毅、彭德怀、李富春、李先念、谭震林、柯庆施、李井泉,政治局候补委员乌兰夫、陆定一、康生、薄一波,中央书记处书记谭政、黄克诚,候补书记胡乔木和各省市自治区党委第一书记参加了会议。会议主要讨论进一步整顿和建设人民公社的方针、方法和解决人民公社体制问题。毛泽东作了重要讲话,会议同意毛泽东的意见,形成并下发《郑州会议纪录》,通过了《关于人民公社体制的若干规定》(草案)。规定了整顿人民公社的十四句话的方针。会议期间,毛泽东还听取了中共河南省委关于整社工作汇报,召集了新乡、洛阳、许昌、信阳地委第一书记座谈会,讨论进一步整顿人民公社问题,并作了重要讲话。接见了参加省委六级干部会议的全体代表 4000 余人。会见了 13 个国家兄弟党代表团。

1959 年 9 月 23 日 毛泽东乘专列由徐州来到郑州,听取了中共河南省委领导人工作汇报,住在省委第二招待所,晚上在军区礼堂观看了河南地方戏。24 日离郑返京。

1960 年 5 月 6 日至 12 日 毛泽东在中共中央书记处候补书记杨尚昆陪同下从北京来河南视察。省委第一书记吴芝圃、书记处书记杨蔚屏、赵文甫、史向生、吴皓等向毛泽东汇报了工作。毛泽东视察了郑州市郊区燕庄小麦丰产田,参观了河南省工业展览馆,观看了全省技术改革展览(工具改革成就和工人操作表演)。11日下午,在省委北院接见河南省及郑州市直属机关党政军干部1.3万多人。在郑州期间,还会见了20个国家代表团、社会活动家、各界著名人士等。12日离开郑州去武汉。

1961年9月25日早6时45分　毛泽东乘专列由武汉返回北京,路过郑州时停留。20点30分中共河南省委第一书记刘建勋、第二书记吴芝圃等上车向主席汇报工作,22时35分专列离开郑州返回北京。省委办公厅主任郝友三、公安厅厅长王一鸣等参加接待、保卫工作。

1962年3月23日12时14分　毛泽东乘专列到郑州,停在铁路专用线。正在河南参加省委扩大的工作会议的中南局第一书记陶铸、省委第一书记刘建勋到专列上汇报省委工作会议情况,24日下午1时10分主席接见了各地市委书记。陶铸、刘建勋、省委常务书记文敏生参加了会见。15时4分专列离郑返京。

1962年7月1日5时42分　毛泽东乘专列从武汉到郑州,专列停在省委第三招待所专用线上。18时省委第一书记刘建勋上车汇报工作。23时17分专列离郑返京。

1963年1月30日2时39分　毛泽东乘专列到郑州,列车停在专用线上。31日下午省委第一书记刘建勋、第二书记何伟、常务书记兼省长文敏生,书记处书记赵文甫、杨蔚屏在专列上汇报了工作,9时5分专列离开郑州返回北京。

1963年6月13日3时　毛泽东乘专列到达郑州,专列停在省委三所专用线,省委副秘书长苗化铭、省委办公厅主任郝友三前往迎接。17 时在省委第三招待所，毛泽东接见了第一书记刘建勋、第二书记何伟、书记处书记杨珏、候补书记纪登奎和新乡地委书记耿起昌、许昌地委书记赵天锡等。刘建勋向毛泽东汇报农村社会主义教育运动情况，其他同志也补充了一些意见。

1963 年 10 月 11 日 21 时 56 分　毛泽东乘专列由北京到达郑州。省委副秘书长苗化铭、省委办公厅主任郝友三前往车站迎接。13 日 12 时多，中共河南省委第一书记刘建勋、第二书记何伟和正在参加省委扩大会议的 8 个地委第一书记上车汇报工作。13 时 30 分汇报结束后，专列向南开去。

1964 年 3 月 30 日　毛泽东乘专列来郑州，住在省委第三招待所 8 号楼，31 日下午在这里接见了以朗诺为首的柬埔寨军事代表团。省委第二书记、省长文敏生等领导同志向主席汇报了工作。

1966 年 7 月 17 日　毛泽东乘专列由武汉返回北京，在郑州火车站稍事停留，省委第一书记刘建勋等上车向毛主席汇报河南工作。

1967 年 8 月 22 日上午 9 时至 11 时　毛泽东同代总参谋长杨成武和中央文革小组成员张春桥乘专列视察大江南北，途经郑州，在专列上接见河南省革命委员会筹备小组组长、省军区第一政委刘建勋，省革筹成员、省军区第二政委王新，省革筹成员纪登奎，了解河南"文化大革命"和生产情况。

1969 年 6 月 1 日　毛泽东乘坐的火车路过郑州，在郑州火车站稍事停留，在专列上接见刘建勋、纪登奎，进行短时间谈话。毛泽东询问了河南的形势。

1971 年 8 月 17 日　毛泽东视察南方途经郑州，专门通知中共河南省委第一书记兼军区第一政委刘建勋，省委书记、武汉军区副政委兼河南省军区第二政委王新在郑州乘主席专列到武汉谈话。

后　记

　　为纪念毛泽东同志诞辰 130 周年,再现毛泽东同志的丰功伟绩和崇高风范,表达河南人民对毛泽东同志的深切怀念之情,中共河南省委党史和地方史志研究室组织编写了《毛泽东与河南》一书。本书重点参考和吸收了《毛泽东在河南》《毛泽东与郑州》《毛泽东与南阳》等已有成果,按照时间顺序对入选文章进行了编排和修改,并依据《毛泽东年谱》编写了"毛泽东与河南记事"。河南省委党史和地方史志研究室对编写《毛泽东与河南》高度重视,室主任刘汉征审定了全部书稿。在编写组组长张守四指导下,第二研究处对全书书稿进行了统编修改。

　　由于时间紧和编写水平有限,书中难免存在一些不妥之处,敬请读者批评指正。

本书编写组

2023 年 4 月